JN116264

労災保険

適用事業細目の解説

〔令和６年版〕

労働新聞社　編

労働新聞社

はじめに

労災保険制度は、業務上の事由、複数事業労働者の二以上の事業の業務を要因とする事由または通勤による労働者の負傷、疾病、障害または死亡といった労働災害に対して、迅速かつ公正な保護をするため、必要な保険給付を行うとともに、被災労働者の社会復帰の促進、被災労働者およびその遺族の援護、労働災害の防止等を図ることにより、労働者の福祉の増進に寄与することを目的とした制度です。

この目的を達成するために必要な費用は、事業主が負担する保険料によって賄われています。この保険料は、事業主が支払った賃金総額に「事業の種類」ごとに定められている労災保険率を乗じて算定されます。

したがって、個々の事業場がどの「事業の種類」に該当するかは、労災保険事業の健全な運営と事業主の保険料負担という意味で、大変重要なことです。

この「事業の種類」については、「労災保険率適用事業細目表」という形で、大臣告示されています。

本書は、こうした趣旨から、「事業の種類」や「事業の種類の細目」の解説として、関係通達等の行政解釈を基に判りやすく記載しています。

本書が関係者の皆様に広く活用され、労災保険の適用が正しい理解と認識により、適正かつ円滑に行われ、労災保険制度の健全な発展の一助となれば幸いです。

令和６年３月

目　　次

本書は、「**事業の種類**」ごとにその対象となる業種の基本的な考え方を、**【事業の種類の細目】**ごとにその内容および範囲を、いずれも通達に基づき示しています。

また、〔**解　説**〕のところでは、適用の基本となる考え方を補足する説明ならびに事例等についての紹介をしています。ただし、掲げている事例は、その分類について該当または非該当の主要なものを列記したもので、そのすべてを網羅したものではありません。

なお、参考として関連通達等の要約を〈**参考通達要旨**〉として示しています。要約にあたっては、読みやすさを優先して事業の種類の名称等を現在のものに書き改める等の改変を施している場合がありますので、ご留意願います。

第1章

労災保険事業の管掌

労災保険は、雇用保険、厚生年金等の社会保険と同じく政府が管掌している保険である。

このように労災保険を政府が管掌するのは次の理由による。

①労働者災害補償保険法（以下「労災保険法」という）第１条に規定されているように、業務上の事由、複数事業労働者の二以上の事業の業務を要因とする事由または通勤による労働者の負傷、疾病、障害、死亡等に対して迅速かつ公正な保護をするため、必要な保険給付を行うこと等を目的としている。そこで、保険給付を迅速かつ公正に行うためには、労使の立場を超えた公平な第三者が直接行うことが適切であると判断されたこと。

②労働者保護のためには、一定の事業について、労災保険への加入を強制しなければならない。すなわち、法令により加入を義務づけるとともに、重大な災害等に備えて、広範囲にわたる多数の対象により、できる限り危険分散を図る必要があると判断されたこと。

③保険給付のみならず、被災労働者やその遺族に対して社会復帰を促進し、あるいは手厚い援護を行うとともに、さらに進んで業務災害の防止、適正な労働条件の確保等労働者の福祉の増進を図るため、諸種の事業を実施する必要があると判断されたこと。

④以上のような条件の下に、円滑な行政運営を進めていくためには、保険料徴収の適正かつ公正な基準の確立とその執行を図る必要があると判断されたこと。

このような理由から行政機関によって、直接事業主からの保険料の徴収あるいは被災労働者や遺族に対する保険給付の支給等が行われているのである。

第2章

労災保険率

労災保険率は､労働保険の保険料の徴収等に関する法律（以下「徴収法」という）第12条第2項および同法施行令第1項の規定に基づき「厚生労働省令で定める事業の種類ごと」に算定している。具体的な事業の種類および労災保険率は、労働保険の保険料の徴収等に関する法律施行規則（以下「徴収則」という）第16条第1項および別表第1に規定している。

現在の労災保険率は次ページのとおりである。

なお、雇用保険法等の一部を改正する法律（平成19年法律第30号）により、船員保険のうち職務上疾病および年金部門が平成22年1月に労働者災害補償保険に統合されたことに伴い、「船員法第1条に規定する船員を使用して行う船舶所有者（船員保険法第3条に規定する場合にあっては同条の規定により船舶所有者とされる者）の事業」（以下「船舶所有者の事業」という）が新設され、徴収則第16条第1項において、労災保険率は1000分の42（令和6年4月1日改正）と規定されている。また、船舶所有者の事業以外の事業の労災保険率は、徴収則別表第1に規定されている。

労 災 保 険 率 表

（徴収則第16条関係　別表第１）

（令和６年４月１日施行）

事業の種類の分類	事業の種類の番号	事業の種類	労災保険率
林　業	02 又は 03	林業	1000 分の 52
漁　業	11	海面漁業（定置網漁業又は海面魚類養殖業を除く。）	1000 分の 18
	12	定置網漁業又は海面魚類養殖業	1000 分の 37
鉱　業	21	金属鉱業、非金属鉱業（石灰石鉱業又はドロマイト鉱業を除く。）又は石炭鉱業	1000 分の 88
	23	石灰石鉱業又はドロマイト鉱業	1000 分の 13
	24	原油又は天然ガス鉱業	1000 分の 2.5
	25	採石業	1000 分の 37
	26	その他の鉱業	1000 分の 26
建設事業	31	水力発電施設、ずい道等新設事業	1000 分の 34
	32	道路新設事業	1000 分の 11
	33	舗装工事業	1000 分の 9
	34	鉄道又は軌道新設事業	1000 分の 9
	35	建築事業（既設建築物設備工事業を除く。）	1000 分の 9.5
	38	既設建築物設備工事業	1000 分の 12
	36	機械装置の組立て又は据付けの事業	1000 分の 6
	37	その他の建設事業	1000 分の 15
製造業	41	食料品製造業	1000 分の 5.5
	42	繊維工業又は繊維製品製造業	1000 分の 4
	44	木材又は木製品製造業	1000 分の 13
	45	パルプ又は紙製造業	1000 分の 7
	46	印刷又は製本業	1000 分の 3.5
	47	化学工業	1000 分の 4.5
	48	ガラス又はセメント製造業	1000 分の 6
	66	コンクリート製造業	1000 分の 13
	62	陶磁器製品製造業	1000 分の 17
	49	その他の窯業又は土石製品製造業	1000 分の 23
	50	金属精錬業（非鉄金属精錬業を除く。）	1000 分の 6.5
	51	非鉄金属精錬業	1000 分の 7
	52	金属材料品製造業（鋳物業を除く。）	1000 分の 5

	53	鋳物業	1000分の16
	54	金属製品製造業又は金属加工業（洋食器、刃物、手工具又は一般金物製造業及びめつき業を除く。）	1000分の9
	63	洋食器、刃物、手工具又は一般金物製造業（めつき業を除く。）	1000分の6.5
	55	めつき業	1000分の6.5
	56	機械器具製造業（電気機械器具製造業、輸送用機械器具製造業、船舶製造又は修理業及び計量器、光学機械、時計等製造業を除く。）	1000分の5
	57	電気機械器具製造業	1000分の3
	58	輸送用機械器具製造業（船舶製造又は修理業を除く。）	1000分の4
	59	船舶製造又は修理業	1000分の23
	60	計量器、光学機械、時計等製造業（電気機械器具製造業を除く。）	1000分の2.5
	64	貴金属製品、装身具、皮革製品等製造業	1000分の3.5
	61	その他の製造業	1000分の6
運輸業	71	交通運輸事業	1000分の4
	72	貨物取扱事業（港湾貨物取扱事業及び港湾荷役業を除く。）	1000分の8.5
	73	港湾貨物取扱事業（港湾荷役業を除く。）	1000分の9
	74	港湾荷役業	1000分の12
電気、ガス、水道又は熱供給の事業	81	電気、ガス、水道又は熱供給の事業	1000分の3
その他の事業	95	農業又は海面漁業以外の漁業	1000分の13
	91	清掃、火葬又はと畜の事業	1000分の13
	93	ビルメンテナンス業	1000分の6
	96	倉庫業、警備業、消毒又は害虫駆除の事業又はゴルフ場の事業	1000分の6.5
	97	通信業、放送業、新聞業又は出版業	1000分の2.5
	98	卸売業・小売業、飲食店又は宿泊業	1000分の3
	99	金融業、保険業又は不動産業	1000分の2.5
	94	その他の各種事業	1000分の3

第3章

労災保険率適用の基本原則

個々の事業に対する労災保険率の適用については、①事業の単位、②その事業が属する事業の種類、③その事業の種類に係る労災保険率の順に決定する。

1　事業の単位

(1) 事業の概念

労災保険において事業とは、一定の場所においてある組織のもとに相関連して行われる作業の一体をいい、工場、建設現場、商店等のように利潤を目的とする経済活動のみならず、社会奉仕、宗教伝道等のごとく利潤を目的としない活動も含まれる。

(2) 適用単位としての事業

一定の場所において、一定の組織の下に相関連して行われる作業の一体は、原則として一の事業として取り扱う。ただし、船舶所有者の事業については、その業態にかかわらず、船舶所有者の事業以外の事業とは別個の事業として取り扱うものとする。

①　継続事業

工場、鉱山、事務所等のごとく、事業の性質上事業の期間が一般的には予定し得ない事業を継続事業という。

継続事業については、同一場所にあるものは分割することなく一の事業とし、場所的に分離されているものは別個の事業として取り扱う。

ただし、同一場所にあっても、その活動の場を明確に区分することができ、経理、人事、経営等業務上の指揮監督を異にする部門があって、活動組織上独立したものと認められる場合には、独立した事業として取り扱う。

また、場所的に独立しているものであっても、出張所、支所、事務所等で労働者が少なく、組織的に直近の事業に対し独立性があるとは言い難いものについては、直近の事業に包括して全体を一の事業として取り扱う。

②　有期事業

木材の伐採の事業、建物の建築の事業等事業の性質上一定の目的を達するまでの間に限り活動を行う事業を有期事業という。

有期事業については、当該一定の目的を達するために行われる作業の一体を一の事業として取り扱う。

ただし、国または地方公共団体等が発注する長期間にわたる工事であって、予算上等の都合により予め分割して発注される工事については、分割された各工事を一の事業として取り扱う。

〔解　説〕

一定の目的を達するために、場所的かつ時期的に相関連して行われる附帯作業、追加作業等は、一定の目的を達するために行われる事業の一部をなすものとして取り扱われる。

また、時期的に独立して行われる作業であっても、当該作業が先行する事業に付随して行われるものである場合には、当該先行する事業に吸収して取り扱われる。

2　事業の種類

一の事業の「事業の種類」の決定は、主たる業態に基づき、船舶所有者の事業以外の事業については「労災保険率適用事業細目表」（昭和 47 年労働省告示第 16 号。以下「事業細目表」という）により、船舶所有者の事業については「船舶所有者の事業の種類の細目表」（平成 21 年厚生労働省告示第 379 号）により決定する。

ただし、建設事業における事業の種類、製造業における構内下請事業の事業の種類および労働者派遣事業における事業の種類は、次により決定する。

(1) 建設事業

建設事業における事業の種類は、請負契約の形態（分割請負、一括請負等）および併せ行われる工事の内容如何にかかわらず、事業細目表に照らし完成されるべき工作物により決定する。

なお、完成されるべき工作物により難い場合は、主たる工事、作業内容によるものとする。この場合の主たる工事、作業の判断は、それぞれの工事、作業に係る賃金総額の多寡によるものとする。

また、建設事業において一の事業の中に、事業細目表の「事業の種類の細目」欄または「備考」欄において除外すべき事業として掲げられている工事であって、本書で指定する工事（以下「除外事業」という）が含まれている場合には、当該除外事業を分離し、当該除外事業の事業の種類は、その業態により決定する。

〔解　説〕

スキー場、ゴルフ場およびこれらをはじめとする施設の集合体と認められる総合リゾート施設の建設の事業、ならびに飛行場の建設の事業については、当該事業における各種建築工事等が分割発注で施工され、かつ、分割された各工事における完成されるべき工作物が通達で定める工作物（20ページ参照）に該当する場合に限っては、事業全体を労災保険率決定上の事業の単位とすることなく、当該工作物に係る工事ごとに独立した事業として労災保険率決定上の適用単位とし、当該完成されるべき工作物により労災保険率を適用する。

(2) 構内下請事業

製造業に属する事業の事業場構内において専ら作業を行う事業であって、当該製造業に属する事業（以下「親事業」という）の主たる製品を製造する工程における作業、および当該工程に直接附帯する作業の一部を行う事業は、親事業と同種の事業の種類に分類される。

なお、親事業が主たる製品以外の製品を製造している場合には、当該主たる製品以外の製品を製造する工程における作業、および当該工程に直接附帯する作業の一部を行う事業は、当該主たる製品以外の製品を製造する工程を一の事業とみなした場合に分類される事業の種類に分類される。

(3) 労働者派遣事業

労働者派遣事業における事業の種類は、派遣労働者の派遣先での作業実態に基づき決定する。

派遣労働者の派遣先での作業実態が数種にわたる場合には、主たる作業実態に基づき事業の種類を決定することとし、その場合の主たる作業実態は、それぞれの作業に従事する派遣労働者の数、当該派遣労働者に係る賃金総額等により判断する。

なお、労働者派遣事業と他の事業を一の事業として併せて行う事業であって適用上一の事業として扱われるものについては、その主たる業態に基づき事業の種類を決定する。

3　労災保険率

労災保険率は、決定された事業の種類に基づき、船舶所有者の事業以外の事業については労災保険率表（徴収則別表第 1）により、船舶所有者の事業については徴収則第 16 条における船舶所有者の事業に係る労災保険率により決定する。

〔解　説〕

メリット制の適用がある事業については、その収支実績により労災保険率を増減し、メリット制適用後の労災保険率を決定する。

〈参考通達要旨〉

・保険料率の適用区分について（昭 24.5.19　基発第 563 号）

一事業が保険料率のいずれの等級の事業に該当するかは、当該事業の主たる業態・種類または内容等を考慮し、原則として当該事業を一単位として事業の種類を決定すべきである。従って、一事業において相異る数種の作業を行っていても、その事業運営の一過程に過ぎないとみられる場合は、一括して、その事業に該当する労災保険率を適用する。

例えば、ある事業主が鉱業という事業を経営する場合においては、その事業の運営上、機械器具工業所、製材所、発電所、事務所等が設けられ、鉱業本来の事業に数種の作業が附随しているのが通例であるが、これらは鉱業という事業の一部門に過ぎないから、労災保険率の適用については、これらの附随作業を含めて一事業とし、これに対して鉱業の労災保険率を適用すべきである。

ただし、鉱業附属の施設であっても遠隔の地に在る製錬所等の如く独立した工場として取り扱われるものは、鉱業に含めず、製造業の労災保険率を適用する。

・事業の独立性について（昭 43.10.21　基発第 645 号）

建設事業を行っている者が、自ら施工する建設工事に使用することを主たる目的として、建設用材料の製造をあわせて営んでいる場合、次の要件を全て満たす場合には、独立した事業として取り扱う。

(1)　場所的に当該建設工事現場から独立していること。
(2)　経理、人事、指揮系統等からみて、当該建設工事と区分されていること。
(3)　当該建設工事期間と関係なく、一定期間継続して行われること。

・製造業における構内下請事業に係る労災保険率の適用について（昭 57.2.19　発労徴第 19 号、基発第 118 号）

製造業に属する事業の事業場構内において、もっぱら作業を行う事業（以下「構内下請事業」という）であって、当該製造業に属する事業（以下「親事業」という）の事業の種類に係る製品（以下「主たる製品」という）を製造する工程における作業および当該工程に直接附帯する作業の一部を行う事業については、親事業と同種の事業に係る労災保険率を適用する。

ただし、親事業が主たる製品以外の製品を製造している場合には、当該主たる製品以外の製品を製造する工程における作業および当該工程に直接附帯する作業の一部を行う事業については、当該主たる製品以外の製品を製造する工程を一の事業とみなした場合に適用される労災保険率を適用することとする。

・労働者派遣事業に対する労災保険率の適用について（昭 61.6.30　発労徴第 41 号、基発第 383 号）

(1)　適用単位について

労働者派遣法に基づく労働者派遣を行う事業については、労働者派遣法第２条第２号に規定する派遣労働者を含めた派遣元事業場を一の事業として取り扱う。ただし、労働者派遣事業と他の事業とを併せ行う事業については、それぞれの事業が活動組織として独立したものか否かを総合的に判断して適用単位を決定すること。

(2)　労災保険率の適用について

労働者派遣事業に係る労災保険率の適用は、派遣労働者の派遣先での作業実態に基づき事業の種類を決定すること。

派遣労働者の派遣先での作業実態が数種にわたる場合には、主たる作業実態に基づき事業の種類を決定することとし、この場合の主たる作業実態は、それぞれの作業に従事する派遣労働者の数、当該派遣労働者に係る賃金総額等により判断するものとする。

なお、労働者派遣事業と他の事業を一の事業として併せて行う事業であって適用上一の事業として扱われるものについては、その主たる業態に基づき事業の種類を決定すること。

・建設事業における分割発注工事に係る労災保険率等の適用について（昭 63.3.1　発労徴第９号、基発第 112 号）

1　分割工事に係る適用の原則

(1)　国、地方公共団体等が発注する長期間にわたる工事であって、予算上等の都合により予め分割して発注される工事については、分割された各工事（以下「分割工事」という）を一の事業として保険関係を成立させる。

(2)　分割工事に係る労災保険率の適用については、当該分割工事を含む工事全体において最終的に完成される工作物（以下「完成物」という）によることとする。

ただし、工事中途において、発注者の都合により完成物が変更され、これに伴う請負契約の締結日において、保険関係が成立している事業およびその日以後に保険関係が成立する事業については、変更後の完成物による労災保険率を適用するものとする。

なお、完成物の変更に伴う請負契約の締結日前に既に終了している事業の労災保険率は、変更前の完成物による。

(3)　工事中途で労災保険率適用事業細目表または労災保険率の改正が行われた場合は、その施行日以後に保険関係が成立した事業について改正後の労災保険率適用事業細目表または労災保険率を適用する。

2　分割工事に係るメリット制の適用について

メリット制の適用については、各分割工事を一の事業として取り扱うこととする。

・大規模造成工事と各種建築工事等が相関連して行われる事業が分割発注で施工される場合に係る労災保険率の適用について（平 2.3.9　発労徴第８号、基発第 124 号）

スキー場、ゴルフ場およびこれらをはじめとする施設の集合体と認められる総合リゾート施設の建設の事業ならびに飛行場の建設の事業は、土地の造成を主たる目的とする事業として「37　その他の建設事業」の労災保険率を適用するが、これらの事業が分割発注で施工される場合にあっては、次に掲げる建設の事業につき、各々に定める工作物ごとに労災保険率決定上の適用単位とし、当該完成されるべき工作物により労災保険率を適用する。

イ　スキー場の建設の事業

ホテル、マンション、ロッジおよびこれらに準じた建築物、ならびに索道

ロ　ゴルフ場の建設の事業

クラブハウス、ホテルおよびこれらに準じた建築物、ならびに施設管理用等の機械装置

ハ　総合リゾート施設の建設の事業

スキー場（この範囲においてイを適用)、ゴルフ場（この範囲においてロを適用)、ならびにホテル、マンション、ロッジおよびこれらに準じた建築物

ニ　飛行場の建設の事業

管制塔、ターミナルビル、格納庫およびこれらに準じた建築物

第4章

労災保険率適用事業細目表

労災保険は、事業の種類ごとに労災保険率を定め、賃金総額にこの労災保険率を乗じて個々の事業が納付すべき保険料を算定している。また、個々の事業について、その該当する事業の種類を定める事業の種類の分類表は、労災保険では労災保険率適用事業細目表（以下「事業細目表」という）と呼び、徴収法第 12 条第 2 項および徴収則第 16 条第 1 項の規定に基づき厚生労働大臣が定めている。この事業細目表は、労災保険率表に掲げられた事業の種類の内容および範囲を規定したものであり、いわば労災保険における産業分類ともいうべきものである。

統計で用いられる日本標準産業分類は主として産業活動を中心に分類されているが、労災保険の事業細目表は、災害率、災害の種類、作業実態、業界組織、保険技術、社会通念等を主眼として定められているものである。これは、労災保険制度が業務災害に対する事業主の補償責任の法理を基盤としているからである。

事業細目表の分類に当たっては、費用負担の連帯性、災害防止活動の浸透の面で業界組織による分類を、また事業主の保険料負担の公平性あるいは労働安全衛生対策の面で災害率、災害の種類または作業実態による分類を、さらにこれに、保険集団としての規模および分類表示等の保険技術面での配慮を必要とする。

したがって、事業細目表の「事業の種類」は、かかる観点からこれらの複合的要因を統括して定められており、その内容および範囲については「事業の種類」において例示しているものである。また、この分類は事業の規模の大小によらず前記のような要因のみを考慮して定められたものである。

船舶所有者の事業の種類の細目は、「船舶所有者の事業の種類の細目表」に規定されている。

労災保険率適用事業細目表

（平成 28 年 4 月 1 日施行）

事業の種類の分類	事業の種類の番号	事業の種類	事業の種類の細目	備　考
林　業	02 又は 03	林業	A　木材伐出業 0201　伐木、造材、集材若しくは運材の事業又はこれらに付随する事業 B　その他の林業 0301　植林若しくは造林の事業又はこれらに付随する事業 0302　竹の伐出業 0304　薪の切出製造若しくは木炭の製造又はこれらに付随する搬出の事業 0303　その他の各種林業	
漁　業	11	海面漁業（(12) 定置網漁業又は海面魚類養殖業を除く。）	1101　海面において行う水産動物（貝類を除く。）の採捕の事業	
	12	定置網漁業又は海面魚類養殖業	1201　海面において定置網を用いて行う漁業 1202　海面において行う魚類の養殖の事業	

鉱　業	21	金属鉱業、非金属鉱業（(23)石灰石鉱業又はドロマイト鉱業を除く。）又は石炭鉱業	2101　金属鉱業 金鉱、銀鉱、銅鉱、鉛鉱、蒼鉛鉱、すず鉱、アンチモニー鉱、水銀鉱、亜鉛鉱、鉄鉱、硫化鉄鉱、クローム鉄鉱、マンガン鉱、タングステン鉱、モリブデン鉱、砒鉱、ニツケル鉱、コバルト鉱、ウラン鉱又はトリウム鉱の鉱業 2102　非金属鉱業 りん鉱、黒鉛、アスフアルト、硫黄、石膏、重晶石、明ばん石、ほたる石、石綿、けい石、長石、ろう石、滑石又は耐火粘土の鉱業 2103　無煙炭鉱業 2104　れき青炭鉱業 2105　その他の石炭鉱業	(2601) 砂鉱業、(2602) 石炭選別業及び (2603) 亜炭鉱業（亜炭選別業を含む。）を除く。
	23	石灰石鉱業又はドロマイト鉱業	2301　石灰石鉱業又はドロマイト鉱業	
	24	原油又は天然ガス鉱業	2401　原油鉱業 2402　天然ガス鉱業又は圧縮天然ガス生産業	
	25	採石業	2501　花こう岩、せん緑岩、斑糲岩、かんらん岩、斑岩、玢岩、輝緑岩、粗面岩、安山岩、玄武岩、礫岩、砂岩、頁岩、粘板岩、ぎよう灰岩、片麻岩、蛇紋岩、結晶片岩、ベント	(2604) 砂利、砂等の採取業を除き、一貫して行う岩石又は粘土（耐火粘土

			ナイト、酸性白土、けいそう土、陶石、雲母又はひる石の採取業 2502　その他の岩石又は粘土（耐火粘土を除く。）等の採取業	を除く。）の破砕等の（4901）その他の窯業又は土石製品製造業を含む。
	26	その他の鉱業	2601　砂鉱業 2602　石炭選別業 2603　亜炭鉱業（亜炭選別業を含む。） 2604　砂利、砂等の採取業	
建設事業	31	水力発電施設、隧道等新設事業	3101　水力発電施設新設事業 水力発電施設の新設に関する建設事業及びこれに附帯して当該事業現場内において行われる事業（発電所又は変電所の家屋の建築事業、水力発電施設新設事業現場に至るまでの工事用資材の運送のための道路、鉄道又は軌道の建設事業、建設工事用機械以外の機械若しくは鉄管の組立て又はすえ付けの事業、送電線路の建設事業及び水力発電施設新設事業現場外における索道の建設事業を除く。） 3102　高えん堤新設事業 基礎地盤から堤頂までの高さ20メートル以上のえん堤（フイルダムを除く。）の新設に関する建	

			設事業及びこれに附帯して当該事業現場内において行われる事業（高えん堤新設事業現場に至るまでの工事用資材の運送のための道路、鉄道又は軌道の建設事業、建設工事用機械以外の機械の組立て又はすえ付けの事業及び高えん堤新設事業現場外における索道の建設事業を除く。）	
		3103	隧(ずい)道新設事業 隧(ずい)道の新設に関する建設事業、隧(ずい)道の内面巻替えの事業及びこれらに附帯して当該事業現場内において行われる事業（隧(ずい)道新設事業の態様をもつて行われる道路、鉄道、軌道、水路、煙道、建築物等の建設事業（推進工法による管の埋設の事業を除く。）を含み、内面巻立て後の隧(ずい)道内において路面ほ装、砂利散布又は軌条の敷設を行う事業及び内面巻立て後の隧(ずい)道内における建築物の建設事業を除く。）	
32	道路新設事業	3201	道路の新設に関する建設事業及びこれに附帯して行われる事業	(3103) 隧(ずい)道新設事業及び(35)建築事業を除く。

33	ほ装工事業	3301　道路、広場、プラットホーム等のほ装事業 3302　砂利散布の事業 3303　広場の展圧又は芝張りの事業	
34	鉄道又は軌道新設事業	次に掲げる事業及びこれに附帯して行われる事業（建設工事用機械以外の機械の組立て又はすえ付けの事業を除く。） 3401　開さく式地下鉄道の新設に関する建設事業 3402　その他の鉄道又は軌道の新設に関する建設事業	(3103) 隧（ずい）道新設事業及び (35) 建築事業を除く。
35	建築事業((38) 既設建築物設備工事業を除く。)	次に掲げる事業及びこれに附帯して行われる事業（建設工事用機械以外の機械の組立て又はすえ付けの事業を除く。） 3501　鉄骨造り又は鉄骨鉄筋若しくは鉄筋コンクリート造りの家屋の建設事業((3103) 隧（ずい）道新設事業の態様をもつて行われるものを除く。) 3502　木造、れんが造り、石造り、ブロック造り等の家屋の建設事業 3503　橋りよう建設事業 イ　一般橋りようの建設事業 ロ　道路又は鉄道の鉄骨鉄筋若しくは鉄筋コンクリート造りの高架橋の建設事業 ハ　跨（こ）線道路橋の建設事業 ニ　さん橋の建設事業	

			3504	建築物の新設に伴う設備工事業（(3507) 建築物の新設に伴う電気の設備工事業及び (3715) さく井事業を除く。）	
			イ	電話の設備工事業	
			ロ	給水、給湯等の設備工事業	
			ハ	衛生、消火等の設備工事業	
			ニ	暖房、冷房、換気、乾燥、温湿度調整等の設備工事業	
			ホ	工作物の塗装工事業	
			ヘ	その他の設備工事業	
			3507	建築物の新設に伴う電気の設備工事業	
			3508	送電線路又は配電線路の建設（埋設を除く。）の事業	
			3505	工作物の解体（一部分を解体するもの又は当該工作物に使用されている資材の大部分を再度使用することを前提に解体するものに限る。）、移動、取りはずし又は撤去の事業	
			3506	その他の建築事業	
			イ	野球場、競技場等の鉄骨造り又は鉄骨鉄筋若しくは鉄筋コンクリート造りのスタンドの建設事業	
			ロ	たい雪覆い、雪止め柵、落石覆い、落石防止柵等の建設事業	

				ハ　鉄塔又は跨線橋（跨線道路橋を除く。）の建設事業 ニ　煙突、煙道、風洞等の建設事業（(3103) 隧道新設事業の態様をもつて行われるものを除く。） ホ　やぐら、鳥居、広告塔、タンク等の建設事業 ヘ　門、塀、柵、庭園等の建設事業 ト　炉の建設事業 チ　通信線路又は鉄管の建設（埋設を除く。）の事業 リ　信号機の建設事業 ヌ　その他の各種建築事業	
	38	既設建築物設備工事業	3801	既設建築物の内部において主として行われる次に掲げる事業及びこれに附帯して行われる事業（建設工事用機械以外の機械の組立て又はすえ付けの事業、(3802) 既設建築物の内部において主として行われる電気の設備工事業及び (3715) さく井事業を除く。） イ　電話の設備工事業 ロ　給水、給湯等の設備工事業 ハ　衛生、消火等の設備工事業 ニ　暖房、冷房、換気、乾燥、温湿度調整等の設備工事業	

			ホ　工作物の塗装工事業 ヘ　その他の設備工事業 3802　既設建築物の内部において主として行われる電気の設備工事業 3803　既設建築物における建具の取付け、床張りその他の内装工事業	
	36	機械装置の組立て又は据付けの事業	次に掲げる事業及びこれに附帯して行われる事業 3601　各種機械装置の組立て又はすえ付けの事業 3602　索道建設事業	
	37	その他の建設事業	次に掲げる事業及びこれに附帯して行われる事業 3701　えん堤の建設事業（(3102) 高えん堤新設事業を除く。） 3702　隧道の改修、復旧若しくは維持の事業又は推進工法による管の埋設の事業（(3103) 内面巻替えの事業を除く。） 3703　道路の改修、復旧又は維持の事業 3704　鉄道又は軌道の改修、復旧又は維持の事業 3705　河川又はその附属物の改修、復旧又は維持の事業 3706　運河若しくは水路又はこれらの附属物の建設事業 3707　貯水池、鉱毒沈澱池、プール等の建設事業 3708　水門、樋門等の建設事業	(33) ほ装工事業及び (3505) 工作物の解体（一部分を解体するもの又は当該工作物に使用されている資材の大部分を再度使用することを前提に解体するものに限る。）、移動、取りはずし又は撤去の事業を除く。

			3709 砂防設備（植林のみによるものを除く。）の建設事業 3710 海岸又は港湾における防波堤、岸壁、船だまり場等の建設事業 3711 湖沼、河川又は海面の浚渫、干拓又は埋立ての事業 3712 開墾、耕地整理又は敷地若しくは広場の造成の事業（一貫して行う（3719）造園の事業を含む。） 3719 造園の事業 3713 地下に構築する各種タンクの建設事業 3714 鉄管、コンクリート管、ケーブル、鋼材等の埋設の事業 3715 さく井事業 3716 工作物の解体事業 3717 沈没物の引揚げ事業 3718 その他の各種建設事業	
製造業	41	食料品製造業	4101 食料品製造業 4112 たばこ等製造業	
	42	繊維工業又は繊維製品製造業	4201 繊維工業又は繊維製品製造業	
	44	木材又は木製品製造業	4401 木材又は木製品製造業	（6108）竹、籐又はきりゅう製品製造業を除く。

45	パルプ又は紙製造業	4501　パルプ又は紙製造業	
46	印刷又は製本業	4601　印刷又は製本業	
47	化学工業	4701　化学工業	(42) 繊維工業又は繊維製品製造業及び(6110) くずゴム製品製造業を除く。
48	ガラス又はセメント製造業	4801　ガラス又はセメント製造業	
66	コンクリート製造業	6601　コンクリート製造業	
62	陶磁器製品製造業	6201　陶磁器製品製造業	
49	その他の窯業又は土石製品製造業	4901　その他の窯業又は土石製品製造業	
50	金属精錬業((51) 非鉄金属精錬業を除く。)	5001　金属精錬業	一貫して行う(52) 金属材料品製造業を含む。
51	非鉄金属精錬業	5101　非鉄金属精錬業	一貫して行う(52) 金属材料品製造業を含む。

52	金属材料品製造業((53) 鋳物業を除く。)	5201 金属材料品製造業	一貫して(50)金属精錬業又は(51)非鉄金属精錬業を行うものを除く。
53	鋳物業	5301 鋳物業	
54	金属製品製造業又は金属加工業((63)洋食器、刃物、手工具又は一般金物製造業及び(55)めつき業を除く。)	5401 金属製品製造業又は金属加工業	
63	洋食器、刃物、手工具又は一般金物製造業((55)めつき業を除く。)	6301 洋食器、刃物、手工具又は一般金物製造業	
55	めつき業	5501 めつき業	

56	機械器具製造業（（57）電気機械器具製造業、（58）輸送用機械器具製造業、（59）船舶製造又は修理業及び（60）計量器、光学機械、時計等製造業を除く。）	5601　機械器具製造業	
57	電気機械器具製造業	5701　電気機械器具製造業	
58	輸送用機械器具製造業（（59）船舶製造又は修理業を除く。）	5801　輸送用機械器具製造業	
59	船舶製造又は修理業	5901　船舶製造又は修理業	

	60	計量器、光学機械、時計等製造業((57)電気機械器具製造業を除く。)	6001　計量器、光学機械、時計等製造業	
	64	貴金属製品、装身具、皮革製品等製造業	6401　貴金属製品、装身具、皮革製品等製造業	
	61	その他の製造業	6102　ペン、ペンシルその他の事務用品又は絵画用品製造業 6104　可塑物製品製造業（購入材料によるものに限る。） 6105　漆器製造業 6107　加工紙、紙製品、紙製容器又は紙加工品製造業 6108　竹、籐（とう）又はきりゅう製品製造業 6109　わら類製品製造業 6110　くずゴム製品製造業 6115　塗装業 6116　その他の各種製造業	
運輸業	71	交通運輸事業	7101　鉄道、軌道又は索道による旅客又は貨物の運送事業（(7202) 貨物の積みおろし又は集配を伴う貨物の運送事業を除く。） 7102　自動車又は軽車両による旅客の運送事業	

			7104　航空機による旅客又は貨物の運送事業 7105　船舶による旅客の運送事業 7103　自動車、航空機等を使用して宣伝、広告、測量等を行なう事業 7106　その他の交通運輸事業	
	72	貨物取扱事業((73)港湾貨物取扱事業及び(74)港湾荷役業を除く。)	7201　停車場、倉庫、工場、道路等における貨物取扱いの事業 7202　貨物の積みおろし又は集配を伴う鉄道軌道又は索道による貨物の運送事業 7203　自動車又は軽車両による貨物の運送事業 7206　船舶による貨物の運送事業 7204　貨物の荷造り又はこん包の事業 7205　自動車により砂利その他の土石を運搬して販売する事業	
	73	港湾貨物取扱事業((74)港湾荷役業を除く。)	7301　港湾の上屋、倉庫等における貨物取扱いの事業 7302　はしけ又は引船による貨物の運送事業	一貫して(74)港湾荷役業を行うものを除く。
	74	港湾荷役業	7401　沿岸において船舶に荷を積み又は船舶から荷をおろすために貨物を取り扱う事業	一貫して行う(73)港湾貨物取扱事業を含む。

			7402　船舶内において船舶に荷を積み又は船舶から荷をおろすために貨物を取り扱う事業（一貫して行う（7401）沿岸において船舶に荷を積み又は船舶から荷をおろすために貨物を取り扱う事業を含む。）	
電気、ガス、水道又は熱供給の事業	81	電気、ガス、水道又は熱供給の事業	A　電気業 8101　発電、送電、変電又は配電の事業 B　ガス業 8102　天然ガスの採取供給又はガスの製造供給の事業 8103　天然ガス又はガスの供給の事業 C　水道業 8104　上水道業 8105　下水道業 D　熱供給業 8106　熱供給業	
その他の事業	95	農業又は海面漁業以外の漁業	9501　土地の耕作又は植物の栽植、栽培若しくは採取の事業その他の農業 9502　動物の飼育若しくは畜産の事業又は養蚕の事業 9503　水産動植物の採捕又は養殖の事業（（11）海面漁業及び（12）定置網漁業又は海面魚類養殖業を除く。）	
	91	清掃、火葬又はと畜の事業	9101　清掃業 9102　火葬業 9103　と畜業	

93	ビルメンテナンス業	9301　ビルの総合的な管理等の事業	
96	倉庫業、警備業、消毒又は害虫駆除の事業又はゴルフ場の事業	9601　倉庫業 9602　警備業 9603　消毒又は害虫駆除の事業 9606　ゴルフ場の事業	
97	通信業、放送業、新聞業又は出版業	9701　通信業 9702　放送業 9703　新聞業又は出版業	
98	卸売業・小売業、飲食店又は宿泊業	9801　卸売業・小売業 9802　飲食店 9803　宿泊業	
99	金融業、保険業又は不動産業	9901　金融業 9902　保険業 9903　不動産業	
94	その他の各種事業	9411　広告、興信、紹介又は案内の事業 9412　速記、筆耕、謄写印刷又は青写真業 9418　映画の製作、演劇等の事業 9419　劇場、遊戯場その他の娯楽の事業 9420　洗たく、洗張又は染物の事業	

			9421　理容、美容又は浴場の事業 9422　物品賃貸業 9423　写真、物品預り等の事業 9425　教育業 9426　研究又は調査の事業 9431　医療業 9432　社会福祉又は介護事業 9433　幼稚園 9434　保育所 9435　認定こども園 9436　情報サービス業 9416　前各項に該当しない事業	

船舶所有者の事業の種類の細目表

（平成 22 年 1 月 1 日施行）

事業の種類	事業の種類の番号	事業の種類の細目
船舶所有者の事業	90	9001　水産動植物の採捕又は養殖の事業 9002　外航旅客運送事業 9003　外航貨物運送事業 9004　内航旅客運送事業 9005　内航貨物運送事業 9006　その他の船舶所有者の事業

第５章

労災保険率適用事業細目（船舶所有者の事業以外の事業）

第１　林　業
第２　漁　業
第３　鉱　業
第４　建設事業
第５　製造業
第６　運輸業
第７　電気、ガス、水道又は熱供給の事業
第８　その他の事業

第1　林　業

この分類には、林業の事業が該当する。

〔解　説〕

製造業者等が林業に該当する事業を行う場合には、当該事業について個別に保険関係を成立させる。例えば、製材工場が、立木の伐採、搬出を行う場合、製材工場から独立して、本事業に分類する。

02又は03　林業　1000分の52

この分類には、山林用苗木の育成または植栽を行う事業、材木の保育または保護を行う事業、林木の伐採、集材等を行う事業、薪炭の製造を行う事業、樹脂、樹皮、堅果その他の林産物の採集を行う事業および林業に直接関係するサービスを行う事業が該当する。

ただし、集材場（山土場等）から貯木場、製材所等まで木材を輸送する事業は、「**72　貨物取扱事業**」に含まれる。

【事業の種類の細目】

A　木材伐出業

0201　伐木、造材、集材若しくは運材の事業又はこれらに付随する事業

この分類には、立木の伐採、造材、集材または運材を行う事業およびこれらに付随して行われる林道、木馬道、索道、土場等の建設を行う事業が該当する。

B　その他の林業

0301　植林若しくは造林の事業又はこれらに付随する事業

この分類には、植林または造林を行う事業および植林または造林の目的をもって山林種苗の生産、地ごしらえ、植栽、立木の枝下しまたは枝打ち、下刈りまたは手入れ、育林のための間伐（初回間伐）等を行う事業ならびにこれらに付随して行われる事業が該当する。

〔解　説〕

森林の保護の目的で行われる狩猟業、立木に薬剤等を注入する事業、または松くい虫等の駆除を行う事業は、本分類に含まれる。

0302　竹の伐出業

この分類には、竹の伐採およびこれに付随して行われる搬出の事業が該当する。

0304　薪の切出製造若しくは木炭の製造又はこれらに付随する搬出の事業

この分類には、森林において薪の切出製造を行う事業および森林において樹木を伐採し、木炭の製造を行う事業ならびにこれらに付随して行われる搬出の事業が該当する。

なお、木材チップの製造を行うため再生林等の小径木（胸高直径10センチメートル以下のもの）を伐採する事業は、本分類に含まれる。

0303　その他の各種林業

この分類には、**Bその他の林業**のうち他に分類されない事業が該当する。なお、森林内において樹脂、樹皮、きのこ、種子、堅果、果実等の採取を行う事業ならびに山林または原木の買付けおよびこれに関連して山林踏調、山林測量、材積調査、伐採原木の寸検検収等を行う事業は、本分類に含まれる。

〈参考通達要旨〉

・筏の運送事業について（昭 25.3.30　基災収第 757 号）

筏作業のみを事業として行っている場合は、「72　貨物取扱事業」の労災保険率を適用する。

・造林のため植栽等を行う事業について（昭 25.6.9　基災収第 870 号）

造林のための、地拵、植栽、下刈り手入れ、間伐等の事業は、「03　その他の林業」の労災保険率を適用する。

・苗木の栽植等の事業について（昭 25.10.27　基収第 3171 号）

造林と関係なく独立して苗木の栽植、栽培のみを行う事業は、「95　農業又は海面漁業以外の漁業」の労災保険率を適用する。

・パルプ会社が山林部門で行う事業について（昭 35.2.25　基発第 129 号）

(1)　山林または原木の買付およびこれに関連する業務（山林踏査、山林測量、材積調査、伐採原木の寸検検収等山林における業務を伴うもの）を主に行う事業は、「03　その他の林業」の労災保険率を適用する。

(2)　社有林等の造林に関する業務を主に行う事業は、「03　その他の林業」の労災保険率を適用する。

(3)　買付契約書類の作成、会計経理、連絡、下部機関の指導監督等事務的または管理的な業務を主に行う事業は、「94　その他の各種事業」の労災保険率を適用する。

(4)　常態として原木の買付およびこれに関連する業務（買付契約締結、原木の工場への輸送手配等比較的山林における業務を伴わないもの）を行う事業は、「94　その他の各種事業」の労災保険率を適用する。

・0304　薪の切出製造若しくは木炭の製造又はこれらに付随する搬出の事業の範囲について（昭 35.2.25　基発第 130 号）

(1)「03　その他の林業」の労災保険率が適用されるためには、原則として、当該現場においての薪の製造までを行う事業でなくてはならない。この場合における薪は、社会通念上薪と認められる状態までになったものをいい、薪と称してもパルプ材、抗木等薪以外の用途にも利用できるものは、薪に含めず素材として取り扱う。

　したがって、薪の製造を目的とする場合であっても、立木の伐採しか行わない場合または薪と認められない状態までの加工作業しか行われない場合は、原則として「02　木材伐出業」の労災保険率を適用する。

(2)　皆伐等であって、伐採した立木（末木、枝条を含まない）をその大きさ等から区分して素材または薪の製造が同一事業主により行われる場合は、これを一括して一事業とし、「02　木材伐出業」の労災保険率を適用する。

　ただし、薪の製造が大部分を占める場合は、「03　その他の林業」の労災保険率を適用する。この場合において、生産される素材の材積総数が伐採立木全体の材積総数の 30％に満たない場合は、おおむね薪の製造が大部分である場合とする。

(3)　素材生産に係る伐採立木の末木、枝条のみを利用する薪の製造が当該素材生産に附帯して同一事業主により行われる場合はこれを一括して一事業とし、「02　木材伐出業」の労災保険率を適用する。

・チップ材等の伐採事業について（昭 37.3.13　基発第 206 号）

(1)　木材チップ製造の目的をもって行う再生林等の小径木（胸高直径 10 センチメートル以下）を伐採または搬出する事業は「03　その他の林業」の労災保険率を適用する。

(2)　立木を伐採し、素材以外に末木、枝条からチップ材または薪材の製造、もしくは搬出を行う事業、ならびに集材および運材に付随する木馬道等の建設を行う事業は、「02　木材伐出業」の労災保険率を適用する。

(3)　森林内における山林種苗の生産、樹脂、堅果、果実の採集、林地の残材（根株、末木、枝条）等によりチップ材または薪材を製造、もしくは搬出を行う事業は、「03　その他の林業」の労災保険率を適用する。

・木材伐出業に付随する運材の事業について（昭 40.2.17　基発第 173 号）

「02　木材伐出業」に包含する運材の事業とは、伐採地より集材場（いわゆる山源土場または山土場）までの搬出作業、およびこれに付帯する事業をいう。

・しいたけ等の栽植・栽培を行う事業について（昭 57.2.1　発労徴第 15 号、基発第 77 号）

　自己のしいたけ栽培に使用することを目的とするだけでなく、他の事業に対し販売することを目的として行う原木の伐採の事業は、しいたけの栽培を行う事業とは別個の事業とし、「02　木材伐出業」の労災保険率を適用する。

なお、森林内での樹脂、樹皮、天然きのこ、堅果、果実等の採取を行う事業は、「03　その他の林業」の労災保険率を適用する。

・間伐の事業について（昭 58.3.29　発労徴第 14 号、基発第 162 号）

人工林における初回間伐であって、林齢 25 年以下、かつ、胸高直径 10 センチメートル以下の立木の伐採を行う事業は、「03　その他の林業」の労災保険率を適用する。

・木炭等の製造を行う事業の労災保険率の適用等について（平 16.1.30　基徴発第 0130001 号、基労管発第 0130001 号、基労補発第 0130001 号）

購入した木材、竹等から木炭等の製造を行う事業は、製造工場等の設置場所が森林であるか否かに関わらず、「6116　その他の各種製造業」の労災保険率を適用する。

第2 漁　業

この分類には、海面において水産動物（貝類を除く）の採捕を行う事業、定置網を用いて行う漁業および魚類の養殖を行う事業が該当する。

11　海面漁業（(12) 定置網漁業又は海面魚類養殖業を除く。）1000分の18

この分類には、海面において水産動物（貝類を除く）の採捕を行う事業が該当する。

ただし、定置網を用いて水産動物の採捕を行う事業は、「**12　定置網漁業又は海面魚類養殖業**」に含まれる。

【事業の種類の細目】

1101　海面において行う水産動物（貝類を除く。）の採捕の事業

この分類には、海面において貝類以外の水産動物の採捕を行う事業であって、海面において定置網を用いて行う漁業以外の事業が該当する。

〔解　説〕

この分類には、海面において行われる貝類以外の水産動物（魚類、いか、たこ等の軟体類、えび、かに等の甲殻類、鯨等の海獣類等）の採捕を行う事業であって、海面において定置網を用いて行う漁業以外の事業が該当する。

なお、海面において行われる天然コンブ、ワカメ等の海藻類の採取の事業、アサリ、ハマグリ等の貝類の採捕の事業、のり、コンブ、ワカメ等の海藻類の養殖の事業および真珠、ホタテ、カキ等の貝類の養殖の事業、ならびに内水面にて行う水産動植物の採捕または養殖の事業は、「**9503　水産動植物の採捕又は養殖の事業（(11) 海面漁業及び (12) 定置網漁業又は海面魚類養殖業を除く。)**」に含まれる。

また、海面において定置網を用いて行う漁業は、「**1201　海面において定置網を用いて行う漁業**」に含まれる。

〈参考通達要旨〉

・**漁船による事業の範囲（昭 30.8.22　基発第 540 号）**

漁船による事業とは、個々の漁船において行われる作業の一体をいい、漁船以外の場所において行われる関連作業は、当該事業の範囲に含まれない。

ただし、漁船に乗り組む労働者がその事業に必要な作業を陸上において行う場合には、その作業を漁船による事業の範囲に含めて取り扱うこと。

12　定置網漁業又は海面魚類養殖業　　1000 分の 37

この分類には、海面において行われる定置網漁業および魚類の養殖を行う事業が該当する。

【事業の種類の細目】

1201　海面において定置網を用いて行う漁業

この分類には、海面において定置網を用いて水産動物の採捕を行う事業が該当する。

〔解　説〕

この分類には、さし網を用いて行う漁業が含まれる。

1202　海面において行う魚類の養殖の事業

この分類には、海面においてハマチ、タイ等の魚類の養殖を行う事業が該当する。

参考1　船員法等及び労働基準法等の適用範囲

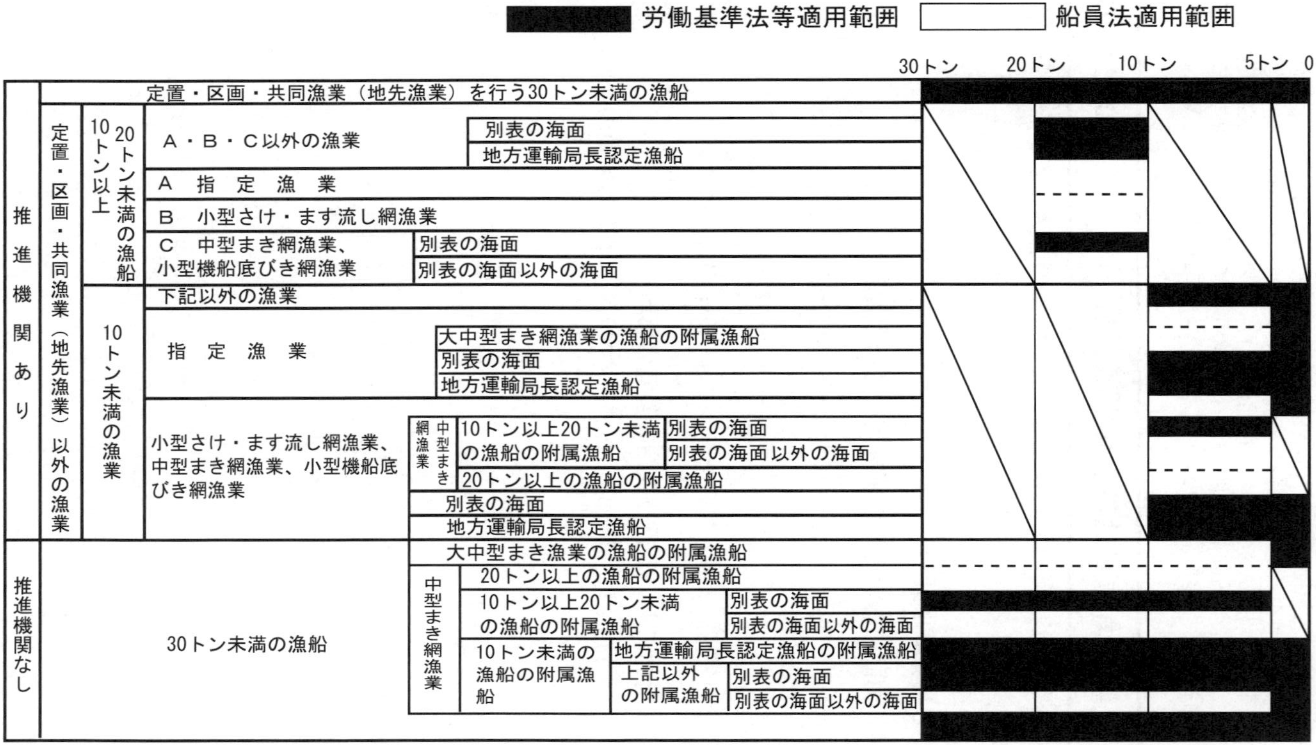

■ 労働基準法等適用範囲　□ 船員法適用範囲

30トン　20トン　10トン　5トン　0トン

推進機関	区分	規模	漁業	細区分	海面等
推進機関あり	定置・区画・共同漁業（地先漁業）を行う30トン未満の漁船				
	定置・区画・共同漁業（地先漁業）以外の漁業	10トン以上20トン未満の漁船	A・B・C以外の漁業		別表の海面
					地方運輸局長認定漁船
			A　指定漁業		
			B　小型さけ・ます流し網漁業		
			C　中型まき網漁業、小型機船底びき網漁業		別表の海面
					別表の海面以外の海面
		10トン未満の漁業	下記以外の漁業		
			指定漁業		大中型まき網漁業の漁船の附属漁船
					別表の海面
					地方運輸局長認定漁船
			小型さけ・ます流し網漁業、中型まき網漁業、小型機船底びき網漁業	中型まき網漁業　10トン以上20トン未満の漁船の附属漁船	別表の海面
					別表の海面以外の海面
				中型まき網漁業　20トン以上の漁船の附属漁船	
					別表の海面
					地方運輸局長認定漁船
推進機関なし	30トン未満の漁船		大中型まき漁業の漁船の附属漁船		
			中型まき網漁業	20トン以上の漁船の附属漁船	
				10トン以上20トン未満の漁船の附属漁船	別表の海面
					別表の海面以外の海面
				10トン未満の漁船の附属漁船	地方運輸局長認定漁船の附属漁船
					上記以外の附属漁船　別表の海面
					上記以外の附属漁船　別表の海面以外の海面

（注）1.　5トン未満の漁船については、船員法等の適用はなく労働基準法等の適用を受け、30トン以上の漁船については船員法等の適用を受ける。
2.　表中の「別表の海面」とは「船員法第1条第2項第3号の漁船の範囲を定める政令」で指定する別表の海面をいう。

船員法第１条第２項第３号の漁船の範囲を定める政令

（昭 38.3.25　政令第 54 号）

別　表

名　称	区　　　　　域
陸奥湾	青森県焼山埼から同県高野埼まで引いた線及び陸岸により囲まれた海面
富山湾	富山県生地鼻から石川県大泊鼻まで引いた線及び陸岸により囲まれた海面
若狭湾	福井県越前岬から同県特牛埼まで引いた線、同地点から同県鋸埼まで引いた線、同地点から京都府毛島北端まで引いた線、同地点から同府経ヶ岬まで引いた線及び陸岸により囲まれた海面
東京湾	千葉県洲埼から神奈川県剣埼まで引いた線及び陸岸により囲まれた海面
伊勢湾	愛知県伊良湖岬から三重県大王埼まで引いた線及び陸岸により囲まれた海面
英虞湾等	三重県麦埼から同県九木埼まで引いた線及び陸岸により囲まれた海面
瀬戸内海	和歌山県日ノ御埼から徳島県蒲生田岬まで引いた線、愛媛県佐田岬から大分県関埼まで引いた線、山口県旧火ノ山下船舶通航信号所跡から福岡県門司埼まで引いた線及び陸岸により囲まれた海面
宇和海及び宿毛湾	愛媛県佐田岬から高知県姫島西端まで引いた線、同地点から同県沖ノ島櫛ヶ鼻まで引いた線、同島東端から同県オシメ鼻まで引いた線及び陸岸により囲まれた海面
唐津湾	福岡県大門埼から佐賀県土器埼まで引いた線及び陸岸により囲まれた海面
伊万里湾	佐賀県大埼から長崎県阿翁崎鼻まで引いた線、同地点から同県黒島本網代鼻まで引いた線、同島ネイネイ鼻から同県青島ゴンブリ鼻まで引いた線、同島丸島鼻から同県津埼まで引いた線及び陸岸により囲まれた海面
大村湾	長崎県寄船埼から同県高後埼まで引いた線及び陸岸により囲まれた海面
有明海、橘湾及び八代海	長崎県野母埼から同県樺島南端まで引いた線、同地点から熊本県天草下島四季咲岬まで引いた線、同島台場ノ鼻から鹿児島県長島大埼まで引いた線、同島神埼から同県鵜瀬鼻まで引いた線及び陸岸により囲まれた海面
鹿児島湾	鹿児島県立目埼から同県開聞岬まで引いた線及び陸岸により囲まれた海面

参考２　漁業における労災保険法適用区分

年月日				昭 22.9.1	昭 30.9.1	昭 47.4.1	昭 50.4.1
新たに強制適用となったもの					総トン数５トン以上の漁船による水産動植物の採捕の事業	常時使用労働者５人以上の水産動植物の採捕または養殖の事業	法人である事業主の行う水産動植物の採捕または養殖の事業
総トン数5トン以上の漁船による	常時使用労働者5人以上	法人	採　捕		■	■	■
			指定水面の採捕			■	■
			養　殖			■	■
		個人	採　捕		■	■	■
			指定水面の採捕			■	■
			養　殖			■	■
	常時使用労働者5人未満	法人	採　捕		■	■	■
			指定水面の採捕				■
			養　殖				■
		個人	採　捕		■	■	■
			指定水面の採捕				①
			養　殖				②
総トン数5トン未満の漁船による	常時使用労働者5人以上	法人	採　捕			■	■
			養　殖			■	■
		個人	採　捕			■	■
			養　殖			■	■
	常時使用労働者5人未満	法人	採　捕				■
			養　殖				■
		個人	採　捕				③
			養　殖				④
漁船によらない	常時使用労働者5人以上	法人	採　捕			■	■
			養　殖			■	■
		個人	採　捕			■	■
			養　殖			■	■
	常時使用労働者5人未満	法人	採　捕				■
			養　殖				■
		個人	採　捕				⑤
			養　殖				⑥

□ 任意適用
■ 強制適用

現行における任意適用

	常時使用の労働者	法人、個人の別	漁船・総トン数	事業の内容
①	５人未満	個　人	５トン以上	指定水面の採捕
②				養　殖
③			５トン未満	採　捕
④				養　殖
⑤			漁船によらない	採　捕
⑥				養　殖

参考3　漁業に関する適用区分

<table>
<tr><th colspan="2" rowspan="4">可動性等
作業場所　態様</th><th colspan="5">水　産　動　植　物</th></tr>
<tr><th colspan="4">動　物</th><th rowspan="3">植物</th></tr>
<tr><th colspan="2">魚　類</th><th rowspan="2">魚類、貝類以外のいか、たこ、えび類等</th><th rowspan="2">貝類</th></tr>
<tr><th>（定置網漁業）</th><th></th></tr>
<tr><td rowspan="2">海面</td><td>採　捕</td><td>B</td><td>A</td><td>A</td><td>C</td><td>C</td></tr>
<tr><td>養　殖</td><td colspan="2">B</td><td>C</td><td>C</td><td>C</td></tr>
<tr><td rowspan="2">非海面</td><td>採　捕</td><td colspan="2">C</td><td>C</td><td>C</td><td>C</td></tr>
<tr><td>養　殖</td><td colspan="2">C</td><td>C</td><td>C</td><td>C</td></tr>
</table>

A：海面漁業（Bを除く）

B：定置網漁業または海面魚類養殖業

C：水産動植物の採捕または養殖の事業（AおよびBを除く）

第3 鉱　業

この分類には、天然の状態において固体、液体または気体の状態で生ずる鉱物の採掘（試掘を含む）または採石を行う事業、掘進を伴う採鉱の事業およびこれらの選鉱その他の品位向上処理を行う事業、ならびにこれらに付随して行われる坑道の掘さくの事業、さく井の事業等が該当する。

21　金属鉱業、非金属鉱業（(23）石灰石鉱業又はドロマイト鉱業を除く。）又は石炭鉱業　1000分の88

この分類には、亜炭、石油、可燃性天然ガス、石灰石、ドロマイトおよび砂鉱を除いた金属鉱物、非金属鉱物または石炭の採掘（試掘を含む）または採取を行う事業ならびにこれらの鉱物の採掘または採取から一貫して製錬または精製を行う事業が該当する。

〔解　説〕

独立して石炭の水洗、選炭等のみを行う事業および亜炭鉱業は本分類から除かれ、「**26　その他の鉱業**」に分類される。

【事業の種類の細目】

2101　金属鉱業

この分類には、金鉱、銀鉱、銅鉱、鉛鉱、蒼（そう）鉛鉱、すず鉱、アンチモニー鉱、水銀鉱、亜鉛鉱、鉄鉱、硫化鉄鉱、クローム鉄鉱、マンガン鉱、タングステン鉱、モリブデン鉱、砒（ひ）鉱、ニッケル鉱、コバルト鉱、ウラン鉱またはトリウム鉱の採掘、採取、選鉱等を行う事業ならびにこれらの鉱物の採掘、採取、選鉱等から一貫して製錬を行う事業が該当する。

2102　非金属鉱業

この分類には、りん鉱、黒鉛、アスファルト、硫黄、石膏（こう）、重晶石、明ばん石、ほたる石、石綿、けい石、長石、ろう石、滑石または耐火粘土の採掘、採取、選鉱等を行う事業が該当する。

〔解　説〕

硫黄の製錬またはろう石クレーの製造を行う事業は本分類に含めず、**「49　その他の窯業又は土石製品製造業」**に含める。

ゼーゲルコーン番号 30 以下の普通粘土の採掘を行う事業は本分類に含めず、**「25　採石業」**に含める。

2103　無煙炭鉱業

この分類には、無煙炭の採掘または採取を行う事業および無煙炭の採掘または採取から一貫して選炭等を行う事業が該当する。

2104　れき青炭鉱業

この分類には、れき青炭の採掘または採取を行う事業およびれき青炭の採掘または採取から一貫して選炭等を行う事業が該当する。

2105　その他の石炭鉱業

この分類には、せん石、かつ炭、草炭、泥炭等の採掘または採取を行う事業およびこれらの石炭の採掘または採取から一貫して選炭等を行う事業が該当する。

〔解　説〕

石炭鉱山の坑道掘進等の坑内作業を行う事業は、本分類に含まれる。

〈参考通達要旨〉

- **坑道掘進等の坑内作業を行う事業について（昭 34.4.4　基発第 231 号）**
  石炭関係下請事業場のうち、坑道掘進等の坑内作業を行う事業は、「21　金属鉱業、非金属鉱業又は石炭鉱業」の労災保険率を適用する。

- **金属鉱業所内の坑道掘さくを行う事業について(昭 35.3.23　基収第 1038 号)**
  金属鉱業所内の坑道掘さくを行う事業は、「21　金属鉱業、非金属鉱業又は石炭鉱業」の労災保険率を適用する。

- **耐火粘土の取扱いについて（昭 37.3.13　基発第 206 号）**
  「21　金属鉱業、非金属鉱業又は石炭鉱業」に規定する耐火粘土とは、ゼーゲルコーン番号 31 以上の耐火度を有するものであり、30 以下のものは「25　採石業」として労災保険率を適用する。

23　石灰石鉱業又はドロマイト鉱業　1000 分の 13

この分類には、石灰石またはドロマイトの採掘または採取を行う事業が該当する。

【事業の種類の細目】

2301　石灰石鉱業又はドロマイト鉱業

この分類には、石灰石またはドロマイトの採掘または採取を行う事業およびこれらに付随して行われる事業が該当する。

〔解　説〕

付随して行われる事業には、当該事業の鉱区において鉱床中に存する他の鉱物または岩石等の採掘または採取の事業、ならびに表土剥離等の事業が含まれる。

24　原油又は天然ガス鉱業　1000 分の 2.5

この分類には、原油または可燃性天然ガスの採掘（試掘を含む）または採取を行う事業および原油または可燃性天然ガスの採取から一貫してガソリン、液化ガス、圧縮ガス等の製造を行う事業が該当する。

【事業の種類の細目】

2401　原油鉱業

この分類には、原油の採掘または採取を行う事業および原油の採取から一貫してガソリン、液化石油ガス等の製造を行う事業が該当する。

2402　天然ガス鉱業又は圧縮天然ガス生産業

この分類には、天然ガスの採掘または採取を行う事業が該当する。

〔解　説〕

天然ガスの採掘または採取から一貫して圧縮天然ガスの製造を行う事業は、本分類に含まれる。

〈参考通達要旨〉

- **天然ガス又は石油の採掘のためのさく井事業について（昭 35.8.13　基収第 404 号）**

  天然ガスまたは石油の採掘のためのさく井を行う事業（試掘を含む）は、石油業者以外の者、すなわち、さく井業者等が行う場合でも「24　原油又は天然ガス鉱業」の労災保険率を適用する。ただし、天然ガスの生産および供給を一貫して行う事業が、その一環としてさく井を行う場合には、さく井より供給までを一事業として、「81　電気、ガス、水道又は熱供給の事業」の労災保険率を適用する。

- **石油会社が行う物理探査等の作業について（昭 37.4.27　基発第 422 号）**

  石油会社が作孔機等を使用して地下を掘削する等、地下構造を物理探査する作業は有期事業とし、「24　原油又は天然ガス鉱業」の保険料率が適用される。

25　採石業　　1000 分の 37

この分類には、岩石または粘土等の採掘（試掘を含む）または採取を行う事業ならびにこれらの岩石等の採掘または採取から一貫して破砕等を行う事業が該当する。

また、砂利、庭石、軽石等の採取を行う事業は、**「2604　砂利、砂等の採取業」**に含まれる。

【事業の種類の細目】

2501　花こう岩、せん緑岩、斑糲岩、かんらん岩、斑岩、玢岩、輝緑岩、粗面岩、安山岩、玄武岩、礫岩、砂岩、頁岩、粘板岩、ぎょう灰岩、片麻岩、蛇紋岩、結晶片岩、ベントナイト、酸性白土、けいそう土、陶石、雲母又はひる石の採取業

この分類には、採石法（昭和 25 年法律第 291 号）に規定する岩石の採掘または採取を行う事業ならびにこれらの岩石等の採掘または採取から一貫して破砕等を行う事業が該当する。

2502　その他の岩石又は粘土（耐火粘土を除く。）等の採取業

この分類には、採石法に規定されていない岩石または粘土（耐火粘土を除く）等の採掘または採取を行う事業ならびにこれらの岩石等の採掘または採取から一貫して破砕等を行う事業が該当する。

〔解　説〕

耐火粘土（ゼーゲルコーン番号 31 以上）の採掘等を行う事業は本分類に含めず、**「21　金属鉱業、非金属鉱業又は石炭鉱業」**に含める。

〈参考通達要旨〉

・**採石業者が採石現場で採石並びに間知石等を造る事業について（昭42.5.30　基発第 633 号）**

間知石を採取する工程における加工は、一般建築用石材の切り出し、採取にともなう加工と異ならないので、「25　採石業」として適用する。

・**岩石等の採掘又は採取から一貫して破砕等を行う事業について（平 4.3.5　発労徴第 12 号、基発第 99 号）**

岩石または粘土等の採掘または採取から一貫して破砕等まで行っている事業の労災保険率については、平成 4 年 4 月 1 日以後は「25　採石業」の労災保険率を適用する。

26　その他の鉱業　　1000 分の 26

この分類には、砂金、砂鉄等の採掘（試掘を含む）または採取を行う事業、石炭の選別の事業、亜炭の採掘、採取または選別を行う事業および砂利、砂等の採取を行う事業が該当する。

なお、ボーリングにより原油または天然ガス以外の鉱物の試掘を行う事業は、本分類に含まれる。

【事業の種類の細目】

2601　砂鉱業

この分類には、砂金、砂銀、砂白金、砂すず、砂鉄、砂クロム、砂チタン、砂ウラン、砂トリウム等の採掘または採取を行う事業が該当する。

2602　石炭選別業

この分類には、廃石、選炭廃水等から石炭の選別等を行う事業が該当する。

2603　亜炭鉱業（亜炭選別業を含む。）

この分類には、亜炭の採掘、採取または選別を行う事業が該当する。

2604　砂利、砂等の採取業

この分類には、砂利、砂、玉石、庭石、軽石等の採取を行う事業が該当する。

なお、砂利、砂等の採取から一貫して運送または販売を行う事業およびボーリングにより原油または天然ガス以外の鉱物の試掘を行う事業は、本分類に含まれる。

〈参考通達要旨〉

- **サンドポンプを使用する石炭選別の事業について（昭 34.4.11　基収第 125 号）**

　雨水によって海中に流出し、土砂と共に埋没した石炭を、サンドポンプを使用して作業船上に吸揚げ、船上にて樋流しを行い、選別する事業は、「26　その他の鉱業」の労災保険率を適用する。

- **水洗炭業について（昭 37.3.13　基発第 206 号）**

　水洗炭業、選別炭業等の石炭選別業は、「26　その他の鉱業」の労災保険率を適用する。

- **河川で行う庭石採取業について（昭 38.3.13　基収第 1690 号）**

　砂利、玉石等の採取等と同様と認められる河川での庭石採取業は、「26　その他の鉱業」の労災保険率を適用する。

- **ボーリングを伴う鉱物の試掘を行う事業の取扱いについて（昭 40.2.19　基発第 179 号）**

　ボーリングを伴う鉱物の試掘を行う事業（原油または天然ガスの試掘を行う事業を除く）については、実情に照らし原則として有期事業とし、「26　その他の鉱業」の労災保険率を適用する。

第4 建設事業

この分類には、請負または直営によって建設工事を施工する事業およびこれらに附帯して行われる事業が該当する。

なお、沈没物の引揚げを行う事業等建設事業の態様をもって行われる事業は、本分類に含まれる。

ここで建設工事とは、現場で行われる次の工事をいう。

①建築物、土木施設、その他土地に継続的に接着する工作物およびこれらに附帯する設備を新設、改造、修繕（維持手入れを含む）、解体、除去または移設すること。

②土地、航路、流路等を改良または造成すること。

③機械装置をすえ付け、解体し、または移設すること。

また、これらの事業に附帯して行われる事業とは、当該建設事業に附帯する工事用道路、宿舎、事務所、排土捨場等の建設または骨材の採取等を行う事業をいう。

なお、国、地方公共団体等が発注する長期間にわたる工事であって、予算上等の都合により予め分割して発注される工事については、分割された各工事を一の事業として保険関係を成立させ、当該分割工事を含む工事全体において最終的に完成される工作物により労災保険率を適用する。

〔解　説〕

建設工事の企画、調整、測量、設計、監督等を行う事業、および土木建築業者等が金属、非金属、石灰石および石油または天然ガス等の鉱物を採取するための試掘、坑道掘削、さく井または排土作業を主として請け負って行う事業は、本分類から除かれる。

31　水力発電施設、隧(ずい)道等新設事業　1000分の34

この分類には、水力発電施設新設事業、高えん堤新設事業および隧道新設事業（内面巻替えおよび外巻きの事業を含む）ならびにこれらの事業に附帯して当該事業現場内で行われる事業が該当する。

ここで、当該事業現場とは、本体施設と附帯施設または附帯施設相互間が連絡されていてその間において労働者、資材、骨材等の運送の往復がなされ、全体的に一つの有機的関連を有すると認められる一帯をいう。

【事業の種類の細目】

3101　水力発電施設新設事業

この分類には、水力発電施設の新設に関する建設事業およびこれに附帯して当該事業現場内において行われる事業が該当する。

なお、発電事業を含む洪水調節、灌漑用水補給等の多目的をもって築造されるえん堤工事の事業は、本分類に含まれる。

また、水力発電施設新設事業現場内において行われる事業のうち、発電所または変電所の家屋の建築工事、水力発電施設新設事業現場に至るまでの工事用資材の運送のための道路、鉄道または軌道の建設工事、建設工事用機械以外の機械もしくは鉄管の組立てまたはすえ付けを行う工事および送電線路の建設工事は、除外事業としてそれぞれ該当する事業の種類に分類される。

〔解　説〕

堤体、土砂吐、魚道、舟筏路、流水路、仮締切、本締切または仮排水路の新設、水力発電施設用ずい道または水力発電施設用えん堤（フィルダムを含む）の新設の事業、取水口、沈砂池、吐水または余水路、蓋渠、水そう、土捨場または敷地の造成の事業、水力発電施設新設事業現場内で行われる骨材採取、水力発電施設新設事業現場内で行われる工事用資材の運送のための道路、鉄道または軌道の建設、既設の発電所の水路を利用して流水量調節等の目的をもって施工される調整池（貯水池）の新設、建設工事用機械（バッチャープラント、セメントサイロ、骨材運搬用ベルトコンベア等）の組立てまたは据付け、ならびに水力発電施設新設事業現場内で行われる索道の建設等の事業は、本分類に含まれる。

3102　高えん堤新設事業

この分類には、基礎地盤から堤頂（えん堤の附属物を除いた最も高い所をいう）までの高さ20メートル以上のえん堤（フィルダムを除く）の新設に関する建設事業およびこれに附帯して当該事業現場内において行われる事業が該当する。

なお、基礎地盤から工事を行う既設えん堤（フィルダムを除く）のかさ上げに関する事業については、かさ上げ工事後のえん堤の高さが20メートル以上の場合は、本分類に含まれる。

また、高えん堤新設事業現場内において行われる工事のうち、高えん堤新設事業現場に至るまでの工事用資材の運送のための道路、鉄道または軌道の建設工事および建設工事用機械以外の機械の組立てまたはすえ付けを行う工事は、除外事業としてそれぞれ該当する事業の種類に分類される。

3103　隧(ずい)道新設事業

この分類には、隧道の新設に関する建設事業および隧道の内面巻替えまたは外巻きを行う事業ならびにこれらに附帯して当該事業現場内において行われる事業が該当する。

なお、隧道新設事業の態様をもって行われる道路、鉄道、軌道、水路、煙道、建築物等の建設事業（推進工法による管の埋設の事業を除く）および内面巻立て後の隧道内において土圧を保てるものと認められるコンクリート吹付け工法による巻立てを行う事業は、本分類に含まれる。

また、内面巻立ての後の隧道内において路面舗装、砂利散布または軌条の敷設を行う事業および建築物の建設を行う事業は、除外事業としてそれぞれ該当する事業の種類に分類される。

〔解　説〕

シールド工法によるずい道新設事業は、本分類に含める。

なお、推進工法による管の埋設の事業および開さく工法（オープンカット工法）によるずい道新設事業は、本分類から除かれる。

（参　考）

1. 巻立てとはずい道内部のアーチ・側壁・インバート部分を仕上げ（覆工）することをいい、巻替えとは既設ずい道内のアーチ、側壁・インバート部分のいずれかを更新することをいう。
2. 外巻とは、ずい道の補強方法として、内巻するだけの余裕がない場合に在来の巻立て部分を取り壊すことなく、その背面に新しいコンクリートを打って補強する方法である。

1.ずい道の内部　　2.横坑を利用する外からの補強

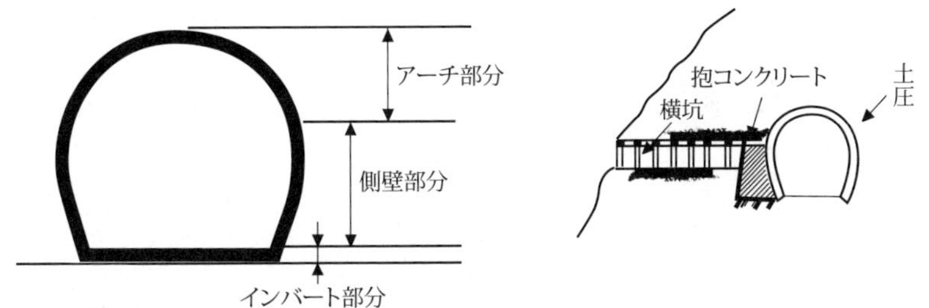

〈参考通達要旨〉

- **発電の目的とともに洪水調整、灌漑用水補給等の多目的をもって築造されるえん堤工事について（昭 27.7.14　基収第 3528 号）**

　洪水調節、灌漑用水補給等の多目的をもって築造され、かつ、発電事業に必要不可欠なえん堤工事の事業は、「31　水力発電施設、隧道等新設事業」の労災保険率を適用する。

- **電力会社等が行う事務所及び宿舎等の建設の事業について（昭 28.8.12　基災発第 128 号）**

　水力発電施設等新設事業において、注文者である電力会社等が現地に事務所および労働者の宿舎を土木建築業者をして建設せしめる場合は、建設事務所および宿舎が当該電力会社等のための施設である限り、「35　建築事業」の労災保険率を適用する。

- **調整池の新設について（昭 28.12.26　基収第 5043 号）**

　既設水力発電所の水路を利用して調整池（貯水池）を新設する工事は、結果的には発電能力の増大を計るための土木工事であるから、当該工事を行う事業は、「31　水力発電施設、隧道等新設事業」の労災保険率を適用する。

- **隧道の補修工事について（昭 31.6.14　基発第 389 号）**

　既設ずい道の漏水または亀裂による部分のセメント注入（いわゆるグラウト工事といわれるもの）等簡易な補修工事と認められるものについては、「37　その他の建設事業」の労災保険率を適用する。

- **送電線路の建設事業について（昭 34.1.13　基収第 7768 号）**

　「3101　水力発電施設新設事業」における送電線路の建設を行う事業は、「35　建築事業」の労災保険率を適用する。

- **水力発電施設新設事業の現場について（昭 37.3.13　基発第 206 号）**

　「水力発電施設新設事業現場」とは、発電所家屋、えん堤、水路ずい道等の水力発電施設新設事業、高えん堤新設事業、ずい道新設事業または取入口、沈砂池、放水路、その他の一般土木事業等の水力発電施設新設に直接関係のある一連の総合工事が現実に行われ、または行われる予定の場所をすべて包含する地域をいう。

・高えん堤の取扱いについて（昭 43.12.5　基発第 766 号）

(1) 「3102　高えん堤新設事業」は、「基礎地盤から堤頂までの高さが 20 メートル以上のえん堤（土えん堤を除く）」の新設事業をいうものであるが、具体的取扱いは、えん堤構造図（設計書）等に基づき次により決定すること（図1参照）。

(イ) 基礎地盤
基礎地盤にカットオフまたはグラウト圧入部分がある場合には、当該部分を基礎地盤に含めないこと。

(ロ) 堤頂
えん堤の附属物を除いた最も高いところ、すなわち、砂防えん堤以外のえん堤にあってはえん堤の天端を、砂防えん堤にあってはえん堤の水通し天端をいうものであること。

(2) えん堤新設事業が、分割発注により施工される場合の事業の種類の判断は、最終的に完成されるべきえん堤の高さにより、「3102　高えん堤新設事業」に該当するか否かを決定すること。

(3) 既設えん堤のかさ上げに関する事業については、その施工方法およびかさ上げ前、かさ上げ後のえん堤の高さに関係なく、原則として「37　その他の建設事業」に含めること。

ただし、図2のような新設の態様による施工方法の場合は「3102　高えん堤新設事業」に該当する。

図1　①　ダムえん堤の各部の名称

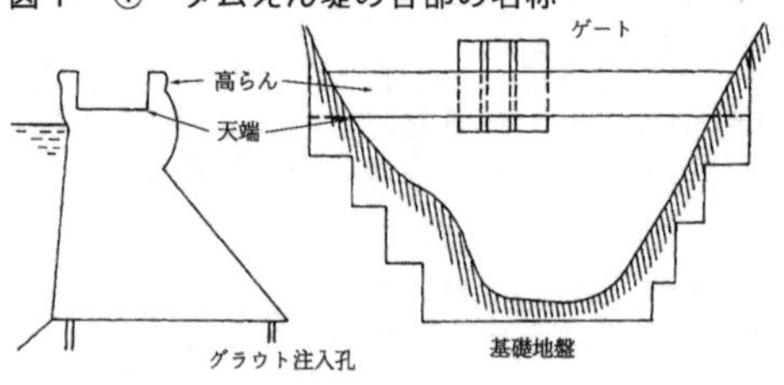

②　砂防えん堤の各部の名称

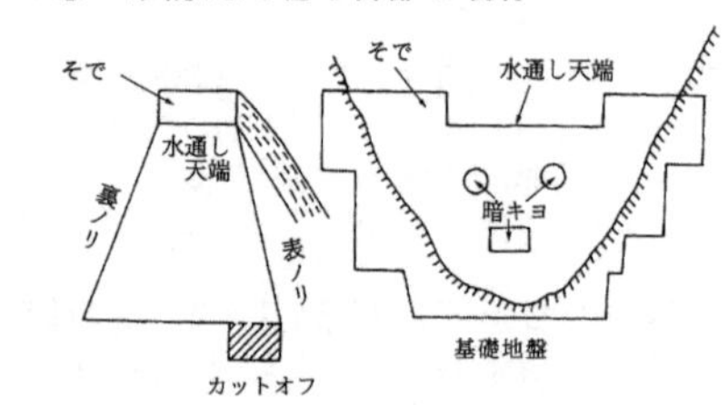

図2

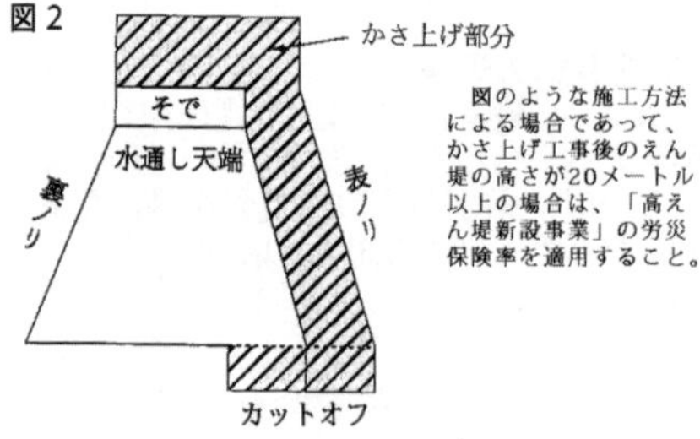

図のような施工方法による場合であって、かさ上げ工事後のえん堤の高さが20メートル以上の場合は、「高えん堤新設事業」の労災保険率を適用すること。

・コンクリート吹付け工法による巻立てについて（昭 44.1.7　基収第 5357-2 号）

内面巻立て後のずい道内において施工される工事の取扱いについては、

(1)　コンクリート吹付け工法による巻立てが、通常施工されているコンクリート巻立てと同様に、土圧を保てるものと認められる場合は、内面巻立てとして取り扱う。

(2)　完工までに数年を要するような一つのずい道で、一定区間毎に発注が行われる場合には必ずしもずい道の全部の巻立てが完成した後をいうものではなく、ずい道の一定区間における巻立てが、構造図等に基づき最終的に完成されている場合は、当該区間についての以後の工事は巻立て後として取り扱う。

・フィルダムの建設事業について（昭 58.3.28　発労徴第 12 号、基発第 156 号）

土砂、岩等の天然の材料を主たる堤体材料とするえん堤、いわゆるフィルダムの建設事業については、「37　その他の建設事業」の労災保険率を適用する。

・推進工法による管の埋設の事業について（昭 61.3.31　発労徴第 15 号、基発第 182 号）

推進工法による管の埋設の事業については、管の内径のいかんにかかわらず「37　その他の建設事業」の労災保険率を適用する。

32　道路新設事業　1000 分の 11

この分類には、道路の新設事業および道路の改築事業（路幅の拡張または路線変更）ならびにこれらに附帯して行われる事業が該当する。

なお、道路新設事業においてずい道新設事業または建築事業の態様をもって行われる工事は、除外事業として**「3103　隧（ずい）道新設事業」**または**「35　建築事業」**に分類される。

〔解　説〕

道路新設事業に伴って行われる舗装工事業で、請負契約が道路新設工事とは異なる契約によって発注されているものは**「33　ほ装工事業」**に分類されるが、道路新設事業と同一の請負契約によって施工される舗装工事は、本分類に含まれる。

【事業の種類の細目】

3201　道路の新設に関する建設事業及びこれに附帯して行われる事業

この分類には、道路の新設事業および路幅の拡張の事業ならびにこれらに附帯して行われる事業が該当する。

なお、道路新設工事においてずい道新設工事または建築工事が含まれる場合において、当該ずい道新設工事に係る施工経費が1000万円未満もしくは総請負金額の10%未満であるときまたは当該建築工事に係る施工経費が500万円未満もしくは総請負金額の10%未満であるときは、当該道路新設工事全体が本分類に含まれる。

また、道路新設工事または道路改築工事に附帯する道路附属施設工事であっても異なる請負契約によって施工される場合には、請負金額ごとに該当する事業に分類される。

(参　考)

ここでいう路幅とは、①車道、②中央帯、③路肩、④停車帯、⑤自転車道、⑥自転車歩行者道、⑦歩行者道、⑧植樹帯、⑨副道によって構成される道路の横断面の長さをいい、道路附属施設とは、①待避所、②交通安全施設、③交通管理施設、④駐車場等、⑤防雪施設、⑥除雪、融雪施設、⑦落石防護施設、⑧のり面保護工、⑨防波施設、防砂施設、⑩排水施設をいう。

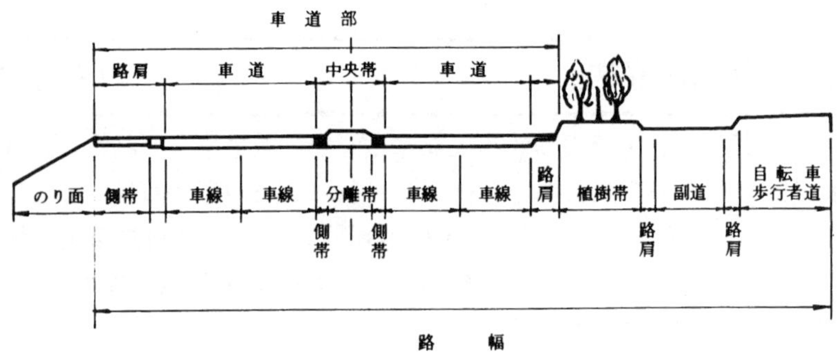

〈参考通達要旨〉

・**道路新設工事に伴う隧道新設工事等の取扱いについて（昭41.2.15　基災発第7号）**

道路新設工事に伴うずい道新設工事または建築工事について、「31　水力発電施設、隧道等新設事業」または「35　建築事業」に分類する場合の要件は、次のとおりである。

(1)　ずい道新設事業

道路新設工事に係る総請負金額のうち、当該ずい道新設工事にかかる施工経費の見積額が1000万円以上であって、かつ、当該総請負金額の10%以上であるとき。

(2)　建築事業

道路新設工事にかかる総請負金額のうち、当該建築工事に係る施工経費の見積額が500万円以上であって、かつ、当該総請負金額の10%以上であるとき。

- **道路改築工事と道路改修等工事が同一の請負契約によって行われる場合の取扱いについて（昭 59.2.1　発労徴第 12 号、基発第 55 号）**

  道路改築工事（路線変更、曲線除去または路幅拡張工事）と道路改修等工事（改修、復旧、維持工事）が同一の請負契約によって行われる場合の労災保険率の適用は、完成される工作物により行い、完成される工作物により難い場合は、主たる工事、作業内容によること。なお、主たる工事、作業の判断は、それぞれの工事、作業に係る賃金総額の多寡によること。

33　ほ装工事業　　1000 分の 9

「舗装」の範囲

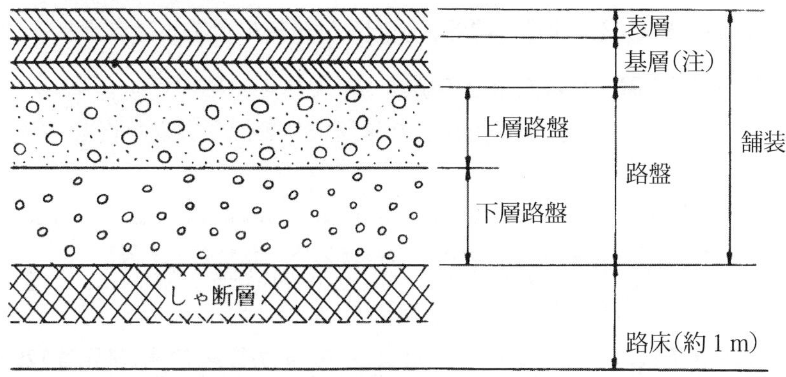

（注）アスファルト舗装の場合のみ基層部分が含まれる。

この分類には、道路、広場等のほ装または砂利散布を行う事業および広場の展圧または芝張りを行う事業が該当する。

ここで、ほ装とは、下層路盤から表層までの一連の作業工程の全部または一部をいう。

【事業の種類の細目】

3301　道路、広場、プラットホーム等のほ装事業

この分類には、道路、広場、プラットホーム等にセメントコンクリートほ装、アスファルトほ装または簡易ほ装を行う事業が該当する。

なお、道路新設工事、道路改築工事、道路改修工事等に伴うほ装工事は、道路新設工事、道路改築工事、道路改修工事等と異なる請負契約によって施工される場合、本分類に含まれる。ただし、道路新設工

事または道路改築工事と同一の請負契約によって施工される場合は、**「3201　道路の新設に関する建設事業及びこれに附帯して行われる事業」**に含まれる。

また、基体の改修または復旧を伴わない高架道の路面ほ装事業は、本分類に含まれる。

3302　砂利散布の事業

この分類には、道路、広場等に砂利散布を行う事業が該当する。

ただし、道路、鉄道または軌道の改修または復旧工事に伴い砂利散布を行う事業は、**「3703　道路の改修、復旧又は維持の事業」**または**「3704　鉄道又は軌道の改修、復旧又は維持の事業」**に含まれる。

3303　広場の展圧又は芝張りの事業

この分類には、広場の展圧または芝張りを行う事業が該当する。

〈参考通達要旨〉

・高架道の路面ほ装事業について（昭 36.2.18　基発第 127 号）

基体の改修または復旧を伴わない高架道の路面舗装事業は、「33　ほ装工事業」の労災保険率を適用する。

・ほ装工事業の取扱いについて（昭 55.3.14　発労徴第 13 号、基発第 129 号）

(1)　道路新設工事に伴う舗装工事が道路新設工事とは異なる請負契約により締結されている場合には「33　ほ装工事業」の労災保険率を適用する。
(2)　道路新設工事に伴う舗装工事が、道路新設工事と同一の請負契約によって施工される場合は「32　道路新設事業」の労災保険率を適用する。
(3)　路幅の拡張工事に伴う舗装工事が、事業として独立している場合には、「33　ほ装工事業」の労災保険率を適用する。

・道路改修等工事（改修、復旧、維持の工事）と同一の請負契約によって行われるほ装改良工事の取扱いについて（昭 59.2.1　発労徴第 12 号、基発第 55 号）

道路改築工事（路線変更、曲線除去または路幅拡張工事）と道路改修等工事（改修、復旧、維持工事）が同一の請負契約によって行われる場合の労災保険率の適用は、完成される工作物により行い、完成される工作物により難い場合は、主たる工事、作業内容によること。なお、主たる工事、作業の判断は、それぞれの工事、作業に係る賃金総額の多寡によること。

・道路関連工事以外の建設工事に伴うほ装工事に係る労災保険率の適用について（平 3.2.7　発労徴第 6 号、基発第 89 号）

舗装工事に係る請負契約が他の建設工事とは異なる発注により締結されている場合は、当該舗装工事は独立した事業として「33　ほ装工事業」の労災保険率を適用すること。

34　鉄道又は軌道新設事業　　1000 分の 9

この分類には、鉄道または軌道の新設線の建設を行う事業および複線化工事等新設の態様をもって施工される事業ならびにこれらに附帯して行われる事業が該当する。

なお、鉄道または軌道新設事業において隧（ずい）道新設工事の態様または建築工事の態様をもって行われる工事および建設工事用機械以外の機械の組立て、またはすえ付けを行う工事は、除外事業としてそれぞれ該当する事業の種類に分類される。

【事業の種類の細目】

3401　開さく式地下鉄道の新設に関する建設事業

この分類には、開さく工法により地下鉄道の新設を行う事業およびこれに附帯して行われる事業が該当する。

なお、駅舎（プラットホーム、階段および連絡通路を含む）の内装工事および電気等の設備工事は、「**35　建築事業**」に含まれる。

3402　その他の鉄道又は軌道の新設に関する建設事業

この分類には、開さく工法以外の工法により鉄道または軌道の新設を行う事業およびこれに附帯して行われる事業が該当する。

〔解　説〕

モノレールの建設事業は、跨（こ）線式、懸垂式を問わず本分類に含めず、「**35　建築事業**」に含める。

〈参考通達要旨〉

・鉄道又は軌道新設事業における新設について（昭 37.3.13　基発第 206 号）

鉄道または軌道新設事業における新設とは、新設線の建設または単線を複線にする場合等新設の態様をもって施工するもののみをいう。ただし、構内における引込線工事および増線工事（既成基盤）は除かれる。

・開さく式地下鉄道新設事業の取扱いについて（昭 54.1.11　基発第 18 号）

①　開さく式地下鉄道新設事業は「34　鉄道又は軌道新設事業」の労災保険率を適用する。ただし、駅舎（プラットホーム、階段および連絡通路を含む）の内装工事および電気等の設備工事については「35　建築事業」の労災保険率を適用する。

②　この場合、駅舎（プラットホーム、階段および連絡通路を含む）のく体工事は「34　鉄道又は軌道新設事業」の労災保険率を適用する。

35　建築事業（(38) 既設建築物設備工事業を除く。）1000分の9.5

この分類には、建築物および橋りょうの新設、改修、復旧、維持等を行う事業およびこれらに附帯して行われる事業が該当する。

なお、建設工事用機械以外の機械の組立てまたはすえ付けの事業は、除外事業として「**36　機械装置の組立て又は据付けの事業**」に分類される。

〔解　説〕

既設建築物内部において行われる設備工事業およびこれに附帯して行われる事業（室内の塗装、建具の取付け、床張りおよびその他の内装工事業）は本分類から除かれ、「**38　既設建築物設備工事業**」に分類される。

なお、足場、ゴンドラ等の建築の態様をもって、建築物の外部の清掃を行う事業は、本分類に含まれる。

【事業の種類の細目】

3501　鉄骨造り又は鉄骨鉄筋若しくは鉄筋コンクリート造りの家屋の建設事業（(3103) 隧(ずい)道新設事業の態様をもって行われるものを除く。）

この分類には、鉄骨造建築物、鉄骨鉄筋コンクリート造建築物、鉄筋コンクリート造建築物等の家屋の建設を行う事業および開さく工法により地下道または地下街の建設を行う事業が該当する。

なお、地下道または地下街の建設を行う事業で工事区間に開さく工法および開さく工法以外の工法が併せ施工される場合、開さく工法以外の工法で施工される部分は、除外事業として「**3103　隧(ずい)道新設事業**」に分類される。

3502　木造、れんが造り、石造り、ブロック造り等の家屋の建設事業

この分類には、木造建築物、れんが造り建築物、石造り建築物、ブロック造り建築物、土造り建築物等の家屋の建設を行う事業が該当する。

3503　橋りょう建設事業

この分類には、一般橋りょう、道路または鉄道の鉄骨鉄筋もしくは鉄筋コンクリート造りの高架橋、跨(こ)線道路橋、さん橋、モノレール等の新設を行う事業およびこれらの基体の改修、復旧または維持を行う事業が該当する。

3504　建築物の新設に伴う設備工事業（(3507) 建築物の新設に伴う電気の設備工事業及び（3715）さく井事業を除く。）

この分類には、建築物の新設に伴って行われる電話の設備、給水、給湯、排水等の設備、衛生設備、消火設備、暖房または冷房の設備等各種設備の工事を行う事業および土地に定着する工作物に塗装工事を行う事業が該当する。

〔解　説〕

水洗便所、汚水汚物処理装置、じんかい処理装置等の衛生設備および消火設備の工事を行う事業は、本分類に含まれる。

3507　建築物の新設に伴う電気の設備工事業

この分類には、建築物の新設に伴って行われる電気設備、電気配線、ネオン装置、電燈照明等の設備工事を行う事業が該当する。

〔解　説〕

道路等の信号機の建設を行う事業は本分類に含めず、「**3506　その他の建築事業**」に含める。

送電線路の建設を行う事業は本分類に含めず、「**3508　送電線路又は配電線路の建設（埋設を除く。）の事業**」に含める。

3508　送電線路又は配電線路の建設（埋設を除く。）の事業

この分類には、埋設以外の工法により送電線路または配電線路の建設を行う事業が該当する。

3505　工作物の解体（一部分を解体するもの又は当該工作物に使用されている資材の大部分を再度使用することを前提に解体するものに限る。）、移動、取りはずし又は撤去の事業

この分類には、工作物の移動、取りはずし、または撤去を行う事業が該当する。

また、工作物を解体する事業であって本分類に含まれるものは、工作物に使用されている資材を「そのまま用いて」再度当該工作物を組み立てることが可能な状態に解体する事業に限定される。

なお、工作物に使用されている資材を「そのまま用いず」、再資源化等を目的とし原材料として利用することを前提に解体する事業は、本分類に含まず**「3716　工作物の解体事業」**に含まれる。

〔解　説〕

工作物の容体が原形をとどめず、かつ、これを構成する材料の全部または大部分が、全くまたは殆んど原形をとどめない程度に解体する事業は本分類に含めず、**「3716　工作物の解体事業」**に含める。

工作物に使用されている資材の大部分を、「そのまま用いて」再度使用することを前提として解体する事業は、本分類に含まれる。

仮設舞台・ステージ、サーカス小屋等の解体工事は、使用されている資材を「そのまま用いて」、当該工作物を再度組み立てることを前提としており、本分類に含まれる。

古民家等の移築工事は、基礎部分のみを解体し、躯体部分に使用されている資材を「そのまま用いて」、当該工作物を再度組み立てることを前提としており、本分類に含まれる。

（注）

平成27年度以前の**「3505　工作物の解体、移動、取りはずし又は撤去の事業」**から名称のみを変更したものであり、該当する事業の内容および範囲に変更はない。

3506　その他の建築事業

この分類には、野球場、競技場等の鉄骨造りまたは鉄骨鉄筋もしくは鉄筋コンクリート造りのスタンドの建設事業、たい雪覆い、雪止め柵、落石覆い、落石防止柵等の建設事業、鉄塔または跨線橋（跨線道路橋を除く）の建設事業、煙突、煙道、風洞等の建設事業、やぐら、鳥居、広告塔、タンク等の建設事業、門、塀、柵、庭園等の建設事業、炉の建設事業、通信線路または鉄管の建設（埋設を除く）の事業、信号機または可変式道路情報装置の建設事業、配水池、プール等の建設事業等の事業が該当する。

なお、し尿処理施設、下水処理施設または汚水処理施設の建設を行う事業および機械装置の組立てまたはすえ付けを伴う工場の建設を行う事業は、本分類に含まれる。

〔解　説〕

火力発電所、原子力発電所の建設の事業は、本分類に含まれる。
電車軌道の送電架線の建設または補修事業は、本分類に含まれる。
太陽光発電設備装置の設置工事は、本分類に含まれる。

〈参考通達要旨〉

- **建築物の新設に伴って行われる工事の取扱いについて（昭 26.10.15　基災収第 1842 号）**

　新設建築物の屋内の配管工事に伴って、配水管より敷地内に引き込む給水管の埋設工事は、「35　建築事業」の労災保険率を適用する。

- **電車軌道の送電線のみの建設又は補修工事を行う事業について（昭 27.1.24　基収第 170 号）**

　電車軌道の送電架線のみの建設または補修工事を行う事業は、「35　建築事業」の労災保険率を適用する。

- **レールボンド工事について（昭 30.10.18　基収第 194 号）**

　レールボンド工事については、「35　建築事業」の労災保険率を適用する。

- **鉄骨、鉄筋コンクリート造の高架道又は高架鉄道の新設の事業について**
建築物の新設に伴って行われる機械の組立て又はすえ付けの事業について（昭 36.2.18　基発第 127 号）

(1)　鉄骨、鉄筋コンクリート造の高架道または高架鉄道の新設またはその基体の改修、復旧もしくは維持に関する事業は、「35　建築事業」の労災保険率を適用する。

(2)　建設工事用機械以外の機械の組立てまたは据付けの事業のうち、建築物の新設に伴って行われるエレベーター、エスカレーター、冷凍機、空気調節機、ボイラー等の機械の据付け事業は、「36　機械装置の組立て又は据付けの事業」の労災保険率を適用する。

- **モノレールの建設の事業について（昭 37.3.13　基発第 206 号）**

　モノレール（跨線式、懸垂式を問わず）の建設を行う事業は、「35　建築事業」の労災保険率を適用する。

- **し尿処理施設建設事業について（昭 40.2.18　基発第 175 号）**

　し尿処理施設事業は、「35　建築事業」の労災保険率を適用する。
　なお、この場合、建設工事用機械以外の機械の組立てまたは据付けの事業は、除外する。

- **開さく工法による地下道等の建設事業について（昭 44.7.21　基収第 3279 号）**

(1)　開さく工法（オープンカット工法）による地下道（専ら歩行者の通行の用に供することを目的とする地下道、たとえば道路横断地下道、駅構内地下道および建築物間の地下道等）の建設を行う事業は、「35　建築事業」の労災保険率を適用する。

(2)　開さく工法以外の工法で施工される地下道の建設を行う事業は、「31　水力発電施設、隧道等新設事業」の労災保険率を適用する。

(3)　地下道の建設を行う事業で、工事区間に前記 (1) および (2) の工法が合わせ施工される場合は、それぞれ「35　建築事業」および「31　水力発電施設、隧道等新設事業」の労災保険率を適用する。

・**太陽光発電設備装置の設置工事に係る労災保険率の適用について（平26.6.5　基労管発0605第1号、基労徴発0605第1号）**

太陽光発電設備装置の設置工事を行う事業は、その規模等にかかわらず「35　建築事業」の労災保険率を適用する。この場合の事業の種類の細目は、「3506　その他の建築事業」とする。

38　既設建築物設備工事業　1000分の12

この分類には、主として既設建築物内部において各種設備工事を行う事業および室内の塗装、建具の取付けその他の内装工事を行う事業が該当する。

なお、主として外部において高所作業により既設建築物の設備工事を行う事業は、「**3506　その他の建築事業**」に含まれる。

〔解　説〕

建築物の新設に伴う内部設備工事業または内装工事業は、たとえ分割発注であっても本分類から除かれ、「**35　建築事業**」に分類される。

なお、主として既設建築物内部において行われる工事は、躯体の改造を伴う場合を除き、一般的に本分類に含まれる。

【事業の種類の細目】

3801　既設建築物の内部において主として行われる次に掲げる事業及びこれに附帯して行われる事業（建設工事用機械以外の機械の組立て又はすえ付けの事業、（3802）既設建築物の内部において主として行われる電気の設備工事業及び（3715）さく井事業を除く。）

イ　電話の設備工事業

ロ　給水、給湯等の設備工事業

ハ　衛生、消火等の設備工事業

ニ　暖房、冷房、換気、乾燥、温湿度調整等の設備工事業

ホ　工作物の塗装工事業

ヘ　その他の設備工事業

この分類には、主として既設建築物の内部において行われる電話の設備、給水、給湯、排水等の設備、衛生設備、消火等の設備、暖房または冷房の設備等の各種設備の工事を行う事業および工作物等の塗装工事を行う事業が該当する。

なお、これらの事業において、建設工事用機械以外の機械の組立てまたはすえ付けを行う工事は、除外事業として「**3601　各種機械装置の組立て又はすえ付けの事業**」に分類される。

〔解　説〕

既設建築物の内部において行われる設備工事において、機械装置の組立てまたは据付けから一貫して行う設備工事の場合、および機械装置以外の設備工事を行う場合は本分類に含まれるが、機械装置（本体、附属装置、附属品）の組立てまたは据付けの工事を行う場合は、「**36　機械装置の組立て又は据付けの事業**」に分類される。

例えば、暖房設備工事において、ボイラー装置以外の設備工事（各室へのパイプの取付け、取替え等）を行う場合、またはボイラー装置の据付けから一貫して行う設備工事の場合は本分類に含まれる。

ただし、ボイラー装置の据付けを行う工事は、除外事業として「**3601　各種機械装置の組立て又はすえ付けの事業**」に分類される。

3802　既設建築物の内部において主として行われる電気の設備工事業

この分類には、既設建築物の屋内または屋側の電気配線、電燈照明等の設備工事を行う事業が該当する。

3803　既設建築物における建具の取付け、床張りその他の内装工事業

この分類には、既設建築物内部において建具の取付け、床張り、壁張り、間仕切り、階段の改修等の工事を行う事業が該当する。

〈参考通達要旨〉

- **既設のボイラー設備工事について（昭 59.2.1 発労徴第 11 号、基発第 53 号）**
  既設のボイラー設備に対するパイプの取替工事等の設備工事は、「38　既設建築物設備工事業」の労災保険率を適用する。

36　機械装置の組立て又は据付けの事業　　1000分の6

この分類には、各種機械装置の組立てまたはすえ付けを行う事業およびこれに附帯して行われる事業が該当する。

なお、建設工事において、当該建設工事に使用するための機械の組立てまたはすえ付けを行う事業は、当該建設工事に附帯する事業として取り扱う。

【事業の種類の細目】

3601　各種機械装置の組立て又はすえ付けの事業

この分類には、エレベーター、エスカレーター、冷凍機、空気調節機、ボイラー、起重機、石油精製装置、パルプ製造装置等の組立てまたはすえ付けを行う事業およびこれに附帯して機械装置の基礎台の建設を行う事業が該当する。

なお、機械装置の組立てまたはすえ付けを伴う修繕および部分品の取替えは、本分類に含まれる。

〔解　説〕

例えば、建設事業の態様をもって行う、ボイラー装置（本体、附属装置、附属品）の修繕および部分品の取替えは本分類に含まれる。

ただし、既設建築物の内部において行われる、ボイラー装置以外の設備工事（各室へのパイプの取付け、取替え等）は、「**38　既設建築物設備工事業**」に分類される。

なお、原子力発電所の定期検査工事等の取扱いについても、本体、附属装置、附属品の取替え、修繕に係るものは本分類に含まれる。

3602　索道建設事業

この分類には、索道の建設を行う事業が該当する。

〔解　説〕

索道とは、鉄道事業法施行規則第47条に規定されているものを指し、大きくは普通索道（ロープウェイ、ゴンドラリフト）と特殊索道（リフト）に分類される。

なお、水力発電施設新設事業現場内および高えん堤新設事業現場内で行われる索道の建設事業は本分類に含めず、「**31　水力発電施設、隧(ずい)道等新設事業**」に含める。

37　その他の建設事業　1000 分の 15

この分類は、隧(ずい)道、道路、鉄道または軌道の改修、復旧または維持を行う事業、沈没物の引揚げの事業等他に分類されない建設事業およびこれらの事業に附帯して行われる事業が該当する。

なお、大規模造成工事に関連して一定の目的を有すると認められる各種建築工事等を行うことが一般的であると考えられるスキー場、ゴルフ場およびこれらをはじめとする施設の集合体と認められる総合リゾート施設の建設の事業ならびに飛行場の建設の事業については、土地の造成を主たる目的とする事業として「**37　その他の建設事業**」の労災保険率を適用するが、これらの事業が分割発注で施工される場合にあっては、次に掲げる建設の事業につき、各々に定める工作物ごとに労災保険率決定上の適用単位とし、当該完成されるべき工作物により労災保険率を適用する。

①スキー場の建設の事業

ホテル、マンション、ロッジおよびこれらに準じた建築物ならびに索道

②ゴルフ場の建設の事業

クラブハウス、ホテルおよびこれらに準じた建築物ならびに施設管理用等の機械装置

③総合リゾート施設の建設の事業

スキー場（この範囲において①を適用）、ゴルフ場（この範囲において②を適用）ならびにホテル、マンション、ロッジおよびこれらに準じた建築物

④飛行場の建設の事業

管制塔、ターミナルビル、格納庫およびこれらに準じた建築物

【事業の種類の細目】

3701　えん堤の建設事業（(3102)　高えん堤新設事業を除く。）

この分類には、フィルダムの新設に関する建設事業および基礎地盤から堤頂までの高さが 20 メートル未満のえん堤の建設、改修、復旧または維持を行う事業が該当する。

ただし、基礎地盤から工事を行う既設えん堤（フィルダムを除く）

のかさ上げの事業は、かさ上げ後のえん堤の高さが 20 メートル以上の場合には「**3102　高えん堤新設事業**」に含まれる。

3702　隧道の改修、復旧若しくは維持の事業又は推進工法による管の埋設の事業（(3103) 内面巻替えの事業を除く。)

この分類には、隧道の改修、復旧または維持の事業および推進工法による管の埋設の事業が該当する。

また、内面巻替えまたは外巻きを行う事業および内面巻立後の隧道内において土圧を保てると認められるコンクリート吹付工法による巻立てを行う事業は、「**3103　隧道新設事業**」に含まれる。

3703　道路の改修、復旧又は維持の事業

この分類には、道路の改修、復旧または維持を行う事業が該当する。

なお、道路の災害復旧工事で、既存の路線および路幅に復旧するものは、本分類に含まれる。

また、路面標識等の表示を行う事業（路面表示業）は、道路付属施設を設置する工事として本分類に含まれる。

〔解　説〕

路面標識等の表示を行う事業は、本分類に含まれる。

3704　鉄道又は軌道の改修、復旧又は維持の事業

この分類には、鉄道または軌道の改修、復旧または維持を行う事業が該当する。

なお、構内において既成基盤の上で行う引込線工事および増線工事は、本分類に含まれる。

〔解　説〕

砂利の散布のみを行う事業は本分類に含めず、「**3302　砂利散布の事業**」に含める。

軌条の撤去のみを行う事業は本分類に含めず、「**3505　工作物の解体（一部分を解体するもの又は当該工作物に使用されている資材の大部分を再度使用することを前提に解体するものに限る。)、移動、取りはずし又は撤去の事業**」に含める。

3705　河川又はその附属物の改修、復旧又は維持の事業

この分類には、堤防、水制工、併行工等の建設、改修、復旧または維持を行う事業が該当する。

〔解　説〕

水門、樋門等の建設を行う事業は本分類に含めず、「**3708　水門、樋門等の建設事業**」に含める。

3706　運河若しくは水路又はこれらの附属物の建設事業

この分類には、運河もしくは水路またはこれらの附属物の建設を行う事業が該当する。

ただし、隧道新設事業の態様をもって行われる運河もしくは水路またはこれらの附属物の建設を行う事業は、「**3103　隧道新設事業**」に含まれる。

3707　貯水池、鉱毒沈澱池、プール等の建設事業

この分類には、地表を掘り下げて貯水池、鉱毒沈澱池、プール等の建設を行う事業が該当する。

〔解　説〕

地上に構築される配水池、プール等の建設を行う事業は本分類に含めず、「**3506　その他の建築事業**」に含める。

3708　水門、樋門等の建設事業

この分類には、水門、樋門等の建設を行う事業が該当する。

3709　砂防設備（植林のみによるものを除く。）の建設事業

この分類には、砂防設備の建設を行う事業が該当する。

ただし、えん堤による砂防設備の建設を行う事業および植林のみによる砂防設備の建設を行う事業は、それぞれ該当する事業の種類に含まれる。

3710　海岸又は港湾における防波堤、岸壁、船だまり場等の建設事業

この分類には、海岸または港湾における防波堤、岸壁、船だまり場等の建設を行う事業が該当する。

3711　湖沼、河川又は海面の浚渫（しゅんせつ）、干拓又は埋立ての事業

この分類には、湖沼、河川（運河を含む）または海面の浚渫（しゅんせつ）、干拓または埋立てを行う事業が該当する。

3712　開墾、耕地整理又は敷地若しくは広場の造成の事業（一貫して行う（3719）造園の事業を含む。）

この分類には、開墾または耕地整理を行う事業および墓地、公園、飛行場、ゴルフ場、競馬場、競技場等の敷地または広場の造成を行う事業が該当する。

なお、公園等の造成から造園まで一貫して行う事業は、本分類に含まれる。

〔解　説〕

広場の展圧または芝張りのみを行う事業は本分類に含めず、「**3303　広場の展圧又は芝張りの事業**」に含める。

3719　造園の事業

この分類には、重機を用いて行う土木工事を伴い、墓地、公園、飛行場、ゴルフ場、競馬場、競技場等の敷地または広場の造園を行う事業が該当する。

〔解　説〕

重機を用いるなど土木工事の態様を伴う造園工事を行う事業は、本分類に含まれる。土木工事の態様を伴わず、刃物または手工具のみを用いて植物の栽培管理、ガーデニング等を行う造園事業は、「**9501　土地の耕作又は植物の栽植、栽培若しくは採取の事業その他の農業**」に含まれる。

なお、「刃物または手工具」とは、「**6301　洋食器、刃物、手工具又は一般金物製造業（55　めつき業を除く。）**」に掲げる刃物、手工具又は造園の事業においてこれらと同じ目的で使用される電動工具（チェーンソー、ヘッジトリマー等）を指す。

3713　地下に構築する各種タンクの建設事業

この分類には、地下に構築され、かつ、埋設される原油槽、汚油洗浄装置における液化槽、ろ過槽、酸化槽等の各種タンクの建設を行う事業が該当する。

3714　鉄管、コンクリート管、ケーブル、鋼材等の埋設の事業

この分類には、隧(ずい)道新設事業以外の態様をもって行われる鉄管、コンクリート管、ケーブル、鋼材等の埋設の事業が該当する。

ただし、隧道新設事業の態様をもって行われる鉄管、コンクリート管、ケーブル、鋼材等の埋設の事業は、**「3103　隧(ずい)道新設事業」**に含まれる。

3715　さく井事業

この分類には、さく井を行う事業が該当する。

ただし、石油または天然ガスの採掘のためにさく井を行う事業は、**「2401　原油鉱業」**または**「2402　天然ガス鉱業又は圧縮天然ガス生産業」**に含まれる。

3716　工作物の解体事業

この分類には、各種工作物の解体を行う事業が該当する。

なお、解体する工作物に使用されている資材を「そのまま用いて」当該工作物を再度組み立てることが可能な状態に解体する事業は、**「3505　工作物の解体（一部分を解体するもの又は当該工作物に使用されている資材の大部分を再度使用することを前提に解体するものに限る。）、移動、取りはずし又は撤去の事業」**に含まれる。

〔解　説〕

工作物の容体が原形をとどめず、かつ、これを構成する材料の全部または大部分が、全くまたは殆んど原形をとどめない程度に解体する事業は、本分類に含まれる。

工作物に使用されている資材の大部分を、再度使用しないこと又は再生して再度利用することを前提として解体する事業は、本分類に含まれる。

また、沈没船の解体工事を行う事業は、本分類に含まれる。

（注）

平成 27 年度以前の**「3716　工作物の破壊事業」**から名称のみを変更したものであり、該当する事業の内容および範囲に変更はない。

3717　沈没物の引揚げ事業

この分類には、沈没物の引揚げ等潜水によって行われる事業が該当する。

ただし、引き揚げられた爆薬物の分解処理を行う事業は「**5401　金属製品製造業又は金属加工業（その他の金属製品製造業又は金属加工業）**」に、沈没船の解体スクラップ化を行う事業は「**3716　工作物の解体事業**」に含まれる。

なお、水難救助の事業および潜水によって行われる海底測量、調査等の事業は、本分類に含まれる。

3718　その他の各種建設事業

この分類には、他に分類されない建設事業およびこれらの事業に附帯して行われる事業が該当する。

なお、除雪の作業を行う事業は、本分類に含まれる。

〈参考通達要旨〉

- **沈没物の引揚げとその解体処理について（昭 27.1.29　基災収第 3459 号）**
  沈没した爆薬物を引揚げ、薬きょうと火薬を別々に解体する事業は、沈没物の引揚げ事業と解体処理の事業とに区別し、沈没物の引揚げ事業については、「37　その他の建設事業」、解体処理の事業については、「54　金属製品製造業又は金属加工業」の労災保険率を適用する。

- **隧（ずい）道の補修工事について（昭 31.6.14　基発第 389 号）**
  既設ずい道の漏水または亀裂による部分のセメント注入（いわゆるグラウト工事といわれるもの）等簡易な補修工事と認められるものについては、「37　その他の建設事業」の労災保険率を適用する。

- **ケーソン（函塊）製作工事について（昭 44.3.24　43 基収第 5997 号 -2）**
  ケーソン（函塊）製作工事は、防波堤あるいは岩壁建設工事等のために行うものであるから、「37　その他の建設事業」の労災保険率を適用する。

- **除雪を行う事業について（昭 56.3.6　基発第 138 号）**
  道路、家屋その他の建築物等の除雪作業を行う事業については「37　その他の建設事業」の労災保険率を適用する。

- **フィルダムの建設事業について（昭 58.3.28　発労徴第 12 号、基発第 156 号）**
  土砂、岩等の天然の材料を主たる堤体材料とするえん堤、いわゆるフィルダムの建設事業については、「37　その他の建設事業」の労災保険率を適用する。

- **生コンクリートの圧送を行う事業について（昭 60.1.30　発労徴第 5 号、基発第 46 号）**
  生コンクリートの圧送を行う事業の労災保険率は「37　その他の建設事業」

を適用しているところがあるが、昭和60年4月1日から次により取り扱うこととする。

(1) 建設事業の一部を請負っている生コンクリートの圧送を行う事業は建設事業として取り扱う。
(2) したがって、生コンクリートの圧送を行う事業主が下請負人となる場合は、当該建設事業に係る元請負人を事業主として保険関係を成立させる。
(3) また、生コンクリートの圧送を行う事業主が建設事業の元請人となる場合は、当該建設事業を独立した事業（有期事業または一括有期事業）として保険関係を成立させるものとする。
　なお、この場合の労災保険率は完成される工作物により決定する。

・建設機械等の賃貸とその運転業務を併せ行う事業について（昭61.3.25　発労徴第13号、基発第163号）

建設事業以外の事業に対して建設機械等の賃貸とその運転業務を併せ行う事業については、当該賃貸先事業に係る労災保険率を適用する。

また、賃貸先事業が建設事業である場合には、従来どおり継続事業として取り扱い、「37　その他の建設事業」の労災保険率を適用する。

なお、賃貸先が複数の場合は主たる業種の労災保険率を適用する。

・路面標識等の表示を行う事業について（平元.3.6　発労徴第14号、基発第103号）

路面標識等の表示を行う事業（路面表示業）は、道路付属施設を設置する工事として建設事業として取り扱い、「37　その他の建設事業」の労災保険率を適用する。この場合の事業の種類の細目は「3703　道路の改修、復旧又は維持の事業」に分類する。

・東日本大震災による被災地における災害復旧を目的とする事業に係る労災保険の適用について（平23.4.11　基労発0411第1号）

地方自治体、主管行政庁、業界団体等からの依頼を受けて、災害の復旧を目的として、事業主の指揮・命令により労働者を被災地へ赴かせて行う事業（以下「災害復旧事業」という）のうち、事業の種類が明らかに建設の事業であると認められるものについては、これを有期事業として取り扱う。

災害復旧事業の事業の種類が建設の事業以外の場合は、当該事業において既に成立している保険関係からの出張労働者として取り扱う。

主たる作業内容が「がれきの撤去」である場合は、「3718　その他の各種建設事業」を適用する。

第5　製 造 業

この分類には、一定の場所において機械器具等の設備を有して有機または無機の物質に物理的、化学的変化を加えて物の製造、加工、組立て等の作業を行う事業が該当する。

なお、製造された各種製品の修理を行う事業は、本分類に含まれる。

また、各種製品の製造を行う事業であって卸売（業務用に少量、少額を販売するものを除く）を行わず製造と同一場所において最終消費者に販売を行う事業は、**「9801　卸売業・小売業」**に含まれる。

〔解　説〕

製造業に属する事業の事業場構内において、専ら作業を行う事業（構内下請事業）であって、当該製造業に属する事業（親事業）の製品を製造する工程における作業および当該工程に直接附帯する作業の一部を行う事業は、製造業に含まれる。この場合の労災保険率は、当該工程を一の事業とみなした場合に適用される労災保険率を適用する。

〈参考通達要旨〉

・製造業における構内下請事業に係る労災保険率の適用について（昭57.2.19　発労徴第19号、基発第118号）

1　製造業に属する事業の事業場構内において、もっぱら作業を行う事業（以下「構内下請事業」という）であって、当該製造業に属する事業（以下「親事業」という）の事業の種類に係る製品（以下「主たる製品」という）を製造する工程における作業および当該工程に直接附帯する作業の一部を行う事業については、親事業と同種の事業に係る労災保険率を適用する。

ただし、親事業が主たる製品以外の製品を製造している場合には、当該主たる製品以外の製品を製造する工程における作業および当該工程に直接附帯する作業の一部を行う事業については、当該主たる製品以外の製品を製造する工程を一の事業とみなした場合に適用される労災保険率を適用することとする。

2　運用上の留意事項

(1)　構内下請事業とは、親事業の事業場構内において軽易な事務を行う場所を有し、かつ、作業を行う場所が専ら当該親事業の事業場構内である事業であること。

(2)　「製品を製造する工程における作業および当該工程に直接附帯する作業」とは、製品の製造に直接関係する工程における作業をいうものであって、搬入された原材料を加工し、組立、包装、梱包等により製品を完成させる工程における作業および当該工程に直接附帯する作業が該当する。この場合において「当該工程に直接附帯する作業」とは、例えば、機械設備の保守、点検、修理等の作業および原材料、半製品、製品等の運搬を工程間等において行う作業等をいうものである。

なお、製品の製造に直接関係のない作業を行う事業、例えば、機械設備の非日常的な保守、修理等を行う事業、建屋の営繕、清掃等を行う事業、建物管理を行う事業、食堂の事業等は、従来どおり作業の実態により労災保険率を適用する。

(3) なお、原材料の搬入または製品の搬出を行う事業は、事業場構外において作業を行うことが一般であることにかんがみ、当該事業については作業実態に応じた労災保険率を適用する。

（参　考）製品を製造する工程の捉え方について

1. 最終的な製品に組み込まれる部分品を製造する工程は、当該製品を製造する工程の一部として捉えられる。

（例）船舶に組み込むエンジンを同一の事業場内において製造する場合

船舶製造部門およびエンジン製造部門の構内下請事業については、「59　船舶製造又は修理業」に係る労災保険率を適用する。

（注）労災保険率適用事業細目表上「5601　機械器具製造業（原動機製造業）」に分類されるエンジン製造部門についても、当該エンジンが最終製品である船舶に、同一事業場構内において組み込まれる場合は、当該船舶を製造する工程の一部として取り扱う。

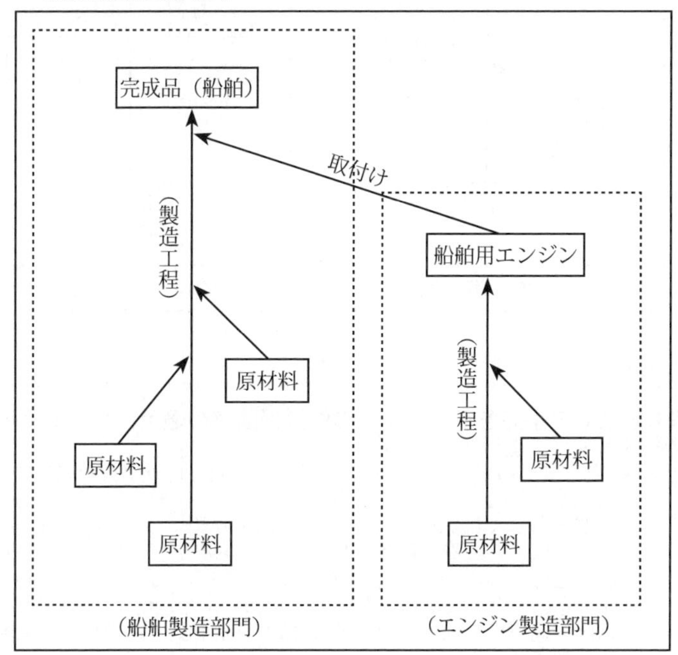

2. 同一の構内において、相関連しない製品を製造している場合には、それぞれの製品に係る労災保険率を適用する。

（例）同一構内において、互いに独立して船舶とクレーンを製造している場合
　船舶製造部門およびクレーン製造部門が、それぞれ最終製品たる完成品の製造を行っている場合は、当該船舶製造部門およびクレーン製造部門は、それぞれ別個の工程として取り扱う。したがって、船舶製造部門の構内下請事業については「59　船舶製造又は修理業」に係る労災保険率を、クレーン製造部門の構内下請事業については「56　機械器具製造業」に係る労災保険率を適用する。

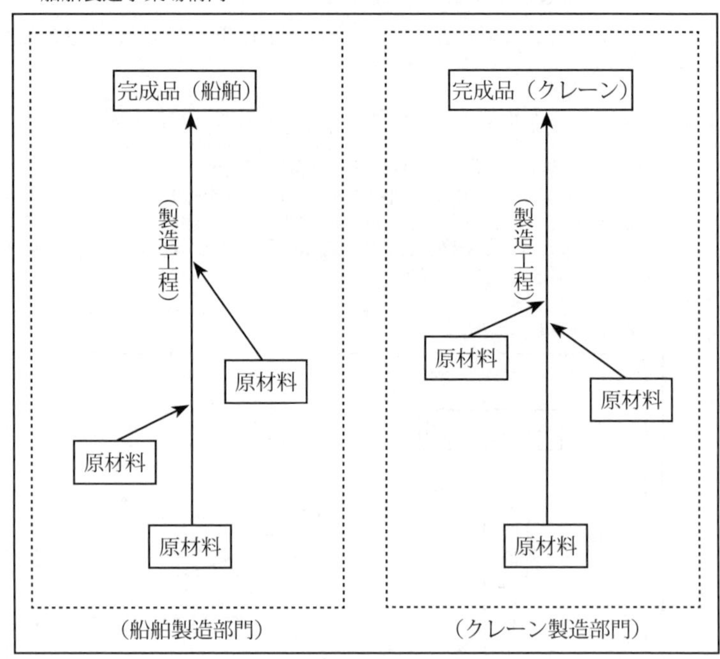

〈参考通達要旨〉

・**製造と併せて小売を行う事業等の労災保険率の適用について（平 2.3.9 発労徴第 9 号、基発第 125 号）**

1. 製造部門と同一の場所において卸売または小売を行う事業の取扱い

(1)　製造小売業として適用する事業

　個人もしくは家庭用消費者または業務用に少額のものを少量使用する者（以下「最終消費者」という）に直接販売するためにのみ物の製造加工を行う事業（以下「製造小売業」という）については、「98　卸売業・小売業、飲食店又は宿泊業」の労災保険率を適用するものであり、労災保険率適用事業細目表の事業の種類の細目は、「9801　卸売業・小売業」に分類される。

(2)　製造卸売業として適用する事業

最終消費者以外の者に販売または同一企業に属する支店、出張所等の他の事業に引き渡すために物の製造加工を行う事業（最終消費者への直接販売を併せ行う場合を含む。以下「製造卸売業」という）は、「製造業」に係る労災保険率を適用する。

2. 製造部門と別の場所に独立性のない小売部門を有する事業の取扱い

製造部門と別の場所で小売を行う支店、出張所等のそれぞれが一の事業とされる程度の独立性を有しない場合には、当該支店、出張所等は直近上位の事業に包括し、全体を一の事業として取り扱われるものであるが、この場合、製造小売業として「98　卸売業・小売業、飲食店又は宿泊業」の労災保険率を適用するのは、当該事業全体の規模が 1-(1) の事業と同程度のものと認められる場合のみとする。

3. 製造し配送等により小売を行う事業の取扱い

(1)　直接配達を行う事業の場合

最終消費者に直接販売するためにのみ物の製造加工を行い、自らが直接配達を行う事業は、製造小売業として「98　卸売業・小売業、飲食店又は宿泊業」の労災保険率を適用する。ただし、会社、学校、病院等を通じ大量または多額に製品を販売する事業については、その形態が業務用に大量または多額に製品を販売する事業の形態に準じていることから、「製造業」に係る労災保険率を適用する。

(2)　郵送または委託配送を行う事業の場合

最終消費者に直接販売するためにのみ物の製造加工を行い、郵送または委託配送にて販売する事業は、「製造業」に係る労災保険率を適用する。

（参　考）製造小売業および製造卸売業の取扱いについて

以下の説明において、「小売」とは最終消費者（個人もしくは家庭用消費者または業務用に少額のものを少量使用する者）に物を直接販売することをいい、「卸売」とは最終消費者以外の者に物を販売または引き渡すことをいう。

1. 製造部門と別の場所で小売を行わない場合の取扱い

(1)　製造して同一場所で小売のみを行う場合

「98　卸売業・小売業、飲食店又は宿泊業」に係る労災保険率を適用する。

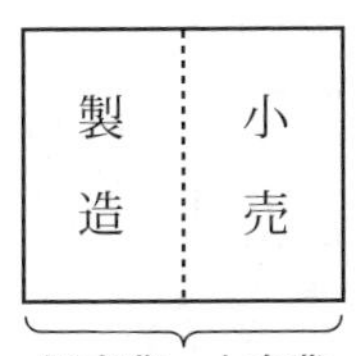

(2)　製造して同一の場所で卸売を行う場合（小売を併せ行う場合を含む）

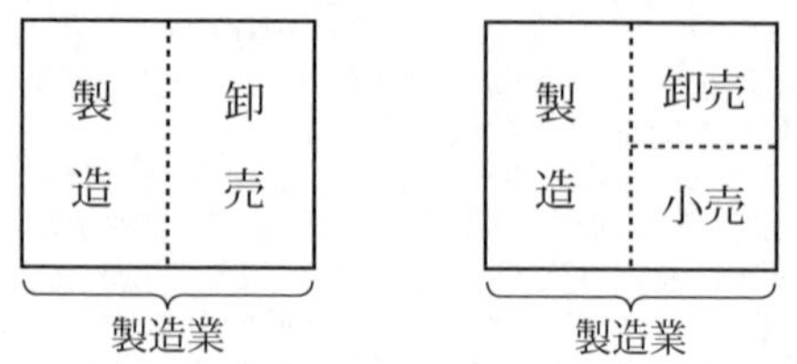

「製造業」に係る労災保険率を適用する。なお、卸売と小売を併せ行う場合は、大部分が小売であっても一部でも卸売があれば製造卸売業として取り扱い、「製造業」に係る労災保険率を適用する。
（注）卸売には、同一企業に属する他の事業に製品を引き渡すことを含む。

2. 製造部門と別の場所で小売を行う場合の取扱い

(1)　製造部門と別の場所の小売に独立性がある場合

製造して別の場所の小売を行う事業への製品の引き渡しを行う事業は、製造卸売業として「製造業」に係る労災保険率を適用し、独立して小売を行う事業は、「98　卸売業・小売業、飲食店又は宿泊業」に係る労災保険率を適用する。

(2)　製造部門と別の場所の小売に独立性がない場合

①　製造部門と同一の場所で卸売または小売を行わない場合

事業全体の規模が 1-(1) の事業と同程度のものと認められる場合のみ製造小売業として「98　卸売業・小売業、飲食店又は宿泊業」に係る労災保険率を適用する。

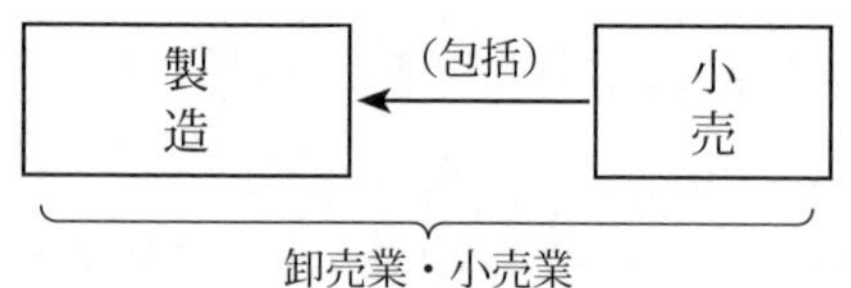

②　製造部門と同一の場所で小売を行う場合

事業全体の規模が 1-(1) の事業と同程度のものと認められる場合のみ製造小売業として「98　卸売業・小売業、飲食店又は宿泊業」に係る労災保険率を適用する。

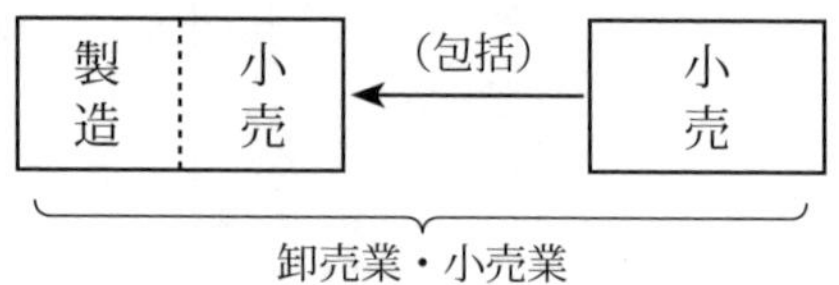

③　製造部門と同一の場所で卸売を行う場合

全体を一の事業として取り扱い、製造卸売業として「製造業」に係る労災保険率を適用する。

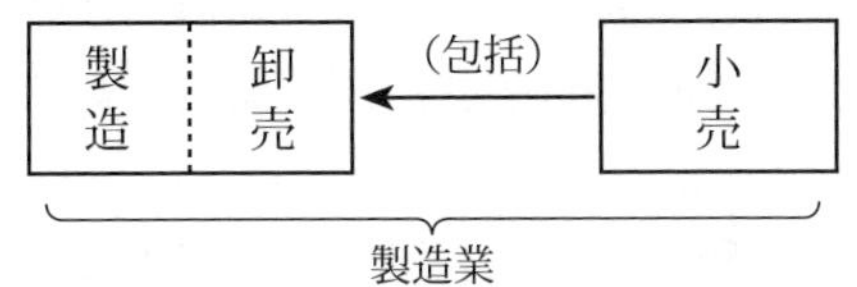

④　製造部門と同一の場所で卸売と小売を併せ行う場合

全体を一の事業として取り扱い、製造卸売業として「製造業」に係る労災保険率を適用する。

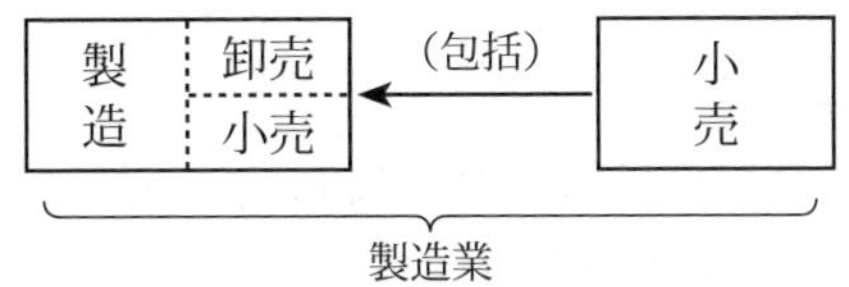

3. 製造し配送等により小売を行う事業の取扱い

(1)　自らが直接配達を行う事業の場合

製造小売業として「98　卸売業・小売業、飲食店又は宿泊業」の労災保険率を適用するが、会社、学校、病院等を通じ大量または多額に製品を販売する事業は、「製造業」に係る労災保険率を適用する。

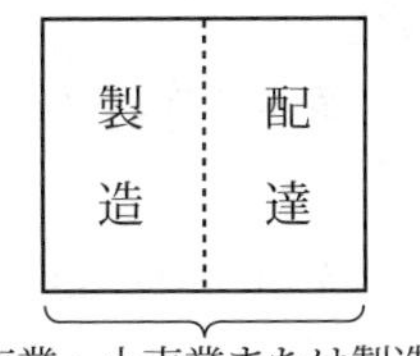

(2)　郵送または委託配送を行う事業の場合

「製造業」に係る労災保険率を適用する。

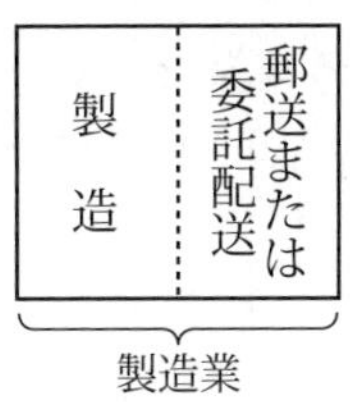

41　食料品製造業　　1000分の5.5

この分類には、各種の飲食料品、氷、動植物性肥料、飼料等の製造加工を行う事業、たばこの製造およびたばこ原料の製造を行う事業ならびに茶の製造を行う事業が該当する。

なお、グルタミン酸ソーダ、食用アミノ酸等の化学的処理を伴う食料品の製造を行う事業および食料品の缶詰、びん詰、つぼ詰、真空パック詰等を行う事業は、本分類に含まれる。

【事業の種類の細目】

4101　食料品製造業

この分類には、各種の飲食料品、氷、動植物性肥料、飼料等の製造加工を行う事業が該当する。

なお、グルタミン酸ソーダ、食用アミノ酸等の化学的処理を伴う食料品の製造を行う事業および食料品の缶詰、びん詰、つぼ詰、真空パック詰等を行う事業は、本分類に含まれる。

また、本分類に含まれる事業の範囲については以下のとおり。

・肉製品又は乳製品製造業

畜産物の肉、内臓物、乳等を加工して肉製品、乳製品等の製造を行う事業。

ただし、と畜を行う事業は、「**9103　と畜業**」に含まれる。

〔解　説〕

ソーセージ、ハム、ベーコン等の肉製品（肉製品の缶詰、びん詰、つぼ詰を含む）の製造およびバター、チーズ、粉乳、アイスクリーム、乳酸菌飲料、発酵乳、カゼイン等の乳製品等（乳製品の缶詰、びん詰、つぼ詰を含む）の製造を行う事業は、本分類に含まれる。

マーガリンの製造を行う事業は、「**4101　食料品製造業（その他の食料品製造業）**」に含める。

・水産食料品製造業

魚介類（鯨を含む）、海そう類等を原料として水産加工品の製造を行う事業および冷凍水産食品の製造を行う事業。

ただし、鯨油の製造を行う事業および鯨体から肥料の製造を行う事業は、**「4701　化学工業（B内の動植物油脂製造業）」**に含まれる。

〔解　説〕

水産缶詰（びん詰、つぼ詰を含む）の製造、こんぶ、とろろこんぶ、酢こんぶ、焼のり、味つけのり等の海そう加工品の製造、寒天の製造、魚肉ハムまたはソーセージの製造、かまぼこ、焼ちくわ、揚げかまぼこ、はんぺん等の水産練製品の製造、水産物の冷凍品の製造、および素干魚介類、塩干魚介類、煮干魚介類、塩蔵魚介類、くん製魚介類、削節類、塩辛製品等の水産食料品の製造を行う事業、ならびに鯨体処理を行う事業は、本分類に含まれる。

・野菜かん詰、果実かん詰その他の農産保存食料品製造業

野菜、果実、きのこ等を原料として農産加工品の製造を行う事業。

〔解　説〕

野菜の缶詰・びん詰・つぼ詰、果実の缶詰・びん詰・つぼ詰、乾燥野菜、乾燥きのこ、冷凍野菜、冷凍果実、ジャム、マーマレード、ジュース原液、ゼリー、ピーナッツバター、乾燥いも、マッシュポテト、干しがき、かんぴょう、および乾燥果物等の保存食料品の製造、ならびに野菜および果実を原料としてつけ物の製造を行う事業は、本分類に含まれる。煮豆の製造を行う事業は、**「4101　食料品製造業（その他の食料品製造業）」**に含める。

・調味料製造業

農林水産物を加工し各種調味料の製造を行う事業および化学的に合成された調味料の製造を行う事業。

ただし、食塩の製造を行う事業は、**「4701　化学工業（A内の無機工業製品製造業」**に含まれる。

〔解　説〕

味噌、しょう油、食用アミノ酸の製造、グルタミン酸ソーダの製造および食酢、香辛料、カレー粉、とうがらし粉、肉桂粉、わさび、こしょう、にんにく粉、濃縮そば汁等のソース類の製造を行う事業は、本分類に含まれる。

・**精穀又は製粉業**

米、麦等の精穀を行う事業および小麦粉、そば粉その他の穀粉の製造を行う事業。

〔解　説〕

米穀のとう精、大麦、裸麦の精穀、精米、精麦および小麦粉の製造、穀類を原料として家畜、家きん、愛玩・観賞用動物等の配合飼料の製造、および動植物性加工副産物を原料として、たん白質混合飼料、魚粉飼料、貝殻飼料等の家畜、家きん、愛玩・観賞用動物などの単体飼料の製造、ならびに穀粉、そば粉、とうもろこし粉、豆粉、きな粉、みじん粉、はったい粉、香せん、馬鈴しょ粉、甘しょ粉およびこんにゃく粉等のでん粉の製造を行う事業は、本分類に含まれる。

・**砂糖製造業**

甘味資源作物を原料として砂糖の製造を行う事業および粗糖の精製または糖みつの加工処理を行い砂糖の製造を行う事業。

〔解　説〕

甘しょ糖、てん菜糖等の砂糖の製造、粗糖を精製して、氷砂糖、糖みつ等の砂糖の製造および糖みつの加工処理を行う事業は、本分類に含まれる。

・**パン又は菓子製造業**

パン類および各種和洋菓子の製造を行う事業。

〔解　説〕

食パン、生パン、菓子パン等のパン類の製造、洋生菓子の製造、和生菓子の製造、ゼラチン菓子の製造、カステラの製造、ビスケット、クラッカー等の乾パン、干菓子の製造、米菓子の製造、およびキャンデー、チョコレート、あられ、油菓子、氷菓、ウエハース等のその他のパン、菓子の製造、ならびにチューインガムの製造を行う事業は、本分類に含まれる。

・**飲料製造業（清酒製造業を除く。）**

清涼飲料、果実酒、ビール、蒸留酒または混成酒の製造を行う事業。

〔解　説〕

サイダー、ラムネ、炭酸水、ジュース、シロップ等の清涼飲料およびし好飲料の製造、ぶどう、りんご、いちご、みかん等の果実より果実酒の製造、ビールの製造ならびにウイスキー、焼ちゅう、洋酒、ブランデー、合成酒等の酒または薬用酒、味りん、飲料用アルコールの製造を行う事業は本分類に含まれる。

・**清酒製造業**

清酒または濁酒の製造を行う事業。

・**製氷業**

人造氷の製造を行う事業。

なお、天然氷の採取貯蔵を行う事業は、「**9416　前各項に該当しない事業**」に含まれる。

〔解　説〕

ドライアイスの製造を行う事業は本分類に含めず、「**4701　化学工業**」に含める。

・**その他の食料品製造業**

他に分類されない食料品の製造を行う事業および動物飼料または動植物性肥料の製造を行う事業。

なお、屋内（ビニールハウス内部を除く）で、もやし、えのき茸等の製造を行う事業は、本分類に含まれる。

〔解　説〕

ふくらし粉、イースト、その他の酵母剤の製造、ぶどう糖および水あめの製造、購入した動植物油脂を加工しマーガリン、ショートニング、ラード等の製造、うどん、そうめん、そば、マカロニ、手打めん、即席めん類、中華めん等の製造、ならびにこうじ、種こうじ、豆腐、インスタントコーヒー、荒びきコーヒー、冷凍調理食品、食品甘酒、即席ココア、こぶ茶、いり豆、こんにゃく、そう菜、弁当の製造等他に分類されない食料品の製造を行う事業は、本分類に含まれる。

薬用酵母剤の製造を行う事業は本分類に含めず、「**4701　化学工業**」に含める。

自然環境や気候の変化等に影響を受けない建築物等の屋内（ビニールハウス内部を除く）で、もやし、えのき茸等の製造を行う事業は本分類に含まれる。

もやしの製造を農家の副業として行う場合には本分類に含めず、「**9501**

土地の耕作又は植物の栽植、栽培若しくは採取の事業その他の農業」に含める。

なお、しいたけの栽培を行う事業は、本分類に含まず、「**9501　土地の耕作又は植物の栽植、栽培若しくは採取の事業その他の農業**」に含める。

4112　たばこ等製造業

この分類には、たばこの製造およびたばこ原料の製造を行う事業ならびに茶の製造を行う事業が該当する。

また、本分類に含まれる事業の範囲については以下のとおり。

・たばこ製造業

たばこの製造およびたばこ原料の製造を行う事業。

〔解　説〕

各種紙巻たばこ、きざみたばこ、葉巻たばこ等を製造する事業および葉たばこの乾燥、除骨、たる詰等を行う事業は、本分類に含まれる。

・製茶業

茶の製造を行う事業。

〔解　説〕

荒茶または仕上茶の製造を行う事業は、本分類に含まれる。ただし、こぶ茶、はま茶、麦茶の製造を行う事業は本分類に含めず、「**4101　食料品製造業**」に含める。

〈参考通達要旨〉

・鯨体の処理を行う事業について（昭 28.7.22　基収第 1520 号）

陸上において鯨体の処理を行う事業は、

① 鯨肉および鯨皮の加工を主とする鯨体処理の事業は、「41　食料品製造業」の労災保険率を適用する。

② 鯨油および肥料の製造を主とする鯨体処理の事業は、「47　化学工業」の労災保険率を適用する。

・マーガリン等の製造を行う事業について（昭 37.3.13　基発第 206 号）

マーガリン、食用アミノ酸、グルタミン酸ソーダ等の製造を行う事業は、「41　食料品製造業」の労災保険率を適用する。

・日本標準産業分類の改訂に伴うもやし製造業に係る労働保険の適用について（平 14.11.26　事務連絡）

日本標準産業分類については、平成 14 年 10 月 1 日から改訂が施行されたところであり、今般の改訂により、もやしを製造する事務所の分類が製造業から農業に変更となったところであるが、もやし製造業に係る労働保険の適用については「労災保険適用事業細目」により事業の種類を決定するので、引き続き「4101　食料品製造業（その他の食料品製造業）」で変更はない。

42　繊維工業又は繊維製品製造業　　1000 分の 4

この分類には、まゆから生糸、玉糸、野蚕糸、副蚕糸等の製造を行う事業、生糸の再繰等を行う事業、各種繊維の製造を行う事業および各種衣服その他の繊維製品の製造を行う事業が該当する。

【事業の種類の細目】

4201　繊維工業又は繊維製品製造業

この分類には、まゆから生糸、玉糸、野蚕糸、副蚕糸等の製造を行う事業、生糸の再繰等を行う事業、各種繊維の製造を行う事業および各種衣服その他の繊維製品の製造を行う事業が該当する。

また、本分類に含まれる事業の範囲については以下のとおり。

・製糸業

繰糸機により生糸の製造を行う事業、玉糸の製造を行う事業および野蚕糸または副蚕糸の製造を行う事業。

〔解　説〕

絹糸のねん糸を行う事業は、「**4201　繊維工業又は繊維製品製造業（紡績業又はねん糸製造業）**」に含める。

・紡績業又はねん糸製造業

綿、化学繊維、羊毛、絹、麻等より紡績糸の製造を行う事業およびねん糸の製造を行う事業。

〔解　説〕

スフ（ビスコース短繊維）、アセテート短繊維、合成繊維短繊維、羊毛、絹、亜麻、ちょう麻、黄麻、綿繊維等から紡績糸の製造、および主として購入した絹、レーヨン、綿、スフ、毛、合成繊維、アセテート等の糸から、ねん糸およびカタン糸、刺しゅう糸を製造する事業は、本分類に含まれる。紙ねん糸の製造を行う事業は本分類に含めず、「**61　その他の製造業**」に含める。

・**化学繊維製造業**

レーヨン、アセテートまたは合成繊維の製造を行う事業およびセロファンの製造を行う事業。

〔解　説〕

レーヨンフィラメント、アセテート長繊維、アセテート短繊維等のレーヨンおよびアセテートの製造、ナイロン、ビニロン、ポリ塩化ビニリデン、ポリ塩化ビニール、ポリエステル、ポリエチレン、アクリル、ポリプロピレン等の合成繊維の製造、およびセロファンの製造を行う事業は、本分類に含まれる。

・**織物業**

綿、スフ、絹、人絹、毛、麻等の紡績糸より小幅または広幅の織物の製造を行う事業。

ただし、細幅織物の製造を行う事業は、「**4201　繊維工業又は繊維製品製造業（繊維雑品製造業）**」に含まれる。

〔解　説〕

綿織物、スフ織物、和紡織物、タオル地織物等の綿糸、スフ糸、合成繊維、紡績糸、和紡糸等から綿スフ織物の製造を行う事業は、本分類に含まれる。

ガラス繊維の製造の事業は、原則として本分類から除かれる。

・**メリヤス製造業**

毛糸、綿糸等からニットまたはメリヤス生地の製造を行う事業および毛糸、綿糸または他から受け入れたニットもしくはメリヤス生地からニットまたはメリヤス製品の製造を行う事業。

〔解　説〕

丸編、たて編、横メリヤス生地の製造、または毛糸、綿糸もしくは他から受け入れたメリヤス生地から外衣、帽子、下着、靴下、手袋等の製造を行う事業は、本分類に含まれる。

・**染色整理業**

綿状繊維、糸、織物、繊維雑品等の各種の繊維製品に精練、漂白、染色、整理仕上げその他の処理を行う事業。

〔解　説〕

機械無地染、機械漂白、機械なっ染またはタオル染色整理を行う事業、細幅繊維、組ひも、綱、網等の染色整理を行う事業、ならびに綿、スフまたは麻織物、絹または人絹織物、毛織物、メリヤス、レース等の繊維製品に精練、漂白、浸染、なっ染または附帯加工を行う事業は、本分類に含まれる。

洗張および洗たく業は本分類に含めず、**「9420　洗たく、洗張又は染物の事業」**に含める。

・繊維雑品製造業

綿糸、絹糸、麻糸、レーヨン、スフ糸または合成繊維糸からリボン、テープ、各種レース、組ひも、細幅織物その他の繊維雑品の製造を行う事業。

〔解　説〕

光輝畳縁、リボン、織マーク、テープ、ゴム糸入織物等の綿糸、絹糸、麻糸、レーヨン、スフ糸、合成繊維糸等から細幅織物の製造、ならびに刺しゅうレース、ケミカルレース、ギュピャーレース、編レース、リバーレース、組ひも、さなだひも、くつひも、モール、ふさ等の製造を行う事業は、本分類に含まれる。

・被服、繊維製身のまわり品等製造業

他から受け入れた織物、フェルト地、レース地、なめし皮、毛皮、合成皮革、ビニール地等を裁断、縫製して被服の製造を行う事業および繊維製身のまわり品等の製造を行う事業。

ただし、ニットまたはメリヤス製品の製造を行う事業は**「4201　繊維工業又は繊維製品製造業（メリヤス製造業）」**に、ゴムまたは合成樹脂の溶融を伴う外衣の製造を行う事業は**「4701　化学工業（E内のその他のゴム製品製造業）」**に含まれる。

〔解　説〕

購入した織物、フェルト地、レース地を裁断、縫製して男子服、婦人子供服、作業服、学校服等の各種外衣の製造、シャツ、ズボン下、スリップ、ペチコート、ブラジャー、コルセット、パジャマ、ナイトガウン等の中衣、下着、および寝着類の製造、毛皮製のコート、ジャケット、えり巻、チョッキ、マッフ、服飾品の製造、長着、羽織、じゅばん、帯、はかま、コート、半てん、柔道着、剣道着等の和服および和服用身のまわり品（ショール、半えり、帯どめ、帯あげ、羽織ひも）の製造、フェルト帽子、織物製帽子の製造、ネクタイ、スカーフ、マフラー、ハンカチーフ、たび等の製造ならびに購入した織物、組ひもまたは皮革、毛皮等を交えてサスペンダー、ガーター、アームバンド、よだれ掛、おしめカバー、衛生バンド等の製造を行う事業は本分類に含まれる。

皮のなめしを伴う衣服の製造、地下足袋の製造またはゴム製手袋の製造を行う事業は本分類に含めず、「**4701　化学工業**」に含める。

麦わら、経木または紙製の帽子の製造を行う事業は本分類に含めず、「**61　その他の製造業**」に含める。

革製手袋、革製バンド等の革製品（衣服以外のもの）の製造を行う事業は本分類に含めず、「**6401　貴金属製品、装身具、皮革製品等製造業（皮革製品製造業）**」に含める。

・その他の繊維工業又は繊維製品製造業

整毛、麻製織、せん毛等を行う事業、綿、不織布、加工織物、衛生材料、寝具、蚊帳、帆布等の他に分類されない繊維製品の製造を行う事業および刺しゅう加工を行う事業。

〔解　説〕

整毛、反毛、洗毛化炭、トップ製造等の羊毛の洗い上げ、化炭および毛、綿、レーヨン、スフ、合成繊維等の紡織くずの反毛を行う事業、亜麻の製織を行う事業、ベッチン、コールテン等のせん毛を行う事業、製綿、中入綿、ふとん綿、プレスフェルト、乾式不織布等の中入綿、ふとん綿等を製造する事業、じゅうたんの製造、だん通の製造、繊維製床敷物の製造、油布、タイプライターリボン、絶縁布等の上塗りまたは防水した材料による織物の製造、脱脂綿、繊維製生理用品、ガーゼ、ほう帯、眼帯、衛生マスク等の脱脂綿、ガーゼ等の繊維製の衛生材料品の製造、フォームラバー、寝具、ふとん、寝台掛、まくら、寝具用カバー、羽根ぶとん等の寝具、蚊帳、テント、シート、日よけ、ほろ、帆や、帆布製品等の製造、ならびにトワイン、ロープ、コード、漁網、網地、麻袋、ヘシヤンバッグ、ガンニーバック、綿袋、スフ物、シーツ、どん帳、テーブル掛等の網、ロープ、繊維製袋物等他に分類されない繊維製品の製造を行う事業は、本分類に含まれる。

紙製衛生材料品の製造を行う事業およびわら縄、わら網等のわら製品の製造を行う事業は本分類に含めず、「**61　その他の製造業**」に含める。

〈**参考通達要旨**〉

・**金属製、わら製以外の綱、網の製造について**（昭 37.3.13　基発第 206 号）
金属製、わら製以外の綱、網の製造を行う事業は、「42　繊維工業又は繊維製品製造業」の労災保険率を適用する。

44　木材又は木製品製造業　1000 分の 13

この分類には、製材機械、木工機械等の機械を使用して製材を行う事業、ベニヤ板、合板等の木製基礎資材の製造を行う事業および木材または木製基礎材から各種木製品の製造または加工を行う事業が該当する。

〔解　説〕

購入した経木、板物等を材料として折箱等を製造する事業は、本分類に含まれる。

家具またはスキー等を製造する事業であっても、金属性のものを製造する事業は本分類から除かれ、「**5401　金属製品製造業又は金属加工業**」に分類される。

木製玩具等を製造する事業で、塗装を主として行う事業、ならびに竹、籐またはきりゅう製品の製造を行う事業は本分類から除かれ、「**61　その他の製造業**」に分類される。

【事業の種類の細目】

4401　木材又は木製品製造業

この分類には、製材機械、木工機械等の機械を使用して製材を行う事業、ベニヤ板、合板等の木製基礎資材の製造を行う事業および木材または木製基礎材から各種木製品の製造または加工を行う事業が該当する。

また、本分類に含まれる事業の範囲については以下のとおり。

・**一般製材業**

原木、丸太等から板、角材等の製造を行う事業。

・ベニヤ単板、屋根板、経木、木毛、たるおけ材等製造業

ベニヤ単板、屋根板、経木、木毛、たるおけ材等の製造を行う事業。

〔解　説〕

木舞、屋根まき、経木箱仕組材、経木マット、経木さなだ、経木モール、木綿、木せん、たが、たる丸、床板、詰物用木毛等の製造、原木より一貫作業として製造するマッチ軸製造、および木材小割業または木材チップの製造を行う事業は、本分類に含まれる。

・造作材、合板その他建築用組立て材料製造業

各種造作材、合板その他建築用組立材料の製造を行う事業。

〔解　説〕

タンク用木材、バット用木材、木製サッシ、窓、戸のわく、羽目板等の製作材の製造、ベニヤパネル、強化木、パーティクルボード（削片板)、集成材、積層材等のベニヤ合板の製造または木製組立材料の製造を行う事業は、本分類に含まれる。

・木製容器製造業

折箱、木箱、おけ等の木製容器の製造を行う事業。

〔解　説〕

経木もしくは板物を材料として、食物、菓子、詰物用折箱の製造、製函、木箱、ベニヤ箱、輸送用木製ドラム缶、包装木箱、工具木箱、取わく、巻わく等の各種の木箱（くぎ付け、針金巻、接着剤で接着したもの）の製造、または和だる、洋だるの製造を行う事業は、本分類に含まれる。

・木製履（はき）物製造業

げた等の木製履物の製造を行う事業。

〔解　説〕

下駄箱、木製サンダルの台および完成品を製造する事業は、本分類に含まれる。

木製履物の塗装のみを行う事業は本分類に含めず、「61　その他の製造業」に含める。

・木材薬品処理業

製材された木材をクレオソートその他の薬品で各種の処理を行う事業。

〔解　説〕

木材防腐処理、木材耐火処理、まくら木または電柱の薬品処理等を行う事業は、本分類に含まれる。

・**木製家具製造業**

木製の家具の製造を行う事業。

なお、竹、とうまたはきりゅう製の家具の製造を行う事業は、**「6108　竹、籐（とう）又はきりゅう製品製造業」**に含まれる。

〔解　説〕

たんす、鏡台、机、椅子、寝台、キャビネット、戸棚、書棚等の家庭および事務所等で使用される家具の製造、および公衆建築物用および専門用の家具、つい立、戸棚、ロッカー等の製造を行う事業は、本分類に含まれる。

・**木製宗教用具製造業**

木製の仏壇もしくは神だなまたはその附属品の製造を行う事業。

〔解　説〕

貴金属製、陶磁器製以外のもので仏壇、仏具、神具、お宮、みこし等の宗教用具の製造を行う事業は、本分類に含まれる。

葬具の製造を行う事業は本分類に含めず、**「61　その他の製造業」**に含める。

・**木製建具製造業**

木製の各種建具の製造を行う事業。

〔解　説〕

建具、戸、障子、ふすま、ふすま骨、ふすま縁の製造を行う事業は、本分類に含まれる。

木製サッシの製造を行う事業は、**「4401　木材又は木製品製造業（造作材、合板その他建築用組立て材料製造業）」**に含める。

・**その他の木材又は木製品製造業**

他に分類されない木材または木製品の製造を行う事業。

ただし、紡績用木管、シャトル、おさ等の製造を行う事業は**「5601　機械器具製造業（繊維機械製造業）」**に、マッチ軸木またはつまようじの製造を行う事業は「**6116　その他の各種製造業**」に含まれる。

〔解　説〕

ふるい(曲輪が木製のもの)、せいろ、ひつ等の曲輪、曲物の製造、くり物、曲木、組木等の製造、陳列ケース、電話ボックス、間仕切り等の事務所用または店舗用の装備品の製造、工場においてチップの製造または日よけ、ブラインド、よろい戸、カーテン部品、びょうぶ、すだれ、鏡縁、額縁、黒板、くつ木型等を製造する事業は、本分類に含まれる。

〈参考通達要旨〉

・**手引鋸による木挽業について（昭 35.3.23　基収第 1315 号）**

丸鋸機等の動力機械を全く使用せず、単に手引鋸で原木を挽き割るだけの木挽業は、「61　その他の製造業」の労災保険率を適用する。

45　パルプ又は紙製造業　　1000 分の 7

この分類には、木材その他の植物原料または故紙繊維からパルプ、紙または繊維板の製造を行う事業が該当する。

〔解　説〕

故紙を液解し、化学薬品等を添加して紙を製造する事業は、本分類に含まれる。

段ボールの製造のように単に紙から紙製品を製造加工する事業は、本分類から除かれ、「**61　その他の製造業**」に分類される。

【事業の種類の細目】

4501　パルプ又は紙製造業

この分類には、木材その他の植物原料または故紙繊維からパルプ、紙または繊維板の製造を行う事業が該当する。

また、本分類に含まれる事業の範囲については以下のとおり。

・**パルプ製造業**

木材その他の植物原料からパルプの製造を行う事業およびパルプの製造から一貫して各種紙の製造を行う事業。

・**紙製造業（6401　貴金属製品、装身具、皮革製品等製造業（手すき和紙製造業）を除く。）**

木材パルプ、故紙その他の繊維から洋紙、板紙、機械すき和紙または加工紙の製造を行う事業。

ただし、パルプの製造から一貫して各種紙の製造を行う事業は、「**4501　パルプ又は紙製造業（パルプ製造業）**」に含まれる。

・**繊維板製造業**

木材その他の植物原料から繊維板の製造を行う事業。

ただし、軟質繊維板の製造を行う事業は、「**6107　加工紙、紙製品、紙製容器又は紙加工品製造業**」に含まれる。

〔解　説〕

硬質繊維板、半硬質繊維板、吸音繊維板等の木材その他のものから繊維板の製造を行う事業は、本分類に含まれる。

46　印刷又は製本業　　1000分の3.5

この分類には、各種の印刷または製本を行う事業、各種製版を行う事業および活字等の製造を行う事業ならびに植字を行う事業が該当する。

ただし、新聞業および出版業は、「**9703　新聞業又は出版業**」に含まれる。

【事業の種類の細目】

4601　印刷又は製本業

この分類には、各種の印刷または製本を行う事業、各種製版を行う事業および活字等の製造を行う事業ならびに植字を行う事業が該当する。

ただし、新聞業および出版業は、「**9703　新聞業又は出版業**」に含まれる。

また、本分類に含まれる事業の範囲については以下のとおり。

・**印刷業（(9412）謄写印刷業を除く。）**

印刷機械を用いて、紙等に印刷を行う事業。

ただし、謄写版により印刷を行う事業および複写機により複写を行う事業は、「**9412　速記、筆耕、謄写印刷又は青写真業**」に含まれる。

〔解　説〕

凸版印刷、平板印刷、凹版印刷、金属印刷、木材印刷、ガラス印刷、布地印刷、シール印刷、写真印刷等の凸版、平板、凹版等の印刷機械を用いて印刷を行う事業および一貫作業により製本を行う事業は、本分類に含まれる。

・製本又は印刷物加工業

製本を行う事業または印刷物の折りたたみ、ミシン掛け等の加工を行う事業。

〔解　説〕

ノート、帳簿、手帳、便せん、日記帳等の製造を行う事業は本分類に含まれる。また、製本に伴うのり付け、裁断、はく押し、ビニール張り、装てい等の加工を行う事業は、本分類に含まれる。

・写真製版、植字等の事業

写真製版を行う事業、紙型鉛板、銅板、活字等の製造を行う事業および植字を行う事業。

〔解　説〕

線画凸版、原色版、写真平板、プロセス平板、平凹版等の写真製版または写真植字の製造、植字および紙型鉛版、電気版、プラスチック版、銅おう版等の製造を行う事業は、本分類に含まれる。

〈参考通達要旨〉

・活字製造業について（昭 43.3.5　基発第 106 号）

活字製造業は「46　印刷又は製本業」の労災保険率を適用する。

・手帳、帳簿、ノート類、日記帳等の製造を行う事業について（昭 61.3.25　発労徴第 12 号、基発第 162 号）

手帳、帳簿、ノート類、日記帳等の製本または製本を目的とした裁断、折りたたみ、ミシン掛け等の加工を行う事業は、「46　印刷又は製本業」の労災保険率を適用する。

47　化学工業　　1000分の4.5

この分類には、化学的処理（化学反応、蒸留、分解等）を主たる製造過程とする事業であって他に分類されない事業、原油、石炭等から精製、乾留、混合加工等により各種石油、石炭製品等の製造を行う事業、天然ゴム、合成ゴム等により各種ゴム製品の製造を行う事業および皮または毛皮のなめしを行う事業が該当する。

〔解　説〕

化学繊維製造業は本分類から除かれ、「**4201　繊維工業又は繊維製品製造業（化学繊維製造業）**」に分類される。また、生ゴムまたはゴム原料（くずゴムを含む）を溶融、溶解して、生ゴムまたはゴム製品を製造する事業は本分類に含まれるが、単にくずゴム、古タイヤ等を打ち抜いて、履物材料の製造を行う事業のように、ゴムの溶融・溶解の工程を伴わない事業は本分類から除かれ、「**6110　くずゴム製品製造業**」に分類される。

【事業の種類の細目】

4701　化学工業

この分類には、化学的処理（化学反応、蒸留、分解等）を主たる製造過程とする事業であって他に分類されない事業、原油、石炭等から精製、乾留、混合加工等により各種石油、石炭製品等の製造を行う事業、天然ゴム、合成ゴム等より各種ゴム製品の製造を行う事業および皮または毛皮のなめしを行う事業が該当する。

また、本分類に含まれる事業の範囲については以下のとおり。

A　無機化学製品製造業

・化学肥料製造業

窒素質肥料、りん酸質肥料、複合肥料等の化学肥料の製造を行う事業。

〔解　説〕

硫酸アンモニウム、硝酸アンモニウムおよびアンモニア誘導品、尿素、硝酸ナトリウム、塩化アンモニウム、亜硝酸ナトリウム、石灰窒素、過りん酸石灰、りん酸質肥料、溶成りん肥、焼成りん肥、化成肥料等のアンモニア系肥料、石炭窒素、りん酸質肥料等の製造を行う事業は、本分類に含まれる。

・**無機工業製品製造業**

工業用原料として用いられる無機化学工業製品の製造を行う事業。

〔解　説〕

か性ソーダ、ソーダ灰、重炭酸ナトリウム、塩酸、さらし粉、さらし液、塩素、次亜塩素酸ナトリウム、亜塩素酸ナトリウム、塩素酸ナトリウム、金属ナトリウム、過酸化ナトリウムの製造、カルシウム、カーバイト、りん、りん酸、人造黒鉛の製造、白顔料（酸化チタン、亜鉛華、リトポン等)、黒顔料（カーボンブラック、鉄黒等)、有彩顔料（べんがら、黄鉛紺青等)、および体質顔料（炭酸カルシウム、沈降性硫酸バリウム、バライト粉等）等の無機顔料の製造、圧縮または液化した酸素、水素、炭酸ガス、窒素ネオン、アルゴン等の製造、食卓塩等の精製塩の製造、ドライアイス、溶解アセチレンの製造、硫酸、ほう酸、ふっ化水素酸、無水クロム酸、クロルスルフォン酸等の無機酸、ナトリウム、カルシウム、カリウム、アルミニウム、クロム、バリウム、マグネシウム、水銀、ニッケル、すず、銀等の無機化合物の製造、過酸化水素、明ばん、けい酸ナトリウム、トリポリりん酸ナトリウム、化学肥料以外のアンモニウム化合物、臭素、よう素、活性炭、触媒等の製造を行う事業は、本分類に含まれる。

石灰窒素の製造またはアンモニアの製造を行う事業は、「**4701　化学工業（化学肥料製造業)**」に含める。

シリコンカーバイトの製造および黒鉛製品の製造を行う事業は本分類に含めず、「**4901　その他の窯業又は土石製品製造業（炭素又は黒鉛製品製造業)**」に含める。かん水（濃縮塩水）のみを採取する事業は本分類に含めず、「**6116　その他の各種製造業**」に含める。

B　有機化学製品製造業

・**有機工業製品製造業**

工業用原料として用いられる有機化学工業製品の製造を行う事業。

〔解　説〕

エチルアルコール、ブタノール、アセトン、酢酸、酸化エチレン、塩化ビニール等エチレン、プロピレン等のオレフィンから誘導品の製造、石油または石油副生ガス中に含まれる炭化水素の分解、分離またはその他の化学処理により石油化学基礎製品（エチレン、プロピレンおよびその関連品）の製造、ベンゾール、トルオール、キシロール、クレゾール、クレオソート、ナフタリン、ピッチ等のコールタールまたはガス軽油からコールタール製品の製造、プラスチック、合成繊維、合成染料、医薬品等を原料として環式中間物、合成染料、有機顔料（テレフタル酸、合成石炭酸、アニリン、無水フタル酸、合成染料、染料および医薬品中間物、有機顔料等）の製造、ポリエチレン、塩化ビニール樹脂、ポリビニルアルコール、ポリブタジエン（樹脂）、けい素樹脂、ユリア樹脂、メラミン樹脂、フェノール樹脂、セルロイド生地、たん白可塑物等プラスチック（合成樹脂、可塑性樹脂等）の粉末状、粒状、液体状のものの製造、発酵法によるエチルアルコール、クエン酸、乳酸、その他の有機化学工業製品の製造、または合成ゴム、合成ラテックス、有機酸、有機酸塩、可塑剤、サッカリン、ズルチン等の合成ゴム、こはく酸、天然物を原料として他に分類されない有機化学工業製品の製造を行う事業は、本分類に含まれる。

飲用アルコールの製造または酒類の製造を行う事業は本分類に含めず、**「4101　食料品製造業（清酒製造業）」**に含める。

合成ゴム製品の製造を行う事業は、**「4701　化学工業（E　ゴム製品製造業）」**に含める。

絵具の製造またはプラスチック製の製品の製造を行う事業は本分類に含めず、それぞれ**「6102　ペン、ペンシルその他の事務用品又は絵画用品製造業」**、および**「6104　可塑物製品製造業（購入材料によるものに限る。）」**に含める。

・動植物油脂製造業

圧さくまたは抽出により動植物油およびその副産物の油かすの製造を行う事業。

〔解　説〕

大豆油、なたね油、こめ油、綿実油、ごま油、落花生油、あまに油、つばき油、きり油、オリーブ油、やし油、ひまし油、動物油等の動植物油脂の圧搾または抽出による製造、または副産物の油かす（ケーキ・ミール）、動物の油脂、骨、肉からグリース、タローの製造、牛脂、豚油、さなぎ油、鯨油、魚油、内臓油の製造を行う事業は、本分類に含まれる。

・油脂加工製品又は塗料製造業（界面活性剤製造業を含む。）

油脂加工製品、洗剤、各種塗料等の製造を行う事業。

〔解　説〕

動植物油脂から脂肪酸、硬化油、グリセリンの製造、石けん、合成洗剤の製造、界面活性剤、繊維用油剤等の繊維、農薬、紙、パルプの製造加工に用いる陰イオン、陽イオン、両性イオン等の製造、またはエナメル、ワニス、ペイント、水性塗料、一般塗料、船底塗料、印刷インキ、新聞インキ、クレンザー、つや出し剤、ろうそく、洗浄剤、みがき粉、革つや出し、靴クリーム、ワックス、ペイント、ワニス、ラッカー等の塗料、印刷インキ等の製造を行う事業は、本分類に含まれる。

シャンプーの製造またはひげそりクリームの製造等を行う事業は、**「4701　化学工業（その他の化学製品製造業）」**に含める。

・天然樹脂製品又は木材化学製品製造業

天然樹脂、木材、木皮その他の植物性原料から乾留、抽出等により天然樹脂製品または木材化学製品の製造を行う事業。

〔解　説〕

木材乾留、松根油製造、木タール製造（木材乾留によるもの）、木酢酸製造（木材乾留によるもの）、テレピン油製造、なめし剤製造（天然のもの）、タンニン抽出（天然のもの）、タンニンエキス製造、天然染料、あい染料、あかね染料、しょう脳製造、しょう脳油製造、ダルマルガム精製、コーパルガム精製等の乾留、抽出等により天然樹脂、木材、木皮その他の植物性原料から、テレピン油、ロジン、しょう脳、天然染料、なめし剤およびこれらの関連製品等を製造する事業は、本分類に含まれる。

・医薬品製造業

医薬品の原薬、医薬品または医薬部外品の製剤の製造を行う事業および動物、植物または鉱物から生薬の製造を行う事業。

〔解　説〕

医薬品の原末、原液を製造し、またはこれから一貫して医薬品および医薬部外品の製剤の製造、ワクチン、血清、保存血液、和漢生薬等ワクチン、血清、毒素、抗毒素またはこれに類似する製剤および血液製剤の製造、動植物、鉱物から選別、調整、小分け等により生薬を製造する事業は、本分類に含まれる。

殺虫、殺そ剤の製造および消毒剤の製造を行う事業は、**「4701　化学工業（その他の化学製品製造業）」**に含める。

C　その他の無機化学製品又は有機化学製品製造業

・火薬、煙火又はマッチ製造業（弾薬装てん組立て業を含む。）

産業用または武器用火薬、花火、マッチ、煙火等の製造を行う事業。

〔解　説〕

黒色火薬、無煙火薬、ダイナマイト、カーリット、導火線、工業雷管等の産業用火薬類の製造、武器用火薬類の製造、各種マッチの製造、砲弾およびその他の弾薬の装てん組立て、または産業用の信管、火管、雷管等を製造する事業は、本分類に含まれる。

火薬類の入っていない武器用信管を製造する事業は本分類に含めず、**「5601　機械器具製造業（武器製造業）」**に含める。

・その他の化学製品製造業

農薬、殺虫剤、香料、化粧品、化粧用調整品、化学接着剤、写真感光紙等の製造を行う事業。

〔解　説〕

銅製剤、ひ酸塩製剤、石灰いおう合剤等の無機殺虫・殺菌剤、除虫菊乳剤、ニコチン製剤、ＤＤＴ製剤、ＢＨＣ製剤、いおう系、水銀系およびりん系の殺虫・殺菌剤、蚊取り線香等の製造、苦へん桃油製造、バルサム精製、はっか油精製、合成香料製造、調合香料製造等の天然香料、合成香料、調合香料の製造、白粉、口紅、ポマード、クリーム、香水等の化粧品の製造、シャンプー、ひげそりクリーム、歯みがき等の製造、にかわ、ゼラチン、大豆グルー、ミルクカゼイングルー、合成樹脂系接着剤等の動物系ゼラチン、動植物系接着剤および合成樹脂系接着剤の製造、写真フイルム、印画紙、乾板、青写真感光紙、複写感光紙、製版用感光樹脂、感光紙用または写真用化学薬品等の写真フイルム、感光紙、乾板等の感光材料および写真用化学薬品の製造、試薬、筆記用およびスタンプ用インキ、デキストリン、家庭用防臭剤、骨炭、浄水剤、イオン交換樹脂等他に分類されない化学工業製品を製造する事業は、本分類に含まれる。

ゴム系接着剤の製造を行う事業は、**「4701　化学工業（その他のゴム製品製造業）」**に含める。

D　石油製品又は石炭製品製造業

・石油精製業

原油等からガソリン、ナフサ等の製造を行う事業。

〔解　説〕

原油および溜分を処理し、ガソリン、ナフサ、ジェット燃料、灯油、軽油、重油、潤滑油、パラフィン、アスファルト、液化石油ガス等の製造を行う事業は、本分類に含まれる。

・潤滑油又はグリース製造業

他から受け入れた鉱油（廃油を含む）、動植物油等を混合加工して潤滑油またはグリースの製造を行う事業。

・廃油再生業又は廃油処理工業

廃油または泥油の再生を行う事業および廃油の化学的処理を行う事業。

〔解　説〕

廃油の収集のみを行う事業は本分類に含めず、**「9101　清掃業」**に含める。

・ほ装材料製造業

アスファルトまたはタールから舗装用混合物または舗装用ブロックの製造を行う事業。

・コークス若しくは半成コークス又はこれらの副産物の製造業

石炭から乾留によりコークスもしくは半成コークスまたはこれらの副産物の製造を行う事業。

・れん炭又は豆炭製造業

石炭を主原料としてれん炭、豆炭等の製造を行う事業。

〔解　説〕

れん炭、豆炭、ピッチれん炭、固形燃料、微粉炭等の製造を行う事業は、本分類に含まれる。

・その他の石油製品又は石炭製品製造業

他に分類されない石油製品または石炭製品の製造を行う事業。

〔解　説〕

石油コークス、ガラ焼等の製造を行う事業は、本分類に含まれる。

E　ゴム製品製造業

・タイヤ又はチューブ製造業

自動車、自転車等各種車両のゴム製のタイヤまたはチューブの製造を行う事業。

〔解　説〕

トラック、バス、乗用車、小型トラック、自動二輪車、産業用車両、建設用車両、農耕用車両、航空機用のタイヤ、チューブ（ソリットタイヤを含む）の製造、自転車、リヤカー、手押し運搬車等の内燃機関を装着しない車両用のタイヤ、チューブ（ソリットタイヤを含む）の製造を行う事業は、本分類に含まれる。

・ゴム製履（はき）物製造業

各種のゴム製履物またはゴム製の履物用部分品もしくは附属品の製造を行う事業。

〔解　説〕

地下たび、ゴム底布ぐつ、総ゴムぐつ、総ゴム草履、総ゴムサンダル等を製造する事業は、本分類に含まれる。

・再生ゴム製造業

他から受け入れた古タイヤ、古チューブ、くずゴム等から再生ゴムの製造を行う事業。

・タイヤ再生業

古タイヤから更生タイヤの製造を行う事業。

・工業用ゴムベルト、工業用ゴムホースその他の工業用ゴム製品製造業

一般的に工業用として用いられるゴムベルト、ゴムホース等の各種工業用ゴム製品の製造を行う事業。

〔解　説〕

コンベヤベルト、平ベルト、Ｖベルトの製造、編上げホース、布巻きホース、その他のホースの製造、防振ゴム、防げん材、ゴム管、ゴムロール、ゴムライニング製品、ゴム製パッキン類、ゴム製シール類、エボナイト

製品、ゴム板、スポンジゴム製品等の一般工業用のゴム製品の製造を行う事業は、本分類に含まれる。

・その他のゴム製品製造業

ゴム引布、医療または衛生用ゴム製品、ゴム糸、接着剤、練生地等の他に分類されないゴム製品の製造を行う事業。

〔解　説〕

再生タイヤ、履物、工業用等に用いる練生地の製造、フォームラバー、糸ゴム、ゴムバンド、ゴム手袋、ゴム製スポーツ用品、ゴム製玩具、スポンジ製品（工業用を除く）、ゴム製漁業用浮子、ゴムタイル、ゴム製マット、ゴムせん、ゴム板（工業用を除く）等の製造を行う事業は、本分類に含まれる。

F　製革業又は毛皮製造業

・製革業

皮（毛皮を除く）のなめし、調整または仕上げを行う事業。

〔解　説〕

皮のなめし等を伴わない皮製のコート、ジャケット、えり巻、チョッキ、マッフ等の皮革製服飾品の製造を行う事業は本分類に含めず、「**4201　繊維工業又は繊維製品製造業（被服、繊維製身のまわり品等製造業）**」に含める。

皮のなめし等を伴わない工業用皮製品の製造、皮製履物の製造または皮製の手袋、かばん、袋物の製造を行う事業は本分類に含めず、「**6401　貴金属製品、装身具、皮革製品等製造業（皮革製品製造業）**」に含める。

・毛皮製造業

毛皮のなめし、調整または仕上げを行う事業。

〔解　説〕

毛皮のなめし等を伴わない毛皮製のコート、ジャケット、えり巻、チョッキ、マッフ等の服飾品の製造を行う事業は本分類に含めず、「**4201　繊維工業又は繊維製品製造業（被服、繊維製身のまわり品等製造業）**」に含める。

〈参考通達要旨〉

・**原木より一貫してマッチを製造する事業について（昭 28.8.17　基災収第 1521 号）**
原木を購入し、丸太の横切り、皮はぎから軸木および素地ならびに小箱を製造し、これらに、頭薬、横薬を附着する等一貫してマッチを製造する事業は、「47　化学工業」の労災保険率を適用する。

・**流下式製塩業について（昭 34.3.28　基発第 199 号）**
流下式による製塩業を行う事業は、「47　化学工業」の労災保険率を適用する。

・**廃油処理工業について（昭 48.3.31　発労徴第 24 号、基発第 193 号）**
工業的、化学的態様をもって廃油を処理する事業は、「47　化学工業」に該当する。

48　ガラス又はセメント製造業　　1000 分の 6

この分類には、ガラス素地および各種のガラス製品ならびに各種のセメントの製造を行う事業が該当する。

【事業の種類の細目】

4801　ガラス又はセメント製造業

この分類には、ガラス素地および各種のガラス製品ならびに各種のセメントの製造を行う事業が該当する。

また、本分類に含まれる事業の範囲については以下のとおり。

A　ガラス製造業

・板ガラス製造業

各種の板ガラスの製造を行う事業。

〔解　説〕

普通板ガラス、変り板ガラス、みがき板ガラス、すりガラス、合わせガラス、強化ガラス、石英ガラス等の製造を行う事業は、本分類に含まれる。

・光学ガラス製造業

光学用ガラス素地の製造を行う事業。

〔解　説〕

光学用ガラス素地の製造から一貫してレンズ、プリズム等の製造を行う事業は本分類に含めず、「**6001　計量器、光学機械、時計等製造業（光学機械器具又はレンズ製造業）**」に含める。

・**ガラス繊維製造業**

ガラス繊維または各種のガラス繊維製品の製造を行う事業。

〔解　説〕

ガラス繊維の布、テープ、マット、フィルター等の製品の製造を行う事業は、本分類に含まれる。

・**魔法びん製造業**

魔法びん用ガラス製中びんの製造を行う事業およびガラス製中びんの製造から一貫して魔法びんの製造を行う事業。

・**ガラス製品加工業（6001　計量器、光学機械、時計等製造業（レンズ製造業）を除く。）**

加工用素材としてのガラス製品の製造を行う事業および理化学用、医療用または衛生用ガラス器具の製造を行う事業。

〔解　説〕

電球用ガラスバルブ、電子管用ガラスバルブ、アンプル用ガラス等の加工用素材としてのガラス製品であって、ガラスの粉、粒、塊、棒、管等の製造、フラスコ、ビーカー、シリンダー、標本びん、培養皿、乳はち、すい飲み、寒暖計・体温計用ガラス等の理化学用、医療用ガラス器具の製造を行う事業は、本分類に含まれる。

・**その他のガラス又はガラス製品製造業**

他に分類されないガラスまたはガラス製品の製造を行う事業。

〔解　説〕

ビールびん、酒びん、牛乳びん、サイダーびん、しょう油びん、化粧びん、歯みがきびん等のガラス製の飲料用容器、調味料用容器、化粧品用容器、歯みがき用容器等の製造、コップ、皿、しょう油差し、耐熱ガラス製厨房用器具、インキスタンド、花びん等卓上用ガラス器具、および厨房用ガラス器具の製造または照明器具用ガラス、時計用ガラス、建設用ガラス製品、および他に分類されないガラス製品の製造を行う事業は、本分類に含まれる。

B　セメント製造業

・セメント製造業

各種セメントの製造を行う事業。

〔解　説〕

ポルトランドセメント、高炉セメント、シリカセメント、水性セメントの製造を行う事業は、本分類に含まれる。

〈参考通達要旨〉

・電球の硝子部分のみを製造する事業について(昭 25.2.10　基災収第 5920 号)

電球の製造を行う事業は、「57　電気機械器具製造業」の労災保険率を適用するが、その硝子部分のみを製造する事業は「48　ガラス又はセメント製造業」の労災保険率を適用する。

66　コンクリート製造業　1000 分の 13

この分類には、生コンクリートならびに各種のコンクリート製品およびセメント製品の製造を行う事業が該当する。

【事業の種類の細目】

6601　コンクリート製造業

この分類には生コンクリートならびに各種のコンクリート製品およびセメント製品の製造を行う事業が該当する。

〔解　説〕

コンクリート製の管・柱・板・ブロック等および木材セメント製の板、ブロック、セメントがわら等の各種セメント製品の製造を行う事業は、本分類に含まれる。

〈参考通達要旨〉

・生コンクリートの委託加工を行う事業について (昭 30.6.25　基収第 1251 号)

生コンクリートの委託加工を行う事業は、「66　コンクリート製造業」の労災保険率を適用する。

62　陶磁器製品製造業　　1000分の17

この分類には、陶石または土石を原料として、混合、成型、熱処理等を行い、陶器または磁器製品の製造を行う事業が該当する。

【事業の種類の細目】

6201　陶磁器製品製造業

この分類には、衛生陶器、食卓用陶磁器、厨房用陶磁器等の各種の陶磁器製品の製造を行う事業が該当する。

〔解　説〕

陶磁器製の浴そう、洗面手洗器、便器、水そう等の衛生陶器の製造、陶磁器製食器、陶磁器製厨房器具、陶磁器製こんろ、土なべ等の食卓用厨房陶磁器の製造、陶磁器製置物、陶磁器製花びん等の製造、がい子、がい管等の電気用陶磁器の製造、理化学用・工業用陶磁器の製造、陶磁器製の床タイル、壁タイル等の製造、陶磁器製植木ばち、陶磁器製神仏具、セラミックブロック等の製造を行う事業は、本分類に含まれる。

石タイルの製造を行う事業は本分類に含めず、「**4901　その他の窯業又は土石製品製造業（その他の各種窯業又は土石製品製造業）**」に含める。

49　その他の窯業又は土石製品製造業　　1000分の23

この分類には、土石材料を原料として、混合、成型、熱処理、研磨等を行い各種の窯業製品または土石製品の製造を行う事業が該当する。

【事業の種類の細目】

4901　その他の窯業又は土石製品製造業

この分類には、土石材料を原料として、混合、成型、熱処理、研磨等を行い各種の窯業製品または土石製品の製造を行う事業が該当する。

また、本分類に含まれる事業の範囲については以下のとおり。

・建設用粘土製品製造業

粘土かわら、普通れんが等の建設用粘土製品の製造を行う事業。

〔解　説〕

粘土製の屋根かわら、普通れんが、建築用れんが、舗装用れんが、築炉用外張れんが、および土木建築用下水管の製造を行う事業は、本分類に含まれる。

・粘土製耐火物製造業

耐火れんが等の粘土製耐火物の製造を行う事業。

〔解　説〕

耐火断熱れんがの製造、粘土質るつぼの製造ならびに耐火用モルタル、高炉用ブロック等の他に分類されない粘土製耐火物の製造を行う事業は、本分類に含まれる。

・炭素又は黒鉛製品製造業

炭素質電極、炭素棒、黒鉛るつぼ等の炭素または黒鉛製品の製造を行う事業。

〔解　説〕

電刷子、特殊炭素製品、精製黒鉛、炭素れんが、黒鉛れんが等の製品の製造を行う事業は、本分類に含まれる。

人造黒鉛、石灰窒素、カーバイト、カーボンブラック等の素材の製造を行う事業は本分類に含めず、**「4701　化学工業」**に含める。

・研ま材製造業

天然または人造の研ま材または研削材の製造を行う事業。

ただし、他から受け入れた研ま材または研削材より研ま布紙または研削と石の製造を行う事業は、**「6116　その他の各種製造業」**に含まれる。

〔解　説〕

研削用ガーネット、研削用けい砂フリント、溶融アルミナ研削材、炭化けい素研削材、炭化ほう素、窒素等の炭化物および窒化物研磨材等の天然研磨材および人造研削材の製造、人造研削材の製造から一貫して研削と石の製造、天然または人造研磨材の製造から一貫して研磨布紙の製造を行う事業、ならびに天然と石から研削と石の製造を行う事業は、本分類に含まれる。

・**石膏又は石灰製造業**

石こう製品または石灰製品の製造を行う事業。

〔解　説〕

焼石膏、石膏プラスター等の製造、石灰石、ドロマイト、貝がら等から生石灰、消石灰、焼成ドロマイト等の製造、ならびに石筆、白墨、雲母板、うわ薬等他に分類されない石膏または石灰製品の製造を行う事業は、本分類に含まれる。

・**その他の各種窯業又は土石製品製造業**

ほうろう引きを行う事業および骨材、石工品製品等の他に分類されない各種の窯業製品または土石製品の製造を行う事業。

〔解　説〕

岩石の破砕、選別等を行って土木建築用の砕石の製造、けつ岩、フライアッシュ、真珠岩、ひる石等を焼成し、人工骨材の製造、花こう岩、石英粗面岩、安山岩、粘板岩、大理石、砂岩、ぎょう灰岩、その他の石材を建築その他の目的のために切截し、碑石、墓石、建築用角石、石盤等の製造、雲母、粘土、長石、カオリン、ざくろ石、軽石、石英、ベントナイト等の土石、岩石、鉱物の粉砕、ま砕その他の処理、ほうろう鉄器製品、七宝製品、人造宝石、岩綿、鉱さい綿等の製造、岩塩の粉砕、コンクリート廃材を原料とする再生砕石を行う事業は、本分類に含まれる。ただし、これらの事業が岩石の採掘または採取から一貫して行われている場合には本分類に含めず、「**25　採石業**」に含める。

〈参考通達要旨〉

・**原塩のみの粉砕事業について（昭 25.7.31　基災収第 1600 号）**

輸入原塩の粉砕のみを行う事業は、「49　その他の窯業又は土石製品製造業」の労災保険率を適用する。

・**研削砥石の製造を行う事業について（昭 57.2.1　発労徴第 15 号、基発第 77 号）**

研削材の製造から一貫して研削砥石の製造を行う事業は、「49　その他の窯業又は土石製品製造業」の労災保険率を適用する。

なお、購入した研削材より研削砥石の製造を行う事業は、「61　その他の製造業」の労災保険率を適用する。

50　金属精錬業（(51) 非鉄金属精錬業を除く。）

1000 分の 6.5

この分類には、鉄鉱石、鉄くず等を製錬または精錬して粗鋼の製造を行う事業が該当する。

なお、粗鋼の全部または一部の生産から一貫して金属材料品の製造を行う事業は、本分類に含まれる。

【事業の種類の細目】

5001　金属精錬業

この分類には、鉄鉱石、鉄くず等を製錬または精錬して粗鋼の製造を行う事業が該当する。

なお、粗鋼の全部または一部の生産から一貫して金属材料品の製造を行う事業は、本分類に含まれる。

また、本分類に含まれる事業の範囲については以下のとおり。

・製鉄業

各種の炉により銑鉄の製造を行う事業、銑鉄から鋼塊の製造を行う事業および銑鉄から一貫して鉄鋼材料品の製造を行う事業。

〔解　説〕

高炉、電気炉、木炭高炉、小形高炉、再生炉等により銑鉄の製造、および銑鉄、鉄くず、銅くずから鋼塊の製造、銑鉄より一貫して熱間圧延により形鋼、棒鋼、線材、厚板、薄板、帯鋼、鋼管等の鉄鋼材料品の製造を行う事業は、本分類に含まれる。

・製鋼圧延業

各種の炉により鋼塊の製造を行う事業および鋼塊の製造から一貫して金属材料品の製造を行う事業。

〔解　説〕

平炉、転炉、電気炉等による鋼塊の製造および鋼塊の製造より一貫して熱間圧延により形鋼、棒鋼、線材、厚板、薄板、帯鋼、鋼管等の製造を行う事業は、本分類に含まれる。

・合金鉄製造業

合金鉄の製造を行う事業および合金鉄の製造から一貫して金属材料品の製造を行う事業。

〈参考通達要旨〉

・鉱山部門と相当の独立性を有する製錬部門の取扱いについて（昭 33.9.15 基発第 585 号）

金属鉱山附属製錬所で、鉱山部門と相当の独立性を有すると認められる製錬部門は、「50　金属精錬業」の労災保険率を適用する。

51　非鉄金属精錬業　　1000 分の 7

この分類には、非鉄金属の鉱石、非鉄金属くず等の製錬または精錬を行う事業および非鉄金属の合金の製造を行う事業が該当する。

なお、非鉄金属の製錬または精錬から一貫して金属材料品の製造を行う事業は、本分類に含まれる。

【事業の種類の細目】

5101　非鉄金属精錬業

この分類には、非鉄金属の鉱石、非鉄金属くず等の製錬または精錬を行う事業および非鉄金属の合金の製造を行う事業が該当する。

なお、非鉄金属の製錬または精錬から一貫して金属材料品の製造を行う事業は、本分類に含まれる。

また、本分類に含まれる事業の範囲については以下のとおり。

・非鉄金属の製錬又は精錬業

非鉄金属鉱石の製錬を行う事業および非鉄金属くず等から非鉄金属の再生を行う事業ならびに製錬、再生等から一貫して非鉄金属材料品の製造を行う事業。

〔解　説〕

銅鋼、鉛鋼、亜鉛鋼等の非鉄金属鉱石を処理し、非鉄金属の製錬または種々の方法による精錬、くずおよびドロスを処理し、鉛、亜鉛、アルミニウム、すず、水銀、ニッケル等の非鉄金属の再生、製錬または精錬、ならびに再生より一貫して圧延、伸線、押出し等により板、帯、条、棒、線、はく、管等の各種金属材料品の製造を行う事業は、本分類に含まれる。

・**非鉄金属合金の製錬又は精錬業**

非鉄金属合金の製造を行う事業および非鉄金属合金の製造から一貫して非鉄金属合金材料品の製造を行う事業。

〔解　説〕

銅、鉛、亜鉛、アルミニウム、ニッケル等の非鉄金属の合金の製造、ならびに製錬または精錬から一貫して圧延、伸線、押出し等により板、帯、条、棒、線、はく、管等の非鉄金属合金材料品の製造を行う事業は、本分類に含まれる。

〈参考通達要旨〉

・**鉱山から独立している精錬部門の取扱いについて（昭 28.12.26　基災収第 3823 号）**

鉱山より鉱石を受け、焙焼、浸出、浄液、電解、熔融の処理工程を経て電気亜鉛、カドミウムの製造を行う事業は、距離的ならびに作業的条件よりみて独立していると認められる場合は、鉱石の採掘事業とは別個に、「51　非鉄金属精錬業」の労災保険率を適用する。

52　金属材料品製造業（(53) 鋳物業を除く。） 1000 分の 5

この分類には、他から受け入れた鋼塊または非鉄金属塊から圧延、鍛造、抽伸、押出し等により各種金属材料品の製造を行う事業が該当する。

〔解　説〕

金属精錬業または非鉄金属精錬業より一貫して各種金属材料品の製造を行う事業は、本分類から除かれ、それぞれ「**5001　金属精錬業**」または「**5101　非鉄金属精錬業**」に分類される。

また、本事業より金属製品製造業または金属加工業までを一貫して行う事業は、本分類から除かれ、「**5401　金属製品製造業又は金属加工業**」に分類される。

【事業の種類の細目】

5201　金属材料品製造業

この分類には、他から受け入れた鋼塊または非鉄金属塊から圧延、鍛造、抽伸、押出し等により各種金属材料品の製造を行う事業が該当する。

また、本分類に含まれる事業の範囲については以下のとおり。

・鋼材製造業（一貫して行う（55）めつき業を含む。）

鋼塊または鋼半成品から熱間圧延、冷間圧延等により各種の鋼材の製造を行う事業。

〔解　説〕

他から受け入れた鋼塊および鋼半成品から熱間圧延、冷間圧延等により形鋼、棒綱、線材、厚板、薄板、帯綱、管綱等の各種金属材料品の製造、ならびに鋼材の製造から一貫してめっきを行う事業は、本分類に含まれる。

・鍛鋼製造業

鋼塊または鋼半成品からハンマー、プレス等により鍛鋼品の製造を行う事業。

・非鉄金属圧延又は伸線業（5701　電気機械器具製造業（絶縁電線又はケーブル製造業）を除く。）

非鉄金属またはその合金から圧延等により板、条、線、はく、管等の製造を行う事業および他から受け入れた線材、バーインコイルから線引により各種伸線の製造を行う事業。

ただし、絶縁電線またはケーブルの製造を行う事業は、「**5701　電気機械器具製造業（絶縁電線又はケーブル製造業）**」に含まれる。

・その他の金属材料品製造業

他に分類されない各種の金属材料品の製造を行う事業。

なお、主として金属ウラン、酸化ウランなどの核燃料物質を成形加工する事業は、本分類に含まれる。

〔解　説〕

鉄粉の製造、非鉄金属の鍛造品および粉末の製造を行う事業は、本分類に含まれる。

〈参考通達要旨〉

・核燃料の製造を行う事業について（昭 55.12.5　基発第 675 号）

核燃料の製造を主たる目的として金属ウラン、酸化ウランなどの核燃料物質（「原子力基本法第３条第２号に規定する核燃料物質」をいう）を成形加工する事業、および当該目的の下にその製造工程の一部を行う事業は、「52　金属材料品製造業」の労災保険率を適用する。

53　鋳物業　1000分の16

この分類には、他から受け入れた各種金属を溶融し鋳物を製造する事業が該当する。

〔解　説〕

この分類には、銑鉄、鋼塊または非鉄金属を溶融し、鋳物を製造する事業が該当する。

なお、ダイカスト鋳物および鋳物用木型を製造する事業は、本分類に含まれる。活字の鋳造および鉛版業は本分類から除かれ、「**4601　印刷又は製本業（写真製版、植字等の事業）**」に分類される。

【事業の種類の細目】

5301　鋳物業

この分類には、他から受け入れた各種金属を溶融し鋳物を製造する事業が該当する。

また、本分類に含まれる事業の範囲については以下のとおり。

・銑鉄鋳物製造業

他から受け入れた銑鉄から各種の銑鉄鋳物の製造を行う事業。

〔解　説〕

他から受け入れた銑鉄から鋳鉄管、機械用鋳物、日用品用銑鉄鋳物の製造および可鍛鋳鉄の製造を行う事業は、本分類に含まれる。

・鋳鋼製造業

鋳塊、鉄くず等から鋼鋳物の製造を行う事業。

・非鉄金属鋳物製造業

非鉄金属塊、非鉄金属くず等から各種の非鉄金属鋳物の製造を行う事業。

〔解　説〕

鋳物用木型の製造を行う事業は、本分類に含まれる。

〈参考通達要旨〉

・鋳物業の範囲について（昭41.4.6　基発第340号）

木型製造業については、「53　鋳物業」の労災保険率を適用する。

なお、同一事業において、木型、金型および樹脂型等の各種型類の製造を合わせ営んでいる場合には、主たる事業の労災保険率を適用する。

54　金属製品製造業又は金属加工業（(63) 洋食器、刃物、手工具又は一般金物製造業及び (55) めつき業を除く。）　1000分の9

この分類には、各種金属材料から手工具または機械を使用し、鍛造、鍛冶、叩き、打抜き、絞抜き、塑形、彫刻、研磨、張り、防錆、切断、溶接、溶断、伸線、板金等の金属加工により金属製品（部品を含む）の製造を行う事業が該当する。

なお、金属材料品の製造から一貫して金属製品の製造を行う事業は、本分類に含まれる。

【事業の種類の細目】

5401　金属製品製造業又は金属加工業

この分類には、各種金属材料から手工具または機械を使用し、鍛造、鍛冶、叩き、打抜き、絞抜き、塑形、彫刻、研磨、張り、防錆、切断、溶接、溶断、伸線、板金等の金属加工により金属製品（部品を含む）の製造を行う事業が該当する。

なお、金属材料品の製造から一貫して金属製品の製造を行う事業は、本分類に含まれる。

また、本分類に含まれる事業の範囲については以下のとおり。

・ブリキかんその他のめつき板製品製造業

ブリキその他のめっき板から各種のめっき板製品の製造を行う事業。

〔解　説〕

缶詰用缶、ビール缶、一般用缶、石油缶、エアゾール缶、牛乳輸送用缶、アイスクリーム缶およびその他のめっき板製品等の製品の製造を行う事業は、本分類に含まれる。めっき板以外の金属板の製品の製造を行う事業は、それぞれ該当する他の細目に含める。

・配管工事用附属品製造業

鋳鉄製、真ちゅう製等の配管工事用附属品の製造を行う事業。

〔解　説〕

管の継ぎ手、ノズル、蒸気抜き、水抜き、止め栓等の配管工事用附属品の製造を行う事業は、本分類に含まれる。バルブおよび同附属品の製造を行う事業は本分類に含めず、「**5601　機械器具製造業（一般産業用機械装置製造業）**」に含める。

・構築用金属製品製造業

建設用または建築用の金属製品の製造を行う事業。

ただし、錠前、戸車等の建築用金物の製造を行う事業は、「**6301　洋食器、刃物、手工具又は一般金物製造業（一般金物製造業）**」に含まれる。

〔解　説〕

金属さく、金属門、金属格子、階段等の建設用金属製品の製造、金属とびら、シャッター、サッシ、建築用板金製品、建築用ラス製品、カーテンウォール等の建築用金属製品の製造、ならびに板金製煙突、タンク、ドラム缶、ガス容器（ボンベ）等の金属板製品の製造を行う事業は、本分類に含まれる。

温水缶、蒸気缶の製造を行う事業は、「**5401　金属製品製造業又は金属加工業（ボイラー製造業）**」に含める。

建築用金物の製造を行う事業は本分類に含めず、「**6301　洋食器、刃物、手工具又は一般金物製造業（一般金物製造業）**」に含める。

・ボイラー製造業

各種ボイラーおよび圧力容器ならびにこれらの附属品の製造を行う事業。

・線材製品製造業

他から受け入れた線材からくぎ、鋼索等各種の線材製品の製造を行う事業。

〔解　説〕

他から受け入れた線材から、くぎ、かすがい、金網、鋼索、有刺鉄線、溶接棒等の製造を行う事業は、本分類に含まれる。

・ボルト、ナット、リベット、小ねじ、木ねじ等製造業

ボルト、ナット、リベット、小ねじ、スパイク、テーパーピン、平行ピン、割ピン、びょう、座金等の製造を行う事業。

・各種金属の打抜き、絞抜き又は塑形の事業

各種金属の打抜き、絞抜き、彫刻等を行う事業、および粉末冶金製品の製造を行う事業。

〔解　説〕

各種金属の打抜きによってびんの口金、調理用、家庭用、医療用器具の製造、金属の打抜き、またはプレス加工による機械部分品等の製造、金属粉を混合、型詰、圧搾、焼結を含む粉末冶金によって機械部分品の製造、ならびに印刷用以外の金属製品の彫刻、たがね彫を行う事業は、本分類に含まれる。

貴金属製品およびこはぜの製造を行う事業は本分類に含めず、「**6401　貴金属製品、装身具、皮革製品等製造業**」に含める。

・金属の溶接又は溶断の事業

他から受け入れた各種金属の溶接、溶断、せん断等を行う事業。

〔解　説〕

鉄鋼シャーリング業または鉄鋼スリット業等の各種金属の切断を行う事業は、本分類に含まれる。

・金属表面処理業（5501　めつき業（アルマイト加工業）及び6115　塗装業を除く。）

金属張りおよび研磨を行う事業ならびに金属防錆処理加工等を行う事業。

〔解　説〕

金属製品の塗装を行う事業は本分類に含めず、「**6115　塗装業**」に含める。

・その他の金属製品製造業又は金属加工業

他に分類されない各種の金属製品の製造または金属加工を行う事業。

〔解　説〕

金庫および金属ロッカーの製造、板ばね、火造りばね、火ばね、ワイヤスプリング、コイル状平ばね等の金属製スプリングの製造、フレキシブルチューブ、金属製押出しチューブの製造、金、銀、すず、アルミニウムおよびその他の金属打はくの製造、ならびにガス灯、カーバイト灯、石油灯、ガソリン灯、ヘルメット（金属製のもの）、金属製ネームプレート、ほうろう鉄器等の他に分類されない金属製品の製造、加工を行う事業は、本分類に含まれる。

金庫錠の製造を行う事業は本分類に含めず、**「6301　洋食器、刃物、手工具又は一般金物製造業（一般金物製造業）」**に含まれる。

〈参考通達要旨〉

・金属製品製造業又は金属加工業について（昭 25.2.10　基災収第 5920 号）

(1)　銑鉄製各種機械器具廃品をハンマーで破砕し、材料として更生せしめる事業は、「54　金属製品製造業又は金属加工業」の労災保険率を適用する。

(2)　ほうろう鉄器の製造からほうろう化まで一貫作業として行う事業は、「54　金属製品製造業又は金属加工業」の労災保険率を適用する。

ただし、各種金属のほうろう化のみを行う事業は、「49　その他の窯業又は土石製品製造業」の労災保険率を適用する。

・金属製品製造業又は金属加工業の概念等について（昭 26.5.15　基災収第 674 号）

金属の切断、溶断、圧縮を主に行う事業は、「54　金属製品製造業又は金属加工業」の労災保険率を適用する。

・金属の切断を伴う機関車等の解体を行う事業について（昭 33.11.27　基収第 5944 号）

金属の切断を伴う機関車等の解体を行う事業は、「54　金属製品製造業又は金属加工業」の労災保険率を適用する。

・金属の研ま等を行う事業について（昭 37.3.13　基発第 206 号）

金属の研磨、金属張り、防錆等を行う事業は、「54　金属製品製造業又は金属加工業」の労災保険率を適用する。

・金属製の機械部分品の製造を行う事業の労災保険率の適用について（昭 57.2.19　発労徴第 19 号、基発第 118 号）

各種の金属製の機械部分品を組み込んで完成される製品を製造する事業の事業場構外において当該機械部分品の製造を行う事業の労災保険率の適用については、次による。

1　各種金属材料品から鍛造、鍛冶、叩き、打抜き、絞抜き、塑形、彫刻、研磨、張り、防錆、切断、溶接、溶断、伸線または板金等の作業を主たる工程として金属製品（金属部品および金属部分品を含む）等の製造を行う事業は、「54　金属製品製造業又は金属加工業」に係る労災保険率を適用する。

2　各種金属材料品から切削、穴切り、ねじ切り等の作業を主たる工程として、各種部品を組み立て金属製の機械部分品の製造等を行う事業は、組み込まれる完成品に係る事業の種類に分類される。

63　洋食器、刃物、手工具又は一般金物製造業（(55) めっき業を除く。）　1000分の6.5

この分類には、各種金属材料品から洋食器、刃物、手工具または他に分類されない一般金物の製造を行う事業が該当する。

〔解　説〕

手工具または機械を使用し、鍛造、鍛冶、叩き、打抜き、塑形、彫刻、研磨、張り、防錆、切断、溶接、伸線または板金等の作業を主たる工程として、各種金属材料品から、金属製品（金属部品を含む）の製造加工のうち、洋食器、刃物、手工具、作業用具、農器具および他に分類されない一般金物の製造を行う事業が該当する。

機械刃物を製造する事業は本分類から除かれ、「**5601　機械器具製造業（金属加工機械製造業）**」に分類される。

【事業の種類の細目】

6301　洋食器、刃物、手工具又は一般金物製造業

この分類には、各種金属材料品から洋食器、刃物、手工具または他に分類されない一般金物の製造を行う事業が該当する。

また、本分類に含まれる事業の範囲については以下のとおり。

・**洋食器製造業**

ナイフ、フォーク、皿等の金属製食器の製造を行う事業。

ただし、貴金属製食器の製造を行う事業は、「**6401　貴金属製品、装身具、皮革製品等製造業（貴金属製品製造業）**」に含まれる。

・**刃物製造業**

機械用、農業用または食卓用刃物以外の刃物の製造を行う事業。

〔解　説〕

おの、かんな、のみ、包丁、ポケットナイフ、缶切、はさみ、バリカン、かみそり、手引のこぎり、のこ刃等の刃物の製造を行う事業は、本分類に含まれる。

・**手工具製造業**

農具、作業工具等の手工具の製造を行う事業。

〔解　説〕

やっとこ、ショベル、ハンマー、つるはし等の手道具の製造、レンチ、スパナ、ペンチ、ドライバー等の作業用具の製造、やすりの製造、やすりの目立てを行う事業、ならびにまぐわ、ホー、くわ、かま、大がま等の農器具の製造を行う事業は、本分類に含まれる。

・**一般金物製造業**

他に分類されない一般金物の製造を行う事業。

〔解　説〕

扇錠、組かぎ、戸車等の建築用、建具用金具類、架線金物の製造および他に分類されない一般金物の製造を行う事業は、本分類に含まれる。

ボルト、ナットの製造またはくぎ、靴くぎの製造を行う事業は本分類に含めず、「**5401　金属製品製造業又は金属加工業（ボルト、ナット、リベット、小ねじ、木ねじ等製造業）**」に含める。

55　めつき業　　1000分の6.5

この分類には、各種金属の表面にめっきを行う事業およびアルマイト加工を行う事業が該当する。

【事業の種類の細目】

5501　めつき業

この分類には、各種金属の表面にめっきを行う事業およびアルマイト加工を行う事業が該当する。

また、本分類に含まれる事業の範囲については以下のとおり。

・**溶融めつき業**

各種製品に溶融めっきの方法により亜鉛めっきその他のめっきを行う事業およびめっき直しを行う事業。

・**電気めつき業**

各種製品に電気めっきを行う事業。

・**アルマイト加工業**

アルミニウム製品にアルマイト加工を行う事業。

〈参考通達要旨〉

・めつき業の範囲について（昭 30.5.10　基収第 463 号）
　硫酸鉄と硫安の水溶液により、屑鉄を電気分解して金属鉄の析出（電着）を行う事業は、「55　めつき業」の労災保険率を適用する。

56　機械器具製造業（(57) 電気機械器具製造業、(58) 輸送用機械器具製造業、(59) 船舶製造又は修理業及び (60) 計量器、光学機械、時計等製造業を除く。）1000 分の 5

この分類には、金属材料品または機械部分品から各種機械または機械装置の製造または組立てを行う事業が該当する。

なお、各種機械または機械装置の部分品の製造を行う事業、各種機械の修理を行う事業であって金属部分または金属材料を主として工作機械により切削、穴切り等を行う事業および機械または同部分品の整備を行う事業は、本分類に含まれる。

〔解　説〕

各種機械の修理または機械器具の部分品の製造を行う事業であって、金属部分または金属材料を主として工作機械により切削を行う事業、あるいは機械または同部分品の分解、組立てを行う事業は本分類に含まれるが、鋳物、鍛冶、プレス、絞り、板金または溶接等の作業を主とするもの等金属加工と認められる事業は本分類から除かれ、それぞれ該当する分類に含まれる。

【事業の種類の細目】

5601　機械器具製造業

この分類には、金属材料品または機械部分品から各種機械または機械装置の製造または組立てを行う事業が該当する。

なお、各種機械または機械装置の部分品の製造を行う事業、各種機械の修理を行う事業であって金属部分または金属材料を主として工作機械により切削、穴切り等を行う事業および機械または同部分品の整備を行う事業は、本分類に含まれる。

また、本分類に含まれる事業の範囲については以下のとおり。

・**原動機製造業**

各種機械の原動機の製造を行う事業。

ただし、船舶以外の輸送用機械の原動機の製造を行う事業は、「**58 輸送用機械器具製造業（(59)　船舶製造又は修理業を除く。)**」に含まれる。

〔解　説〕

蒸気機関、蒸気タービン、水車および水力タービン、ガスタービン、ガソリン機関、石油機関、ディーゼル機関、ガス機関等の内燃機関の製造、ならびに他に分類されない圧力機関、圧縮空気機関等の原動機の製造を行う事業は、本分類に含まれる。

・**農業用機械製造業（6301　洋食器、刃物、手工具又は一般金物製造業（手工具製造業）を除く。)**

農業用に使用される機械の製造を行う事業。

ただし、農業用手工具の製造を行う事業は、「**6301　洋食器、刃物、手工具又は一般金物製造業（手工具製造業)**」に含まれる。

〔解　説〕

動力耕うん機、は種機械、刈取機械、砕土機械、噴霧機、散粉機、脱穀機、除草機、わら加工用機械、飼料および穀物乾燥機械、ふ卵装置、育すう装置、ガーデントラクター等の農業用に使用される機械または機械装置の製造を行う事業は、本分類に含まれる。

主として農業用以外に使用されるトラクターの製造を行う事業は、「**5601　機械器具製造業（建設機械又は鉱山機械製造業)**」に含める。

・**建設機械又は鉱山機械製造業（トラクター製造業を含む。)**

しゅんせつ、発掘、掘削、展圧、破砕、選鉱等に使用する土木建設用または鉱山用の重機械器具または機械装置の製造を行う事業および建設用または運搬用トラクターの製造を行う事業。

・**金属加工機械製造業**

金属加工機械または機械工具の製造を行う事業。

〔解　説〕

旋盤、ボール盤、中ぐり盤、フライス盤、平削盤、ブローチ盤、研削盤、歯切盤、歯車仕上機械、形削盤、堅削盤、ホーミング・ラップ盤、金切のこ盤等の金属工作機械の製造、圧延機械、線引機、製管機、ベンディングマシン、液油プレス、機械プレス、切断機、鍛冶機、ワイヤフォーミングマシン、人力プレス、ガス溶接機等の金属加工機械の製造、空気動工具、ブローチ、カッター、バイト、ビット、ドレッサー、ドリル、リーマ、タップ、ダイス、ダイヤモンド工具、超硬工具、アーバ、コレット、ソケット等の機械工具の製造、旋盤、ボール盤、中ぐり盤、フライス盤等の金属工作機械および金属加工機械の機械部分品の製造、ならびに金属圧延用ロール、鍛造型、プレス型、スタンプ型、パンチ型、ダイカスト型、ダイピン類およびダイスプリング等の金属加工機械の部分品の製造を行う事業は、本分類に含まれる。

・**繊維機械製造業**

紡績機械、織物・編物機械、染色整理機械等の繊維機械の製造を行う事業および繊維機械の部分品、取付具または附属品の製造を行う事業。

〔解　説〕

蚕糸機械、紡績用準備機械の製造、組機、レース機械、刺しゅう機械、製網機械等の織物・編物機械の製造、繊維精練、漂白機械、染色およびなっ染機械の製造、紡績機械部分品、織物機械部分品、染色機械部分品、整理機械部分品、スピンドル、針布、シャットル、ワイヤーベルト、ジャガード、おさ、木管、ドロッパ、チンローラ、フルテッドローラ、リング等の織物機械の部分品、取付具および附属品の製造を行う事業は、本分類に含まれる。

ミシンの製造は、**「5601　機械器具製造業（家庭用機械器具製造業）」**に含める。

編針の製造を行う事業は本分類に含めず、**「6401　貴金属製品、装身具、皮革製品等製造業（装身具、装飾品、ボタン、針、ホック、ファスナー等製造業）」**に含める。

・**特殊産業用機械製造業**

食料品加工機械、製材または木工機械、パルプ装置または製紙機械、印刷、製本または紙工機械、鋳造装置その他の特殊産業用機械の製造を行う事業。

〔解　説〕

パン製造機械および装置（パン切り機械、巻付機械、混合機等）、缶詰機械、チョコレートおよび製菓機械、酪農品製造機械および装置、牛乳処理機械および装置、アイスクリーム製造機械、ミルクぎょう結蒸溜機械および装置、精米機械、製粉機械、製糖機械、コーヒー豆あぶり機械、コーヒー豆粉砕機械、食料切削・粉砕・混合・切断機械、南京豆ばい焼機械、はじきとうもろこし製造機械の製造、製材機械、目立機械、木工旋盤機械、ベニヤ合板機械、繊維板機械等の製造、紙、パルプ、板紙製造に用いる機械の製造、印刷、製本、紙工品製造に用いる機械の製造、鋳造装置の製造ならびにプラスチック加工機械および装置、繰綿機、帽子製造機、電球製造装置、かわ処理機、たばこ製造機械、ゴム製品製造機械、製靴機械、石工機械等の特殊産業用機械の製造を行う事業は、本分類に含まれる。

冷凍機械の製造を行う事業は、**「5601　機械器具製造業（一般産業用機械装置製造業）」**に含める。

木工手道具および手引のこぎり、またはのこ刃の製造を行う事業は本分類に含めず、**「6301　洋食器、刃物、手工具又は一般金物製造業（刃物製造業）」**に含める。

家庭用木工機械の製造、ミシンの製造を行う事業は、**「5601　機械器具製造業（家庭用機械器具製造業）」**に含める。

事務用印刷機械の製造を行う事業は本分類に含めず、**「6001　計量器、光学機械、時計等製造業（事務用機械器具製造業）」**に含める。

ダイカスト機械の製造を行う事業は、**「5601　機械器具製造業（金属加工機械製造業）」**に含める。

・一般産業用機械装置製造業

ポンプまたはポンプ装置、空気もしくはガス圧縮機または送風機、エレベーターまたはエスカレーター、荷役運搬設備、動力伝導装置、破砕機、ま砕機または選別機械、化学機械その他の一般産業用機械装置の製造を行う事業。

〔解　説〕

家庭用ポンプ、一般産業用ポンプおよびポンプ装置の製造、空気、ガス圧縮機、送風機、排風機の製造、旅客または貨物用エレベーター、エスカレーター等の製造、コンベヤおよび荷役運搬設備の製造、鎖伝導、変速機、減速機、歯車、クラッチ等の製造、ふるい分機、破砕機、選別機等の製造、分離機器、熱交換器、混合機、反応用機器、蒸発機器、電解そう、乾燥機器、焼成機等の製造ならびに潜水装置、潤滑装置、包装・梱包機械、産業用ロボット等の一般産業用機械装置の製造を行う事業は、本分類に含まれる。

コンクリートミキサーの製造を行う事業は、「**5601　機械器具製造業（建設機械又は鉱山機械製造業）**」に含める。

消火器または玉軸受およびころ軸受の製造を行う事業は、「**5601　機械器具製造業（消火器、ボールベアリング、ピストンリング等製造業）**」に含める。

扇風機および家庭用換気扇の製造を行う事業は本分類に含めず、「**5701　電気機械器具製造業**」に含める。

航空原動機用ポンプの製造および自動車用機械動力伝導装置の製造を行う事業は本分類に含めず、「**5801　輸送用機械器具製造業**」に含める。

ガソリンスタンド用計量ポンプの製造を行う事業は本分類に含めず、「**6001　計量器、光学機械、時計等製造業（計量器、測定器又は試験機製造業）**」に含める。

・**家庭用機械器具製造業**

家庭で使用される他に分類されない各種の機械器具の製造を行う事業。

〔解　説〕

石油こんろ、ガスこんろ、湯沸器、温水器等の各種家庭用機械器具の製造、ミシンまたは毛糸手編機械の製造、ならびに氷冷蔵庫の製造を行う事業は、本分類に含まれる。

木製のミシンテーブルの製造を行う事業は本分類に含めず、「**4401　木材又は木製品製造業（その他の木材又は木製品製造業）**」に含める。

家庭用電気洗たく機、電気冷蔵庫、電気炊飯器、電気掃除機、電子レンジ等の製造を行う事業は本分類に含めず、「**5701　電気機械器具製造業（民生用電気機械器具製造業）**」に含める。

計算機械、会計機械等の事務用機械器具の製造を行う事業は本分類に含めず、**「6001　計量器、光学機械、時計等製造業（事務用機械器具製造業）」**に含める。

ミシン針の製造を行う事業は本分類に含めず、**「6401　貴金属製品、装身具、皮革製品等製造業（装身具、装飾品、ボタン、針、ホック、ファスナー等製造業）」**に含める。

・武器製造業（4701　化学工業（C内の弾薬装てん組立て業を除く。））

銃、砲、銃弾、砲弾、特殊装甲車両等の武器の製造を行う事業。

・消火器、ボールベアリング、ピストンリング等製造業

各種消火器、消火装置、ボールベアリング、ピストンリング等の製造を行う事業。

〔解　説〕

消火器具、消火装置および弁、消火器具附属品の製造、購入したパイプへのねじ切り等のパイプ加工、玉軸受およびころ軸受、同部分品の製造を行う事業は、本分類に含まれる。

・各種機械又は同部分品製造修理業

他に分類されない各種の機械もしくは機械装置またはこれらの部分品の製造または修理を行う事業。

〔解　説〕

自己または他人の所有する材料を機械処理して、多種類の機械および部分品の製造加工を行う事業、各種機械器具の部分品の製造または修理を行う事業は本分類に含まれる。

計量器、光学機械、時計等製造業、および電気機械器具製造業に属する部分品の金型の製造ならびに粉末冶金用金型の製造を行う事業であって、その実態が精密を要するものは本分類に含めず、**「6001　計量器、光学機械、時計等製造業」**に含める。

〈参考通達要旨〉

・ダイヤモンドダイスの製造について（昭 24.6.24　基災収第 4077 号）

ダイヤモンドダイスの製造を行う事業は、「56　機械器具製造業」の労災保険率を適用する。

・りょう銃を製造する事業について（昭 29.6.5　基災発第 78 号）

りょう銃を製造する事業は、「56　機械器具製造業」の労災保険率を適用する。

- **ベアリングの部品の製造について（昭 33.8.7　基発第 501 号）**
  ベアリングの部品（レースボール）を製造する事業は､「56　機械器具製造業」の労災保険率を適用する。

- **金型製造を行う事業の取扱い上の区分について（昭 34.3.28　基発第 199 号）**
  金型を製造する事業は、原則として「56　機械器具製造業」の労災保険率を適用する。
  ただし､「60　計量器、光学機械、時計等製造業」､「57　電気機械器具製造業」に属する部品の金型および粉末冶金金型の製造を行う事業については、その実態により「60　計量器、光学機械、時計等製造業」の労災保険率を適用する。

- **シャットルの製造について（昭 36.9.13　基発第 803 号）**
  シャットル（繊維のよこ糸補給用品）を製造する事業は、「56　機械器具製造業」の労災保険率を適用する。

- **ガス又は石油ストーブの製造について（昭 37.3.13　基発第 206 号）**
  ガスまたは石油ストーブの製造を行う事業は､「56　機械器具製造業」の労災保険率を適用する。

57　電気機械器具製造業　　1000 分の 3

この分類には、電気機械器具または電気機械装置の製造または修理を行う事業が該当する。

なお、巻線もしくは電気配線等特殊な作業工程を主とする電気機械器具または部分品の製造、加工または修理を行う事業は、本分類に含まれる。

ただし、電動部品を他から受け入れ工作機械による切削または機械の組立てを主たる作業工程として電動機械の製造を行う事業は、完成品によりそれぞれ他の事業の種類に分類される。

〔解　説〕

真空管、半導体素子、蛍光灯および蓄電池等の製造、加工または修理を行う事業、ならびに直接電流が通じる導体部分の製造、加工または修理を行う事業等は、本分類に含まれる。

【事業の種類の細目】

5701　電気機械器具製造業

この分類には、電気機械器具または電気機械装置の製造または修理を行う事業が該当する。

なお、巻線もしくは電気配線等特殊な作業工程を主とする電気機械器具または部分品の製造、加工または修理を行う事業は、本分類に含まれる。

ただし、電動部品を他から受け入れ工作機械により切削または機械の組立てを主たる作業工程として電動機械の製造を行う事業は、完成品によりそれぞれの事業の種類に分類される。

また、本分類に含まれる事業の範囲については以下のとおり。

・**発電用、送電用、配電用又は産業用電気機械器具製造業**

発電用、送電用、配電用または産業用電気機械器具の製造を行う事業。

〔解　説〕

発電機、電動発電機、回転変流機、ターボゼネレータの製造、変圧器（送配電用、機械用、シグナル用のもの）、ネオン変圧器、計器用変成器、リアクトル、電圧調整機、がん具用変圧器等の製造、配電盤、開閉器（電力用のもの）、しゃ断器、制御装置（車両用を含む）、抵抗器（電力用のもの）、起動器等の製造、小形開閉器、点滅器、接続器、電球保持器、鉄道用配線器具、パネルボード、ヒューズ電線管接続附属品等の製造、電弧溶接機械、抵抗溶接機械、電極保持具（溶接用）等の製造、スターターモーター（自動車および航空機用のもの）、点火せん、点火装置（内燃機関用のもの）等の内燃機関電装品の製造、蓄電器（通信用を除く）、電熱装置（窯炉用）、はんだごて（電気式）、電磁石、整流器等の製造ならびに集魚灯器具、坑内安全灯器具、投光器等の製造を行う事業は、本分類に含まれる。

通信用蓄電器の製造を行う事業は、「**5701　電気機械器具製造業（通信機械器具又は同関連機械器具製造業）**」に含める。

通信機用変圧器の製造を行う事業は、「**5701　電気機械器具製造業（電子管又は半導体素子製造業）**」に含める。

ガラス製絶縁製品の製造を行う事業は本分類に含めず、「**4801　ガラス又はセメント製造業（その他のガラス又はガラス製品製造業）**」に含める。

陶磁器製の絶縁製品の製造を行う事業は本分類に含めず、「**6201　陶磁器製品製造業**」に含める。

石綿製絶縁製品の製造を行う事業は本分類に含めず、「**4901　その他の窯業又は土石製品製造業（その他の各種窯業又は土石製品製造業）**」に含める。

溶接棒の製造を行う事業は本分類に含めず、「**5401　金属製品製造業又は金属加工業（線材製品製造業）**」に含める。

ガス溶接装置の製造を行う事業は本分類に含めず、「**5601　機械器具製造業（特殊産業用機械製造業）**」に含める。

プラスチック製絶縁製品の製造を行う事業は本分類に含めず、「**6104　可塑物製品製造業**」に含める。

・民生用電気機械器具製造業

他に分類されない家庭用の電気機械器具または電気照明器具の製造を行う事業。

〔解　説〕

家庭用電気アイロン、電気ストーブ、電気ごたつ、電気こんろ、電気・電子レンジ、頭髪乾燥器、扇風機、電気冷蔵庫、真空掃除機、ミキサー、電気カミソリ、電気洗たく機等の製造ならびに天井灯照明器具、電気スタンド等の製造を行う事業は、本分類に含まれる。

営業用洗たく機、冷凍機、ドライクリーニング機の製造を行う事業は本分類に含めず、「**5601　機械器具製造業**」に含める。

・電球製造業

電球、蛍光灯等の光源の製造を行う事業。

〔解　説〕

映写機用ランプ、ネオンランプ、蛍光灯、白熱電球、自動車用電球、フラッシュランプ、赤外線ランプ、殺菌灯、水銀放電灯およびその他の電気的光源等の製造を行う事業は、本分類に含まれる。

電球用ガラスのみの製造を行う事業は本分類に含めず、「**4801　ガラス又はセメント製造業（ガラス製品加工業（6001　計量器、光学機械、時計等製造業を除く。））**」に含める。

・通信機械器具又は同関連機械器具製造業

有線または無線通信機械器具、ラジオまたはテレビ、電気音響機械器具等の製造を行う事業およびこれらに関連する機械器具の製造を行う事業。

〔解　説〕

電話機、交換装置、モールス通信装置（有線）、印刷通信機、模写電送装置、搬送装置、通信機械器具部品等の製造、ラジオ送信装置、無線送信機、無線受信機、ロラン装置、レーダー、着陸誘導装置、距離方位測定装置、気象観測装置、遠隔制御装置、無線応用航法装置等の製造、ラジオ受信機、テレビジョン受信機等の製造、録音装置、電気蓄音機、拡声装置、スピーカ、マイクロホン、ホノモータ、レシーバ、補聴器等の製造、炭素皮膜抵抗器、蓄電器（通信用のもの）、装架線輪、中継線輪、中間周波数変成器、通信機用変成器、通信機用小形電源変圧器、通信機用整流器、ダイヤル、アンテナ、コンデンサ等の製造ならびに電気信号装置、鉄道信号装置、火災警報装置、盗難警報装置および発光信号装置等の製造を行う事業は、本分類に含まれる。

真空管、半導体素子の製造を行う事業は、「**5701　電気機械器具製造業（電子管又は半導体素子製造業）**」に含める。

・電子管又は半導体素子製造業

光源用以外の電子管または半導体素子の製造を行う事業。

〔解　説〕

真空管（通信用のもの）、X線管、水銀整流管、光電管、バラスト管等の製造、ならびにダイオード、トランジスター、集積回路の製造を行う事業は、本分類に含まれる。

・電子応用装置製造業

X線装置、電子計算機等の電子応用装置の製造を行う事業。

〔解　説〕

医療用、歯科用X線装置、X線探傷機の製造、電子計算機（アナログ型、デジタル型、ハイブリッド型）、パーソナルコンピュータを製造する事業、および磁気テープ装置、磁気ドラム装置、磁気ディスク装置、ラインプリンタ等の附属装置の製造ならびに水中聴音装置、魚群探知機、磁気探鉱装置、サイクロトロン、電子顕微鏡、高周波ミシン、医療用高周波電子応用装置等の製造を行う事業は、本分類に含まれる。

電子式卓上計算機、電子式会計機の製造、電子式分類機、電子式検孔機等のカード式関係機器の製造を行う事業は本分類に含めず、「**6001　計量器、光学機械、時計等製造業（事務用機械器具製造業）**」に含める。

・電気計測器製造業

電流計、定数測定器、特性測定器等の電気計測器の製造を行う事業。

〔解　説〕

電流計、電圧計、積算電力計、位相計、周波数計、検電計、音量計、心電計、電気動力計、電気測定器等の製造を行う事業は、本分類に含まれる。

圧力計、流量計、液面計の製造を行う事業は本分類に含めず、「**6001 計量器、光学機械、時計等製造業（計量器、測定器又は試験機製造業）**」に含める。

・絶縁電線又はケーブル製造業

銅、アルミニウム等またはこれらの合金の絶縁電線またはケーブルの製造を行う事業。

なお、絶縁電線を製造する工程のうち、他から受け入れた線材に対し伸線を施した後、焼鈍だけでなくより線も併せて行う事業は、本分類に含まれる。

・その他の電気機械器具製造業

蓄電池、電球用口金、導入線、接点等他に分類されない電気機械器具の製造を行う事業。

また、ＩＣパッケージ、セラミックコンデンサー、フェライト等の製造を行う事業であって、当該事業のファインセラミック製品の生産額の50％以上が電気機械器具の部分品であるものは、本分類に含まれる。

〔解　説〕

各種電気機械器具の部分品の製造または修理を行う事業は、本分類に含まれる。

〈参考通達要旨〉

・電線の製造を行う事業の労災保険率の適用について（平 9.2.28　発労徴第 9 号、基発第 117 号）

絶縁電線を製造する工程のうち、他から受け入れた線材に対し伸線を施した後、焼鈍だけでなくより線も併せて行う事業は、「5701　電気機械器具製造業（絶縁電線又はケーブル製造業）」の労災保険率を適用する。

58　輸送用機械器具製造業（(59) 船舶製造又は修理業を除く。）　1000分の4

この分類には、自転車、自動車、鉄道車両、航空機等の輸送用機械器具の製造または組立てを行う事業が該当する。

なお、輸送用機械の原動機または金属部分品の製造または組立てを行う事業、輸送用機械の修理を行う事業であって主として工作機械により切削、穴切り等を行う事業および輸送用機械または同部分品の整備を行う事業は、本分類に含まれる。

また、金属、鋳物、可塑物またはファインセラミックスを主たる原材料とし、輸送用機械器具の専用部品または規格品を製造する事業であって、その生産額の50％以上が輸送用機械器具の専用部品または規格品（240ページの9参照）である場合は、本分類に含まれる。

ただし、繊維、木材、ゴム、ガラスなど金属、鋳物、可塑物およびファインセラミックス以外のものを主たる原材料としている事業、消火器、各種工具等汎用品を製造している事業および電装品または計器等を製造している事業ならびにめっきまたは塗装を行っている事業は本分類には該当せず、各々該当する事業の種類に分類される。

【事業の種類の細目】

5801　輸送用機械器具製造業

この分類には、自転車、自動車、鉄道車両、航空機等の輸送用機械器具の製造または組立てを行う事業が該当する。

なお、輸送用機械の原動機または金属部分品の製造または組立てを行う事業、輸送用機械の修理を行う事業であって主として工作機械により切削、穴切り等を行う事業および輸送用機械または同部分品の整備を行う事業は、本分類に含まれる。

また、金属、鋳物、可塑物またはファインセラミックスを主たる原材料とし、輸送用機械器具の専用部品または規格品を製造する事業であって、その生産額の50％以上が輸送用機械器具の専用部品または規格品である場合は、本分類に含まれる。

ただし、繊維、木材、ゴム、ガラスなど金属、鋳物、可塑物およびファインセラミックス以外のものを主たる原材料としている事業、消火器、各種工具等汎用品を製造している事業および電装品または計器等を製造している事業ならびにめっきまたは塗装を行っている事業は、本分類には該当せず、各々該当する事業に分類される。

本分類に含まれる事業の範囲については以下のとおり。

・自動車製造業

各種自動車（原動機付自転車を含む）の製造または組立てを行う事業、車台、車体またはトレーラの製造または組立てを行う事業および自動車部分品の製造または組立てを行う事業。

〔解　説〕

自動車車体、自動車用ボデー、トレーラの製造または組立て、自動車シャシーの架装、自動車エンジンおよび同部分品の製造、ブレーキ、クラッチ、車軸、ラジエータ、デファレンシャルギア、トランスミッション、車輪、窓ふき、オイルフィルタ、オイルストレーナ、方向指示器等の自動車用装置の製造ならびに自動車の修理を行う事業は、本分類に含まれる。

ヘッドライトの製造、蓄電池の製造および自動車用代熱装置の製造を行う事業は本分類に含めず、「**5701　電気機械器具製造業**」に含める。

・鉄道車両製造業

鉄道事業の用に供する各種の鉄道車両またはその部分品の製造、組立て、修理または整備を行う事業。

〔解　説〕

鉄道事業の用に供する機関車、電車、気動車、客車および貨車ならびに特殊鉄道用車両の製造、鉄道車両用ブレーキ装置、ジャンパ連結器装置、戸閉装置等の鉄道車両用装置の製造ならびに鉄道用車両の修理を行う事業は、本分類に含まれる。

リフトトラックの製造を行う事業は、「**5801　輸送用機械器具製造業（その他の輸送用機械器具製造業）**」に含める。

・自転車又はリヤカー製造業

自転車、リヤカー等またはこれらの部分品の製造または組立てを行う事業。

〔解　説〕

空気入ポンプ、自転車フレームの製造を行う事業は、本分類に含まれる。

・**航空機製造業**

各種の航空機またはこれらの部分品の製造、組立て、修理または整備を行う事業。

〔解　説〕

飛行機、滑空機、飛行船、気球等の製造または修理、航空機用ピストンエンジン、ジェットエンジン空気取入口、ターボスーパーチャージャ、潤滑装置、冷却装置、排気装置、始動機（電気式でないもの）、および航空機用ポンプの製造、主翼、プロペラ、胴体、尾部、降着装置等の航空機用部分品および補助装置の製造ならびに航空機の整備を行う事業は、本分類に含まれる。

電気式始動機の製造を行う事業は本分類に含めず、**「5701　電気機械器具製造業（発電用、送電用、配電用又は産業用電気機械器具製造業）」**に含める。

航空計器（圧力計、流量計、液面計、速さ計等）の製造を行う事業は本分類に含めず、**「6001　計量器、光学機械、時計等製造業（計量器、測定器又は試験機製造業）」**に含める。

宣伝用気球（アドバルン）の製造を行う事業は本分類に含めず、**「6116　その他の各種製造業」**に含める。

・**その他の輸送用機械器具製造業**

フォークリフト、ロケット等他に分類されない輸送用機械器具の製造を行う事業。

〔解　説〕

主として構内を走行する動力付運搬車、リフトトラック、手車、炭車、鉱車、産業用機関車等の製造、または荷牛馬車、人力車、荷車、そり、手押し荷役車等の製造を行う事業は、本分類に含まれる。

〈参考通達要旨〉

・**航空機の整備等を行う事業の労災保険率の適用について（昭 28.1.13　基災収第 4458 号）**

航空機の整備ならびに修理組立てを行う事業は、「58　輸送用機械器具製造業」の労災保険率を適用する。

・金属製の機械部分品の製造を行う事業の労災保険率の適用について（昭57.2.19　発労徴第19号、基発第118号）

各種の金属製の機械部分品を組み込んで完成される製品を製造する事業の事業場構外において当該機械部分品の製造を行う事業の労災保険率の適用については、次による。

1　各種金属材料品から鍛造、鍛冶、叩き、打抜き、絞抜き、塑型、彫刻、研磨、張り、防錆、切断、溶接、溶断、伸線または板金等の作業を主たる工程として金属製品（金属部品および金属部分品を含む）等の製造を行う事業は、「54　金属製品製造業又は金属加工業」に係る労災保険率を適用する。

2　各種金属材料品から切削、穴切り、ねじ切り等の作業を主たる工程として、各種部品を組み立て金属製の機械部分品の製造等を行う事業は、組み込まれる完成品に係る事業の種類に分類される。

・自動車等輸送用機械器具の専用部品又は規格品を製造する事業の取扱いについて（昭59.1.30　発労徴第8号、基発第46号）

1　輸送用機械器具を製造する事業（親事業）の構外において金属、鋳物、可塑物およびファインセラミックスを主たる原材料とし輸送用機械器具の専用部品または規格品を製造する事業（下請事業）であって、その生産額の50%以上が輸送用機械器具の専用部品または規格品である場合は、「58　輸送用機械器具製造業」の労災保険率を適用する。

2　輸送用機械器具の部品等を製造する構外下請事業であっても、次の事業は「58　輸送用機械器具製造業」に含めず、各々該当する事業の種類に分類する。

(1)　繊維、木材、ゴム、ガラス等、前記1に掲げた原材料以外のものを主たる原材料としている事業

(2)　消火器、各種工具等汎用品を製造している事業

(3)「57　電気機械器具製造業」または「60　計量器、光学機械、時計等製造業」に分類される事業

(4)「55　めつき業」または「6115　塗装業」に分類される事業

59　船舶製造又は修理業　　1000分の23

この分類には、船舶の製造を行う事業および船舶の修理、整備、ぎ装等を行う事業が該当する。

〔解　説〕

船舶製造と同一事業場内において行う船舶ぎ装等の事業が含まれる。

ただし、船舶製造と同一事業場外において行う船舶ぎ装等の事業は、それぞれ該当する事業の種類に分類される。

【事業の種類の細目】

5901　船舶製造又は修理業

この分類には、船舶の製造を行う事業および船舶の修理、整備、ぎ

装等を行う事業が該当する。

また、本分類に含まれる事業の範囲については以下のとおり。

・鋼船製造又は修理業

各種鋼船の製造、修理、整備、ぎ装等を行う事業。

〔解　説〕

各種鋼船の製造、修理および船舶製造と同一事業場内において、船舶製造業の一環として各種船舶用の蒸気機関、蒸気タービン、内燃機関の製造を行う事業、ならびに機関設備、電気設備、塗装等の船舶のぎ装を行う事業は、本分類に含まれる。

・木船製造又は修理業

木船の製造、修理、整備、ぎ装等を行う事業。

〔解　説〕

各種木船の製造、修理ならびに機関設備、電気設備、塗装等の船舶のぎ装等を行う事業は、本分類に含まれる。

・その他の船舶製造又は修理業

プラスチック船舶等他に分類されない船舶の製造、修理、整備、ぎ装等を行う事業。

〈参考通達要旨〉

・木造小型船の製造、修理を行う事業について（昭 22.12.27　基災第 24 号）

木造小型船の製造、修理を行う事業は、「59　船舶製造又は修理業」の労災保険率を適用する。

・船舶の解体のみを行う事業について（昭 25.7.31　基災収第 1600 号）

船舶を破壊することなく解体のみを行う事業は、「59　船舶製造又は修理業」の労災保険率を適用する。

60　計量器、光学機械、時計等製造業（(57) 電気機械器具製造業を除く。）　1000 分の 2.5

この分類には、計量器、測定器、試験機、測量機械器具、医療機械器具、理化学機械器具、光学機械器具、時計、事務用機械器具等の機械器具の製造または組立てを行う事業およびレンズ、楽器または音盤の製造を行う事業が該当する。

なお、これらの機械器具の金属製の部分品の製造を行う事業、これらの機械器具の修理を行う事業であって主として工作機械により切削等を行う事業および金属部分品の組立て等を行う事業は、本分類に含まれる。

〔解　説〕

電気計測器、X線装置、電子顕微鏡の製造を行う事業は、本分類から除かれ、「**5701　電気機械器具製造業**」に分類される。

【事業の種類の細目】

6001　計量器、光学機械、時計等製造業

この分類には、計量器、測定器、試験機、測量機械器具、医療機械器具、理化学機械器具、光学機械器具、時計、事務用機械器具等の機械器具の製造または組立てを行う事業およびレンズ、楽器または音盤の製造を行う事業が該当する。

なお、これらの機械器具の金属製の部分品の製造を行う事業、これらの機械器具の修理を行う事業であって主として工作機械により切削等を行う事業および金属部分品の組立て等を行う事業は、本分類に含まれる。

また、本分類に含まれる事業の範囲については以下のとおり。

・計量器、測定器又は試験機製造業

長さ計、体積計、はかり、温度計等の計量器の製造を行う事業、のぎす、ダイヤルゲージ等の測定器の製造を行う事業および各種分析試験機器の製造を行う事業。

〔解　説〕

直尺、曲り尺、巻尺、畳尺、物差し等の長さ計の製造、ます、メスフラスコ、ピペット、血沈計、ガスメーター、水量メーター、ガソリンスタンド用計量ポンプ等の体積計の製造、天びん、棒はかり、振子式指示はかり、ばねはかり、懸垂・さら自動はかり、分銅等のはかりの製造、体温計、寒暖計、水銀温度計等の温度計の製造、アネロイド形指示圧力計、航空用指示圧力計、血圧計、差圧流量計、面積式流量計、容積式流量計、液面計等の圧力計、流量計、液面計の製造、のぎす、ダイヤルゲージ、マイクロメーター、面の測定機器、自動精密測定器等の精密測定器の製造、電気化学分析装置、光分析装置、熱分析装置、電磁分析装置、クロマト

装置等の分析機器の製造、金属材料試験機、繊維材料試験機、ゴム試験機、プラスチック試験機、木材試験機等の試験機の製造、ならびに回転計、速度計、光度計、照度計、騒音計等他に分類されない計量器、測定器、分析機器、試験機の製造を行う事業は、本分類に含まれる。

放射線応用計測器、電気計測器の製造を行う事業は本分類に含めず、**「5701　電気機械器具製造業（電気計測器製造業）」**に含める。

・測量機械器具製造業

陸地用、航海用または航空用の測量機械器具の製造を行う事業。

〔解　説〕

測角測量機、水準測量機、写真測量機、磁気コンパス等の測量機械器具を製造する事業は、本分類に含まれる。

無線応用航法装置の製造を行う事業は本分類に含めず、**「5701　電気機械器具製造業（通信機械器具又は同関連機械器具製造業）」**に含める。

・医療機械器具製造業

医科用、歯科用、獣医用等の医療用機械器具の製造を行う事業。

〔解　説〕

電子応用医療機械、医療用X線装置の製造を行う事業は本分類に含めず、**「5701　電気機械器具製造業（電子応用装置製造業）」**に含める。

補聴器具の製造を行う事業は本分類に含めず、**「5701　電気機械器具製造業（通信機械器具又は同関連機械器具製造業）」**に含める。

体温計の製造を行う事業は、**「6001　計量器、光学機械、時計等製造業（計量器、測定器又は試験機製造業）」**に含める。

・理化学機械器具製造業

他に分類されない化学研究用または教育用の理化学機械器具の製造を行う事業。

〔解　説〕

研究用化学機械器具、教育用化学機械器具を製造する事業、ならびに他に分類されない理化学機械器具の製造を行う事業は、本分類に含まれる。

顕微鏡、望遠鏡の製造を行う事業は、**「6001　計量器、光学機械、時計等製造業（光学機械器具又はレンズ製造業）」**に含める。

電子顕微鏡、電気計測器、気象観測装置の製造を行う事業は本分類に含めず、「**5701　電気機械器具製造業**」に含める。

理化学用ガラス器具の製造を行う事業は本分類に含めず、「**4801　ガラス又はセメント製造業（ガラス製品加工業）**」に含める。

・**光学機械器具又はレンズ製造業**

顕微鏡、望遠鏡、写真機、撮影機、映写機、各種レンズ等の製造を行う事業。

なお、光学用ガラス素地の製造から一貫してレンズ等の製造を行う事業は、本分類に含まれる。

〔解　説〕

顕微鏡、望遠鏡、双眼鏡、拡大鏡、オペラグラス等の製造、写真機、写真複写機、引伸機、マガジン、現像タンク、露出計等の製造、映画撮影機、映写機、幻燈機、現像機械等の製造ならびに光学レンズ、写真機用レンズ、プリズム、眼鏡レンズ等の製造を行う事業は、本分類に含まれる。

・**時計製造業**

各種の時計、時刻指示装置または時計部品の製造を行う事業。

〔解　説〕

時計革（時計バンドを除く）の製造を行う事業は、本分類に含まれる。

時計ガラスの製造を行う事業は本分類に含めず、「**4801　ガラス又はセメント製造業（その他のガラス又はガラス製品製造業）**」に含める。

・**事務用機械器具製造業**

電子式卓上計算機、複写機、タイプライター等各種事務用機械器具の製造を行う事業。

〔解　説〕

事務用データ処理機械、計算機械、会計機械、謄写機、事務用印刷機、あて名印刷機、マイクロ写真機械、時間記録機械、金銭登録機械、ファイリングシステム用器具、貨幣処理機械等の製造を行う事業は、本分類に含まれる。

電子計算機（プログラム内蔵方式に限る）の製造を行う事業は本分類に含めず、「**5701　電気機械器具製造業（電子応用装置製造業）**」に含める。

計算尺、製図器、そろばんの製造を行う事業は本分類に含めず、「**6102**

ペン、ペンシルその他の事務用品又は絵画用品製造業」に含める。

・**楽器又は音盤製造業**

各種の楽器の製造を行う事業および音盤、ミュージックテープ等の製造を行う事業。

〔解　説〕

ピアノ、パイプオルガン、リードオルガン、電気オルガン、ハーモニカ、ギター等の製造、レコードおよびレコード原盤の製造、和楽器、管楽器、打楽器、弦楽器、オルゴール等の製造を行う事業は、本分類に含まれる。

〈参考通達要旨〉

・**情報記録物を製造する事業について（平 8.2.14　労徴発第 10 号、事務連絡）**

ＣＤ、ビデオテープレコード、プリペイドカード等の情報記録物（新聞、書籍等の印刷物を除く）の製造を行う事業は、「6001　計量器、光学機械、時計等製造業（楽器又は音盤製造業）」の労災保険率を適用する。

ただし、情報を記録する媒体（生の磁気テープ、磁気ディスク等）のみの製造を行う事業は、「57　電気機械器具製造業」の労災保険率を適用する。

64　貴金属製品、装身具、皮革製品等製造業　　1000 分の 3.5

この分類には、貴金属細工品、服飾、携行用身のまわり品、ブラシ類製品、皮革製品、手すき和紙、紋紙等の製造を行う事業および木彫製品等手作業により各種製品の製造を行う事業が該当する。

〔解　説〕

繊維製身のまわり品を製造する事業は本分類から除かれ、「**4201　繊維工業又は繊維製品製造業（被服、繊維製身のまわり品等製造業）**」に分類される。また、可塑物製品、漆器、竹、籐（とう）またはきりゅう製品およびわら製品の製造を行う事業、ならびに各種製品に塗装を行う事業は本分類に含めず、「**61　その他の製造業**」に含める。

【事業の種類の細目】

6401　貴金属製品、装身具、皮革製品等製造業

この分類には、貴金属細工品、服飾、携行用身のまわり品、ブラシ類製品、皮革製品、手すき和紙、紋紙等の製造を行う事業および木彫製品等手作業により各種製品の製造を行う事業が該当する。

また、本分類に含まれる事業の範囲については以下のとおり。

・貴金属製品製造業（宝石細工業を含む。）

貴金属細工品の製造を行う事業および宝石の細工を行う事業。

〔解　説〕

化粧箱、コンパクト、宝石箱、シガレットケース、装身具、象眼品、賞杯、貴金属製ナイフ、フォーク、スプーン、宝石装身具、貴金属製仏器等の宝石（模造品を含む。）、または貴金属細工品の製造、ダイヤモンドその他の宝石の切断、研磨、取付け、真珠のせん孔等の宝石細工ならびにライター石の製造を行う事業は、本分類に含まれる。

・装身具、装飾品、ボタン、針、ホック、ファスナー等製造業

貴金属および宝石以外の材料から各種の装身具、装飾品、ボタン、針、ホック、ファスナー等の製造を行う事業。

〔解　説〕

貴金属、宝石以外の材料から指輪、腕輪、ペンダント等の身辺細貨品および装身具、装飾品、シガレットケース、くし等の製造、造花、葉飾、鳥類羽毛装飾品の製造、ならびにボタン、針、ミシン針、刺しゅう針、編み針、レコード針、ピン、安全ピン、ヘアーピン、画びょう、クリップ、ホック、スナップ、ファスナー、こはぜ等の製造を行う事業は、本分類に含まれる。

・かさ製造業

各種の洋がさまたは和がさの製造を行う事業。

〔解　説〕

かさ骨（金属製）のみの製造を行う事業は、本分類に含めず、「**5401　金属製品製造業又は金属加工業（その他の金属製品製造業又は金属加工業）**」に含める。

可塑物製品または竹製品のかさ骨のみの製造を行う事業は本分類に含めず、「**6104　可塑物製品製造業**」または「**6108　竹、籐（とう）又はきりゆう製品製造業**」に含める。

・草履製造業

わら草履等の草履類の製造を行う事業。

〔解　説〕

木製履物の製造を行う事業は本分類に含めず、「**4401　木材又は木製品製造業（木製履物製造業）**」に含める。

ゴム製履物の製造を行う事業は本分類に含めず、「**4701　化学工業（ゴム製履物製造業）**」に含める。

皮製履物、同附属品の製造を行う事業は、「**6401　貴金属製品、装身具、皮革製品等製造業（皮革製品製造業）**」に含める。

・**ブラシ類製造業**

ほうき、はけ、ブラシ等の製造を行う事業。

・**皮革製品製造業**

他から受け入れた皮革または合成皮革から各種皮革製品の製造を行う事業。

〔解　説〕

革製手袋または合成皮革製手袋の製造、革製履物または合成皮革製履物の製造、スーツケース、手提かばん、トランク、かかえかばん、ランドセル、肩掛かばん、書類入れ、スポーツ用バック、楽器用ケース、化粧用ケース、光学機用ケース、携帯ラジオ用ケース等革製かばん、または合成皮革製かばんの製造、ハンドバック、名刺入れ、財布、札入れ、がまぐち、小物入れ、めがね入れ、たばこ入れ、くし入れ等の革製袋物、または合成皮革製袋物の製造、ベルト、パッキング、ガスケット、紡績用エプロンバンド、工業用ベルト等の革製品の製造、および馬具、ばん具、むち、吊革、腕時計革バンド、革製くび輪等のその他の皮革製品の製造を行う事業は、本分類に含まれる。

金属製袋物、金属製かばんの製造を行う事業は本分類に含めず、「**5401　金属製品製造業又は金属加工業（その他の金属製品製造業又は金属加工業）**」に含める。

・**手すき和紙製造業**

こうぞ、みつまた、がんぴ、木材パルプその他の繊維から各種の手すき和紙の製造を行う事業。

・**紋紙等製造業**

紋彫機を使用して紋紙の製造を行う事業および手彫により模様紙型等の染型の製造を行う事業。

〔解　説〕

ピアノマシン等の紋彫機を使用して、ジャガードカード（紋紙）を製造する事業、ならびに手彫による染型（模様紙型）を製造する事業は、本分類に含まれる。

・**木彫製品等製造業（手作業によるものに限る。）**

簡単な手工具の使用により木製人形、うちわ、扇子等の製造加工を行う事業および可塑物製品の仕上げを行う事業であって、労働安全衛生関係法令に規定する危険物または有害物を取り扱わず、かつ、危険または有害作業場を有しない事業。

〔解　説〕

うちわ、扇子の製造で、竹または可塑物製品の基材を購入し、植物性のりを使用して、手作業により、紙の貼り付けを行う事業、裁断された木片を購入し、彫刻刀で一刀彫の人形等を製造する事業、またはやすり等の手工具を使用して可塑物製品の仕上げを行う事業は、本分類に含まれるが、うちわ、扇子、木製人形の製造、あるいは可塑物製品の仕上げを行う事業であっても、プレス機械、木工機械、裁断機械等の機械類を使用して製造、加工を行う事業は本分類から除かれ、「**61　その他の製造業**」に含める。

61　その他の製造業　　1000 分の 6

この分類には、製造業のうち他に分類されない事業が該当する。

〔解　説〕

製造業の態様で物の塗装、洗浄、選別等を行う事業、および機械器具等を用いて個装作業または内装作業を行う事業は、本分類に含まれる。

なお、製造業の態様とは、一般に工場、作業場などと呼ばれる場所で、機械または器具等の設備を有し、これを使用して継続的に物の製造、加工および組立て等を行っている態様をいう。

ただし、個装作業または内装作業を行う事業のうち、はさみ、のり、セロテープ等の手工具のみを用いた軽易な作業で行う場合は本分類から除かれ「**94　その他の各種事業**」に分類される。また、外装作業のみを行う事業および個装作業または内装作業から外装作業までを一貫して行う事業も本分類から除かれ、「**72　貨物取扱事業**」に分類される。

（注）

個装作業とは、小売のための包装作業をいい、製品個々の直接の包装で、商品として消費者に渡る最小単位の包装をする作業であり、具体的には①商品名等が印刷された袋、箱等に商品を詰める作業、②びん、缶等に商品を詰める作業、③ビニール等に商品を詰める作業、④袋、箱、びん、缶等に商品等の標示（ラベル貼付等）をする作業等をいう。

内装作業とは、卸売のための梱包作業をいい、個装された商品を卸売のための１ダース等の単位で箱に詰める作業および箱に詰めたものを更にダンボール等に詰める作業等をいう。

外装作業とは、輸送のための包装、梱包作業をいい、自動車、鉄道、船舶等による輸送において取扱いを容易にし、商品の保護等をするため、内装された商品を更に大きな単位にまとめて、帯鉄等による結束、木わく詰、シュリンク梱包等を行う作業をいう。

【事業の種類の細目】

6102　ペン、ペンシルその他の事務用品又は絵画用品製造業

この分類には、ペン、鉛筆、そろばん、製図器等の各種事務用品の製造を行う事業および画筆、絵具等の各種絵画用品の製造を行う事業が該当する。

ただし、鉛筆軸木のみの製造を行う事業は、「**4401　木材又は木製品製造業（その他の木材又は木製品製造業）**」に含まれる。

〔**解　説**〕

万年筆、シャープペンシル、ペン軸、ペン先およびこれらの部分品等の製造、ボールペン、マーキングペンおよびこれらの部分品等の製造、鉛筆の製造、クレヨン、パステル、毛筆、画筆、描画テーブル、画板、パレット、スケッチボックス、絵画用縮図器、画家用絵具等の絵画用品の製造、ならびに手押スタンプ、焼印、形板、T定規、三角定規、そろ

ばん、鉛筆箱（筆入れ）、ホッチキス、穴あけ器、鉛筆削器、墨、墨汁、朱肉、事務用のり、謄写版、計算尺、製図用機器具等他に分類されない事務用品の製造を行う事業は、本分類に含まれる。

6104　可塑物製品製造業（購入材料によるものに限る。）

この分類には、他から受け入れたベークライト、セルロイド、エボナイト等の可塑物または合成樹脂を用い、各種の可塑物製品の製造加工を行う事業が該当する。

〔解　説〕

購入した可塑物または合成樹脂等を加工し、プラスチック製の板、管、ホース、棒、継ぎ手の製造、プラスチック製のフイルム、シートの製造、合成皮革（塩化ビニール系、ナイロン系、ポリアミド系、ポリウレタン系等）製品の製造、プラスチック製の床材（タイル）の製造、プラスチック製のテレビジョンキャビネット、ラジオキャビネット、真空掃除機の器体（ボデー）、冷蔵庫内装用品、扇風機の羽根、パッキング等の工業用プラスチック製品の製造、あわ入りのプラスチックの製造、プラスチック製の玩具、運動競技用品、楽器、レコード素地、およびその他プラスチック製の各種容器、袋、家庭用品、絶縁テープ、漁業用器具、止水板、包装材料の製造、ならびに他に分類されないプラスチック製品の製造を行う事業は、本分類に含まれる。

プラスチックの製造から一貫して可塑物製品の製造を行う事業は本分類に含めず、「**4701　化学工業（有機工業製品製造業）**」に含める。

写真フイルム用アセチルセルローズフイルムの製造、およびセルロイド生地の製造を行う事業は本分類に含めず、「**4701　化学工業（その他の化学製品製造業）**」に含める。

ビニール製外衣ならびにポリウレタンフォーム製寝具の製造を行う事業は本分類に含めず、「**4201　繊維工業又は繊維製品製造業（その他の繊維工業又は繊維製品製造業）**」に含める。

また、強化プラスチック製舟艇の製造を行う事業は本分類に含めず、「**5901　船舶製造又は修理業（その他の船舶製造又は修理業）**」に含める。

6105　漆器製造業

この分類には、各種製品に漆塗りを行い各種の漆器等の製造を行う事業が該当する。

〔解　説〕

じゅう器、食器、箱、美術品等に漆塗りを行い、各種漆器類の製造を行う事業は、本分類に含まれる。

木材より一貫して漆器の製造を行う事業は本分類に含めず、「**4401　木材又は木製品製造業**」に含める。

6107　加工紙、紙製品、紙製容器又は紙加工品製造業

この分類には、各種の紙から各種の加工紙、紙製品、紙容器または紙加工品の製造を行う事業が該当する。

〔解　説〕

ろう加工紙、油脂加工紙、プラスチック加工紙、包装加工紙、ターポリン紙、防せい紙、カーボン紙、絶縁紙、荷札および絶縁紙テープ、接着テープ、ろう紙、油紙、謄写版原紙等の製造、段ボール、壁紙、ふすま紙、ブックバインディングクロス等の製造、セメント袋、小麦袋等の重包装用の大型紙袋、段ボール箱、紙器製品、ファイバー箱等の製造、および封筒、わら半紙等の事務用・学用・日用紙製品の製造を行う事業は、本分類に含まれる。

ただし、ノート、帳簿、手帳、便せん、日記帳等の製造を行う事業は本分類に含めず、「**4601　印刷又は製本業（製本又は印刷物加工業）**」に含める。

また、写真感光紙の製造を行う事業は本分類に含めず、「**4701　化学工業**」に含める。

6108　竹、籐（とう）又はきりゆう製品製造業

この分類には、竹、とうづる、またはきりゅう製の家具、日用品等の製造を行う事業が該当する。

6109　わら類製品製造業

この分類には、わら類を原料として帽子、畳、縄等のわら類製品の製造を行う事業が該当する。

ただし、わら草履の製造を行う事業は、「**6401　貴金属製品、装身具、皮革製品等製造業（草履製造業）**」に含まれる。

〔解　説〕

麦わら帽子、パナマ帽子、経木帽子、紙いと帽子、さなだ帽子等の製造、畳、畳表、畳床、むしろ、花むしろ、ござ、合成繊維製畳等い草、わらまたは合成繊維での畳類の製造、ならびにわら工品、わらなわ、かます、俵等のわら細工品等の製造を行う事業は、本分類に含まれる。

6110　くずゴム製品製造業

この分類には、くずゴムを利用して、くつ底、草履裏等の製造を行う事業（ゴムの溶融を伴わないものに限る）が該当する。

6115　塗装業

この分類には、各種製品に塗装を行う事業が該当する。

ただし、建築物の新設に伴って土地に定着する工作物に塗装を行う事業は、**「3504　建築物の新設に伴う設備工事業」**に、既設建築物の内部において工作物等に塗装を行う事業は、**「3801　既設建築物の内部において主として行われる次に掲げる事業及びこれに附帯して行われる事業」**に、高所作業を伴わない看板書きを行う事業は、**「9411　広告、興信、紹介又は案内の事業」**にそれぞれ含まれる。

6116　その他の各種製造業

この分類には、その他の製造業のうち他に分類されない事業が該当する。

なお、一定の場所で機械器具等により製品または材料品等の洗浄、選別、包装等を行う事業、他から受け入れた研ま材または研削材より研ま布紙または研削と石の製造を行う事業およびファインセラミック製品の製造を行う事業（ファインセラミック製品の生産額の50％以上が一の事業の種類に係る機械器具の部分品である事業を除く）は、本分類に含まれる。

〔解　説〕

コルクせん、羽根扇子、マッチ軸、かいろ灰、ファインセラミック製品およびたどんの製造を行う事業は、本分類に含まれる。

〈参考通達要旨〉

・鏡の銀引きのみを行う事業について（昭 25.2.10　基災収第 5920 号）

鏡の製造を一貫作業として行う場合は、「48　ガラス又はセメント製造業」であるが、銀引きのみを行う場合は、「61　その他の製造業」の労災保険率を適用する。

・化粧合板の製造の事業について（昭 37.3.13　基発第 206 号）

基礎台となる合板および化粧に用いる紙製品、塗装用品等を他より購入して化粧合板の製造を行う事業は、「61　その他の製造業」に該当する。

・カメラ等の部品などに文字、目盛等の刻み込みを行う事業について（昭 38.4.12　基発第 425 号）

カメラ、光学機械、その他各種計量機器の部品、各種標識板、金型等に、文字、記号あるいは目盛の刻み込みを行う事業は、「61　その他の製造業」の労災保険率を適用する。

・研削砥石の製造を行う事業について（昭 57.2.1　発労徴第 15 号、基発第 77 号）

購入した研削材から研削砥石の製造を行う事業、および購入した研磨材料より研磨布または研磨紙を製造する事業は、「61　その他の製造業」の労災保険率を適用する。

・ファインセラミック製品を製造する事業の労災保険率の適用について（昭 58.2.3　発労徴第 6 号、基発第 46 号）

1　ファインセラミック製品を製造する事業は、ファインセラミック製品が多岐の分野に利用され、汎用性が広いことにかんがみ、その製造する製品の50％以上が一の事業の種類に係る機械器具の部分品と認められる場合、その製品が組み込まれる機械器具を製造する事業に係る労災保険率を適用する。

例えば、ＩＣパッケージ、セラミックコンデンサーまたはフェライトを製造する事業については、これらの事業の製品が電気機械器具または電子機器の電気的特性を有する部分品と認められるので、「5701　電気機械器具製造業（その他の電気機械器具製造業）」に係る労災保険率が適用されるものである。

2　なお、ファインセラミック製品を製造する事業が 1 に述べた場合に該当しないときは、ファインセラミック製品を製造する事業の業態、災害率等にかんがみ、「61　その他の製造業」に係る労災保険率を適用する。この場合の事業細目は、「6116　その他の各種製造業」に分類される。

・手帳、帳簿、ノート類、日記帳等の製造を行う事業について（昭 61.3.25　発労徴第 12 号、基発第 162 号）

手帳、帳簿、ノート類、日記帳等の製本または製本を目的とした裁断、折りたたみ、ミシン掛け等の加工を行う事業は、「46　印刷又は製本業」の労災保険率を適用する。

・木炭等の製造を行う事業の労災保険率の適用等について（平 16.1.30　基徴発第 0130001 号、基労管発第 0130001 号、基労補発第 0130001 号）

購入した木材、竹等から木炭等の製造を行う事業は、製造工場等の設置場所が森林であるか否かに関わらず、「6116　その他の各種製造業」の労災保険率を適用する。

第6　運輸業

この分類には、鉄道、自動車、船舶、航空機等により旅客または貨物の運送を行う事業および停車場、倉庫、工場、道路、港湾、沿岸、船内等において貨物の取扱いを行う事業が該当する。

71　交通運輸事業　1000分の4

この分類には、鉄道、軌道、索道、航空機等により旅客または貨物の運送を行う事業、自動車、船舶等により旅客の運送を行う事業および自動車、航空機等により宣伝、広告、測量等を行う事業が該当する。

【事業の種類の細目】

7101　鉄道、軌道又は索道による旅客又は貨物の運送事業（(7202) 貨物の積みおろし又は集配を伴う貨物の運送事業を除く。）

この分類には、鉄道、軌道、地下鉄道、モノレール鉄道、トロリーバス、ケーブルカー、ロープウェイ等により旅客または貨物の運送を行う事業が該当する。

〔解　説〕

鉄道、軌道、地下鉄道およびモノレール鉄道によって旅客または貨物の運送、ならびにトロリーバス、ケーブルカー、ロープウェイ、リフト等の無軌条電車、鋼索鉄道および索道によって旅客または貨物の運送を行う事業は、本分類に含まれる。

7102　自動車又は軽車両による旅客の運送事業

この分類には、自動車または自転車その他の軽車両により旅客の運送を行う事業が該当する。

〔解　説〕

乗合バス、ハイヤー、タクシー、貸切バス、遊覧バス、人力車、輪たく、乗合馬車、そり運送およびかご運送等の一般旅客自動車、特定旅客自動車、無償旅客自動車、ならびにその他の軽車両等によって旅客の運送を行う事業は、本分類に含まれる。

7104　航空機による旅客又は貨物の運送事業

この分類には、航空機により旅客または貨物の運送を行う事業が該当する。

なお、航空機の発着に伴い、ランプ内において旅客の輸送業務および旅客の手荷物、貨物の積卸し等の各種の地上支援業務を総合的に行う事業は、本分類に含まれる。

〔解　説〕

航空運送および遊覧航空等の航空機によって旅客または貨物の運送を行う事業、ならびに空港内におけるグランドサービス業は、本分類に含まれる。

7105　船舶による旅客の運送事業

この分類には、海、河川または湖沼において船舶により旅客の運送を行う事業が該当する。

なお、フェリーボート等により旅客および旅客の乗用に供する自動車等を同時に運送する事業は、本分類に含まれる。

〔解　説〕

船舶旅客運送、遊覧船および河川渡船等の海洋、沿岸、港湾、河川および湖沼において船舶によって旅客の運送を行う事業は、本分類に含まれる。

7103　自動車、航空機等を使用して宣伝、広告、測量等を行なう事業

この分類には、自動車、航空機、船舶等により宣伝、広告、測量、農薬散布、写真撮影等を行う事業が該当する。

〔解　説〕

潜水により測量等を行う事業は本分類に含めず、「**3717　沈没物の引揚げ事業**」に含まれる。

7106　その他の交通運輸事業

この分類には、他に分類されない交通運輸事業が該当する。

なお、自走による陸送を行う事業は、本分類に含まれる。

〔解　説〕

乗用車の代行運転を行う事業および霊柩車の事業は、本分類に含まれる。自動車、その他軽車両および船舶による貨物運送の事業は本分類に含めず、「**72　貨物取扱事業**」に含める。

〈参考通達要旨〉

・**フェリーボートによる運輸を行う事業について（昭 31.1.7　基発第 13 号）**

フェリーボートによる運輸を行う事業は、「71　交通運輸事業」の労災保険率を適用する。

・**空港内におけるグランドサービス業の取扱いについて（昭 56.3.6　基発第 138 号）**

空港内において航空機の離発着に伴う各種業務を総合的に行う事業（グランドサービス業）に対しては、「71　交通運輸事業」に係る労災保険率を適用する。

なお、グランドサービス業のうちの一部の業務のみを事業として行う者に対しては、当該事業が該当する事業の種類の労災保険率を適用する。

・**陸送業の取扱いについて（昭 57.2.1　発労徴第 15 号、基発第 77 号）**

自走陸走により自動車の陸送を行う事業については、「71　交通運輸事業」の労災保険率を適用する。

なお、キャリアカーにより自動車の陸送を行う事業は、「72　貨物取扱事業」の労災保険率を適用する。

72　貨物取扱事業（(73) 港湾貨物取扱事業及び (74) 港湾荷役業を除く。）　1000 分の 8.5

この分類には、陸上または海上において貨物の取扱いまたは運送を行う事業が該当する。

ただし、鉄道、軌道、索道または航空機により貨物の運送を行う事業および港湾において貨物を取り扱う事業は、それぞれ該当する事業の種類に含まれる。

〔解　説〕

製造業の事業場構内において、親事業の製品を製造する工程内または工程間で原材料、半製品、製品等の取扱いを行う事業、および荷造りまたは梱包を行う事業等は、親事業の事業の種類と同一の事業の種類に含まれる。

【事業の種類の細目】

7201　停車場、倉庫、工場、道路等における貨物取扱いの事業

この分類には、停車場、倉庫、工場、道路等陸上において貨物の取扱いを行う事業が該当する。

〔解　説〕

ふん尿くみ取運搬、汚物清掃、じんかい清掃を行う事業は本分類に含めず、「**9101　清掃業**」に含める。

7202　貨物の積みおろし又は集配を伴う鉄道軌道又は索道による貨物の運送事業

この分類には、鉄道、軌道、地下鉄道、モノレール鉄道、トロリーバス、ケーブルカー、ロープウェイ等により貨物の運送を行う事業であって貨物の積みおろしまたは集配を伴う事業が該当する。

7203　自動車又は軽車両による貨物の運送事業

この分類には、自動車または自転車その他の軽車両により貨物の運送を行う事業が該当する。

〔解　説〕

貨物自動車運送業（家畜の運送、キャリアカーによる自動車の運送等も含む）、車力業、リヤカー貨物運送業、荷馬車ひき業、馬力業、牛車ひき業、そり運送業、およびサイドカー貨物運送業等の自動車、牛馬車その他の軽車両によって貨物の運送を行う事業は、本分類に含まれる。

7206　船舶による貨物の運送事業

この分類には、海、河川または湖沼において船舶により貨物の運送を行う事業が該当する。

ただし、港湾内において、はしけ等により貨物の運送を行う事業は、**「7302　はしけ又は引船による貨物の運送事業」**に含まれる。

7204　貨物の荷造り又はこん包の事業

この分類には、陸上、海上または航空運送のため貨物の荷造りまたはこん包を行う事業が該当する。

〔解　説〕

荷造業、貨物包装業等の運送のため貨物の荷造り、もしくは梱包を行う事業は、本分類に含まれる。

7205　自動車により砂利その他の土石を運搬して販売する事業

この分類には、自動車により砂利その他の土石を運搬して販売まで行う事業が該当する。

ただし、砂利その他の土石の採取から一貫して販売を行う事業は、**「2604　砂利、砂等の採取業」**に含まれる。

〈参考通達要旨〉

・**採取された砂利等を運搬する事業等の労災保険率の適用について（昭37.3.13　基発第206号）**

採取された砂利、その他の土石を購入し、運搬を行う事業または運搬して販売を行う事業は、「72　貨物取扱事業」の労災保険率を適用する。

ただし、砂利、その他の土石を採取し、運搬する事業または採取、運搬から一貫して販売を行う事業は、「26　その他の鉱業」の労災保険率を適用する。

・**製造業における構内下請事業に係る労災保険率の適用について（昭57.2.19　発労徴第19号、基発第118号）**

本分類に属する態様で行われる事業であっても、製造業の事業場構内において、親事業の製品を製造する工程内または工程間で原材料、半製品、製品等の取扱いを行う事業、および荷造りまたは梱包を行う事業等は、親事業の事業の種類と同一の事業の種類に含まれる。

ただし、親事業がその属する事業の種類に係る製品（以下「主たる製品」という）以外の製品を製造している場合には、当該主たる製品以外の製品を製造する工程における作業および当該工程に直接附帯する作業の一部を行う事業については、当該主たる製品以外の製品を製造する工程を一の事業とみなした場合に適用される労災保険率を適用することとする。

73　港湾貨物取扱事業（(74) 港湾荷役業を除く。）　1000分の9

この分類には、港湾において貨物の取扱いを行う事業であって、「**74　港湾荷役業**」に含まれる事業以外の事業が該当する。

【事業の種類の細目】

7301　港湾の上屋、倉庫等における貨物取扱いの事業

この分類には、港湾の荷捌場、上屋、臨港倉庫等において、船舶またははしけにより運送する貨物または運送された貨物の取扱いを行う事業が該当する。

〔解　説〕

船舶もしくは、はしけにより運送されるべき貨物または運送された貨物を港湾の荷捌場、上屋、臨港倉庫間において運搬、搬入または搬出する事業、ならびに荷捌場、上屋、臨港倉庫内における貨物の移動を行う事業は、本分類に含まれる。

沿岸および船内における荷役より一貫して行われる荷捌場、上屋、臨港倉庫内の貨物を取り扱う事業は本分類に含めず、「**74　港湾荷役業**」に含める。

7302　はしけ又は引船による貨物の運送事業

この分類には、はしけ、いかだ、引船等によって貨物の運送を行う事業が該当する。

〔解　説〕

沿岸および船内における荷役より一貫して行われるはしけ、いかだ等による運送の事業は本分類に含めず、「**74　港湾荷役業**」に含める。

74　港湾荷役業　　1000 分の 12

この分類には、沿岸または船舶内において貨物の取扱いを行う事業およびこれらの事業と港湾貨物取扱事業とを一貫して行う事業が該当する。

【事業の種類の細目】

7401　沿岸において船舶に荷を積み又は船舶から荷をおろすために貨物を取り扱う事業

この分類には、岸壁と荷捌場、上屋、臨港倉庫等との間において貨物の運搬を行う事業および岸壁と船舶またははしけ等との間において貨物の積卸しを行う事業が該当する。

なお、接岸の場合と沖合に停泊の場合とを問わず、機帆船の船内において貨物の積卸しまたは荷捌きを行う事業は、本分類に含まれる。

7402　船舶内において船舶に荷を積み又は船舶から荷をおろすために貨物を取り扱う事業（一貫して行う（7401）沿岸において船舶に荷を積み又は船舶から荷をおろすために貨物を取り扱う事業を含む。）

この分類には、船舶と他の船舶との間において貨物の積卸しを行う事業および船舶（機帆船を除く）内において貨物の固定または移動を行う事業ならびにこれらの事業と沿岸において船舶に荷を積みまたは船舶から荷をおろすために貨物を取り扱う事業とを一貫して行う事業が該当する。

〈参考通達要旨〉

・**沿岸荷役業の範囲について（昭 33.4.11　基発第 222 号）**
　沿岸から上屋もしくは臨港倉庫への運搬、搬入、または上屋もしくは臨港倉庫から沿岸への貨物の運搬、搬出等を行う事業は「74　港湾荷役業」の労災保険率を適用する。

・**沿岸荷役業と船内荷役業の統合について（昭 60.3.9　発労徴第 14 号、基発第 122 号）**
　「74　沿岸荷役業」と「75　船内荷役業」を統合して、「74　港湾荷役業」とする。

港湾貨物取扱事業、港湾荷役業の区分例

　港湾貨物取扱事業、港湾荷役業についての区分例を図示すると、次のとおりである。

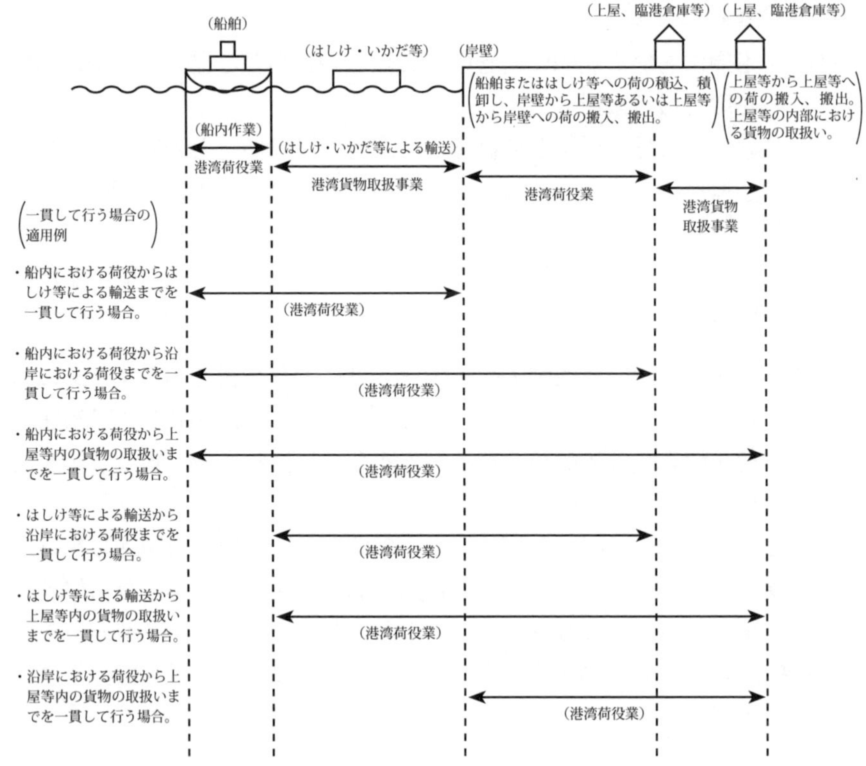

第7 電気、ガス、水道又は熱供給の事業

この分類には、電気業、ガス業、水道業または熱供給業の事業が該当する。

81　電気、ガス、水道又は熱供給の事業　1000分の3

この分類には、電気の供給を行う事業、天然ガスまたはガスの供給を行う事業、上下水道の事業および蒸気、温水等の熱供給を行う事業が該当する。

【事業の種類の細目】

A　電気業

8101　発電、送電、変電又は配電の事業

この分類には、発電、送電、変電、配電等を行う事業が該当する。

〔解　説〕

水力発電所、火力発電所、原子力発電所、ガスタービン発電所、地熱発電所等の発電機、原動力設備、その他の電気工作物を設置して電気の発生を行う事業、ならびに変電所等の変圧器、水銀整流器、シリコン整流器、その他の機械装置により変電および配電を行う事業は、本分類に含まれる。

B　ガス業

〔解　説〕

工場からガスを仕入れ、かつ、消費者または販売店に小売または卸売を行う事業は本分類に含めず、「**9801　卸売業・小売業**」に含める。

なお、プロパンガス、ＬＰガス等の製造を行う事業は本分類に含めず、「**4701　化学工業**」に含める。

8102　天然ガスの採取供給又はガスの製造供給の事業

この分類には、天然ガスを採取しまたはガスを製造し導管により供給を行う事業が該当する。

8103　天然ガス又はガスの供給の事業

この分類には、他から受け入れたガスを貯蔵し、整圧等を行い導管によりガスの供給を行う事業が該当する。

C　水道業

8104　上水道業

この分類には、水道管その他の設備をもって工業用水または飲用水の供給を行う事業が該当する。

〔解　説〕

上水道業、水道用水供給業、簡易水道業等、浄水場、配水場、ポンプ場等の施設、その他の設備をもって人の飲用に適する水を供給する事業、ならびに工業の用に供する水を供給する事業は、本分類に含まれる。

8105　下水道業

この分類には、排水管その他の排水路により汚水等を排水する事業および下水処理施設等により汚水等を処理する事業が該当する。

〔解　説〕

汚水、雨水流道の目的で布設する排水管その他の排水路および附属装置（下水処理場、下水ポンプ場等）等をもって土地の清潔を保持する事業は、本分類に含まれる。

D　熱供給業

8106　熱供給業

この分類には、ボイラー、冷凍機等により発生させた蒸気、温水、冷水等またはこれらを媒体とする熱エネルギーを導管により供給する事業が該当する。

〔解　説〕

地域冷房、地域暖房、蒸気供給業は、本分類に含まれる。

〈参考通達要旨〉

- **コークスの選別を行う事業について（昭 36.3.24　基収第 644 号）**

  ガスの製造供給を一貫して行う事業場の構内で、ガス製造過程における排出物（石炭の焼ガラ）から鉄網（篩）を使用して、コークスの選別を行う事業は、「81　電気、ガス、水道又は熱供給の事業」の労災保険率を適用する。

・**熱供給業の定義について（昭 48.3.31　発労徴第 24 号、基発第 193 号）**
　熱供給業とは、一般の需要に応じ、ボイラー、冷凍機等により発生させた蒸気、温水、冷水等を媒体とする熱エネルギーまたは蒸気等を導管により供給する事業をいう。

第8　その他の事業

この分類には、林業、漁業、鉱業、建設事業、製造業、運輸業、電気、ガス、水道または熱供給の事業のいずれにも含まれない事業が該当する。

95　農業又は海面漁業以外の漁業　1000分の13

この分類には、農業、畜産業、海面漁業以外の漁業が該当する。

【事業の種類の細目】

9501　土地の耕作又は植物の栽植、栽培若しくは採取の事業その他の農業

この分類には、穀作農業、穀作以外のほ場作物農業、果樹・樹園農業、施設園芸農業その他の各種農業が該当する。

なお、既設の広場、庭園、街路等において、重機を用いた土木工事を伴わず、刃物または手工具のみを用いて樹木の植樹または剪定（手入れ）を行う事業は、高所作業の有無にかかわらず、本分類に含まれる。

〔解　説〕

米・麦・あわ・大豆・とうもろこし等の穀物を生産する事業、馬鈴しょ・甘しょ・すいか・メロン等の穀物以外の作物を生産する事業、りんご・ぶどう・みかん等の果樹を生産する事業、しいたけの栽培を行う事業、屋外（ビニールハウス内部を含む）で果実等の栽植、栽培を行う事業、および畜産農業、養蚕農業を行う事業、庭園樹の植樹、庭園の手入れ等を行う事業は、本分類に含まれる。

一般的な植物の栽培管理、ガーデニング等を行う造園事業も、本分類に含まれるが、暫定任意適用事業には該当しない。

9502　動物の飼育若しくは畜産の事業又は養蚕の事業

この分類には、養畜業、養きん業、養蚕業、酪農業、実験用動物の飼育を行う事業等主として動物の飼育または調教を行う事業および種つけ請負、育成請負、ふ卵請負、羊毛刈請負等の畜産サービスを行う事業が該当する。

〔解　説〕

畜産業、養鶏業、酪農業、毛皮獣養殖業、養蜂業、養蚕業等、主として動物の飼育、調教、畜産または稚養飼育を行う事業、種つけ・育成、ふ卵・育すう、または家畜の貸付等を行う事業、種つけ請負業、稚蚕飼育請負業、ふ卵請負業、羊毛刈請負業、放牧育成業は、本分類に含まれる。

実験用動物等の飼育、調教、種つけ・育成等を専門的に行う事業は、本分類に含まれる。

9503　水産動植物の採捕又は養殖の事業（(11）海面漁業及び（12）定置網漁業又は海面魚類養殖業を除く。）

この分類には、水産動植物の採捕または養殖を行う事業のうち「**11　海面漁業**」または「**12　定置網漁業又は海面魚類養殖業**」に含まれる事業以外の事業が該当する。

〔解　説〕

海面において行われる天然のコンブ、ワカメ等の海藻類の採取の事業、アサリ、ハマグリ等の貝類の採捕の事業、のり、コンブ、ワカメ等の海藻類の養殖の事業および真珠、ホタテ、カキ等の貝類の養殖の事業等、ならびに内水面にて行う水産動植物の採捕または養殖の事業が該当する。

〈参考通達要旨〉

- **苗木の栽植等の事業について**（昭 25.10.27　基収第 3171 号）
  造林に付随して苗木の栽植、栽培を行う事業は、「03　その他の林業」の労災保険率を適用する。

- **しいたけ等の栽植・栽培を行う事業について**（昭 57.2.1　発労徴第 15 号、基発第 77 号）
  しいたけ等の栽植・栽培を行う事業は、「95　農業又は海面漁業以外の漁業」の労災保険率を適用する。この場合において、自己のしいたけ栽培に使用することのみを目的として行う原木の伐採は、しいたけ栽培に付随する作業として取り扱う。

91　清掃、火葬又はと畜の事業　1000分の13

この分類には、清掃を行う事業、廃棄物の処理を行う事業、火葬を行う事業およびと畜を行う事業が該当する。

【事業の種類の細目】

9101　清掃業

この分類には、道路、公園、鉄道車両、ボイラー等の清掃を行う事業、バキュームカー、車馬等によりし尿くみ取り等を行う事業およびごみ、燃えがら、汚でい、廃油、その他の廃棄物等の収集、処分等を行う事業が該当する。

〔解　説〕

「廃棄物」とは、一般廃棄物および産業廃棄物等の不要物を指し、廃棄物の収集運搬、処分等を行う事業および収集運搬から処分までを一貫して行う事業は、本分類に含まれる。

工場、鉄道車両（客車）等の内部清掃の事業は本分類に含まれるが、船舶、建築物等の外部清掃において足場、ゴンドラ等を使用してガラス拭き、または煙突掃除等を行う事業は本分類から除かれ、継続事業として「**35　建築事業**」の労災保険率を適用する。

ビルの室内清掃（廊下、湯沸場、トイレット、玄関ホール、事務室等の清掃）を行う事業は本分類に含めず、「**9301　ビルの総合的な管理等の事業**」に含める。

9102　火葬業

この分類には、屍体の火葬を行う事業が該当する。

〔解　説〕

火葬業等死体の火葬を行う事業は、本分類に含まれる。

なお、葬儀屋、墓地管理業を行う事業は本分類に含めず、「**9416　前各項に該当しない事業**」に含める。

9103　と畜業

この分類には、家畜、家禽等のと殺を行う事業が該当する。

〔解　説〕

製革業は本分類に含めず、**「4701　化学工業」**に含める。

皮革製品製造業は本分類に含めず、**「6401　貴金属製品、装身具、皮革製品等製造業（皮革製品製造業）」**に含める。

〈参考通達要旨〉

- **自動車等を使用してふん尿処理を行う事業について（昭 34.2.4　基発第 76 号）**
  自動車を使用してふん尿処理を行う事業は、「91　清掃、火葬又はと畜の事業」の労災保険率を適用する。
- **ボイラー清掃業に係る取扱いについて（昭 59.2.1　発労徴第 11 号、基発第 53 号）**
  ボイラーの本体、付属設備、付属品等に付着した不純物、灰、すすの除去、および錆落しならびに錆止め等を行う事業については「91　清掃、火葬又はと畜の事業」の労災保険率を適用する。
- **清掃工場における運転管理の労災保険率の適用について（平 12.3.23　労徴収第 20 号）**
  ビル（建築基準法第 2 条第 1 号適用）内において行う清掃工場の運転管理業務（運転操作、監視、点検等を行う業務）は、「9101　清掃業」の労災保険率を適用する。

93　ビルメンテナンス業　　1000 分の 6

この分類には、ビルについてのサービス、管理等を総合的に行う事業が該当する。

【事業の種類の細目】

9301　ビルの総合的な管理等の事業

この分類には、ビルの室内清掃、ビルの設備管理その他のビルについての各種サービスを総合的に行う事業が該当する。

〔解　説〕

建築の態様（足場を組む、ゴンドラを使用する等）をもって行う外装および窓の清掃等の事業は本事業に該当せず、継続事業として**「35　建築事業」**の労災保険率を適用する。

なお、警備業法（昭和 47 年法律第 117 号）による警備を行う事業は本分類に含めず、**「9602　警備業」**に含める。

工場、鉄道車両（客車）等の内部清掃の事業は本分類に含めず、**「9101 清掃業」**に含める。

〈参考通達要旨〉

・**ビルメンテナンス業の範囲について**（昭 48.3.31　発労徴第 24 号、基発第 193 号）

ビルの総合的な管理等の事業とは、ビルについてのサービスないし管理等を総合的に行う事業をいい、ビルの室内清掃、ビルの設備管理、その他ビルについての各種サービスを総合的に行う事業が、本事業に該当する。

ビルの室内清掃とは、廊下、湯沸場、トイレット、玄関ホール、事務室等の清掃をいい、ビルについてサービスないし管理とは、ビル内の消毒、ネズミ・害虫等の駆除、電気・ボイラー・空調器・給排水機等の保守・運転・管理、電話交換、駐車場の管理、受付・守衛、火災予防、ビル内の売店等をいうものである。

なお、ビルとは、建築基準法第 2 条第 1 号に掲げる建築物をいうものである。

96　倉庫業、警備業、消毒又は害虫駆除の事業又はゴルフ場の事業　1000 分の 6.5

この分類には、倉庫業、警備業、消毒または害虫駆除の事業およびゴルフ場の事業が該当する。

【事業の種類の細目】

9601　倉庫業

この分類には、普通倉庫、サイロ倉庫、冷蔵倉庫、水面木材倉庫等に貨物を保管する事業が該当する。

ただし、倉庫内の貨物の整理のため運搬機器を使用し、保管している貨物の積替え、積卸し、移動が主たる業務である場合および倉庫において貨物の保管、貨物の入出庫管理から倉庫内での荷捌きまたは輸送のためトラック等への積込み、積卸しの作業までを一貫して行う事業は、**「7201　停車場、倉庫、工場、道路等における貨物取扱いの事業」**に含まれる。

〔解　説〕

貨物の保管、貨物の入出庫管理を行う事業は、本分類に含まれる。

9602　警備業

この分類には、物の盗難、人の負傷等の事故の発生を警戒し、防止する事業が該当する。

9603　消毒又は害虫駆除の事業

この分類には、物品消毒業、建物消毒業、シロアリ駆除業、農作物害虫駆除業等の事業が該当する。

9606　ゴルフ場の事業

この分類には、ゴルフ場の事業が該当する。

〈参考通達要旨〉

- **倉庫業に係る労災保険率の適用について（昭 60.1.30　発労徴第 6 号、基発第 47 号）**

(1)　倉庫において貨物の保管、貨物の入出庫管理（以下「貨物の保管、管理業務」という）を行う事業は「96　倉庫業、警備業、消毒又は害虫駆除の事業又はゴルフ場の事業」の労災保険率を適用する。この場合の事業の種類の細目は「9601　倉庫業」に分類する。

なお、エレベーターおよびコンベア等を組合わせることにより、貨物を所定の場所に自動的に運搬できる機器を備えている倉庫で行う業務であっても、主たる業務が貨物の保管、管理業務を行う事業については「96　倉庫業、警備業、消毒又は害虫駆除の事業又はゴルフ場の事業」の労災保険率を適用する。

(2)　倉庫内の貨物の整理のためフォークリフト等の運搬機器を使用し、保管している貨物の積替え、積卸し、移動等を主たる業務として行う事業は「72　貨物取扱事業」の労災保険率を適用する。この場合の事業の種類の細目は「7201　停車場、倉庫、工場、道路等における貨物取扱いの事業」に分類する。

(3)　上記 (1)、(2) の業務および配送のため倉庫内での荷捌き、または運搬機器等を使用して貨物の輸送のためトラック等への積込み、積卸しの作業までを一貫して行う事業は、従来どおり「72　貨物取扱事業」の労災保険率を適用する。

- **ゴルフ場のコースの維持管理を行う事業に適用する労災保険率について（平 10.3.31　事務連絡）**

ゴルフ場において、当該ゴルフ場の事業を行う事業主から、コースの芝刈り、芝の破損個所の修復、雑草取り、ゴミ・落ち葉の清掃、樹木の手入れ、下草刈りなど、コースの維持管理全般を請け負って行う事業については、「96　倉庫業、警備業、消毒又は害虫駆除の事業又はゴルフ場の事業」の料率が適用され、事業の細目は「9606　ゴルフ場の事業」であること。

97　通信業、放送業、新聞業又は出版業　　1000分の2.5

この分類には、通信業、放送業、新聞業または出版業が該当する。

【事業の種類の細目】

9701　通信業

この分類には、有線または無線による固定または移動の電信電話を行う事業が該当する。

〔解　説〕

地域電気通信業、長距離電気通信業、有線放送電話業、移動電気通信業を行う事業は、本分類に含まれる。

なお、通信網の設置、管理等を行わない携帯電話販売業は本分類に含めず、「**9801　卸売業・小売業**」に含める。

9702　放送業

この分類には、有線または無線による放送業を行う事業が該当する。

〔解　説〕

公共放送業、テレビジョン放送業（衛星放送業を除く）、ラジオ放送業、衛星放送業、有線テレビジョン放送業、有線ラジオ放送業を行う事業は、本分類に含まれる。

9703　新聞業又は出版業

この分類には、新聞の印刷発行の事業および書籍等の出版を行う事業が該当する。

〔解　説〕

新聞社、新聞印刷発行業等の新聞の印刷発行の事業、ならびに書籍、教科書、辞典、パンフレット、定期刊行物等の出版印刷を行う事業は、本分類に含まれる。

98　卸売業・小売業、飲食店又は宿泊業　1000分の3

この分類には、卸売業・小売業、飲食店または宿泊業が該当する。

【事業の種類の細目】

9801　卸売業・小売業

この分類には、各種物品を他から受け入れて販売を行う事業が該当する。

なお、最終消費者に直接販売するためにのみ物の製造加工を行う事業は、本分類に含まれる。

〔解　説〕

繊維品の卸売、農畜産物・水産物の卸売、医療品・化粧品の卸売、鉱物・金属材料の卸売、建築材料の卸売、食料・食料品の卸売、再生資源の卸売、化学製品の卸売、機械器具の卸売、家具・建具・什(じゅう)器の卸売、その他の卸売等、衣・食・住にわたる各種の商品の卸売を行う事業、または百貨店、デパートメントストアー、スーパーマーケット等の衣・食・住にわたる各種商品を一括して、一事業所で小売を行う事業、ならびに飲食料品の小売、ガソリンスタンド、自動車の販売、自転車・荷車の小売、家具・建具・什(じゅう)器の小売、時計の小売、その他の商品の小売を行う事業は、本分類に含まれる。

店舗を有さず、インターネット、電話、ファックス等で注文を受け、最終消費者に販売を行う通信販売の事業は、本分類に含まれる。

調剤薬局は、医師、歯科医師等から発行された処方せんに基づき、患者の疾患の治療のための薬剤の調製を行い、最終消費者に直接販売を行う事業であり、本分類に含まれる。

リサイクルショップは、中古品、不要品等を買い取り、必要があれば修理、調整等を行い、最終消費者に販売を行う事業であり、本分類に含まれる。

代理商、仲立業は本分類に含めず、「**9416　前各項に該当しない事業**」に含める。

9802　飲食店

この分類には、飲食の提供を行う事業が該当する。

〔解　説〕

飲食店を行う事業は、本分類に含まれる。

飲食の提供に附帯して、書籍、雑誌等の娯楽用品またはカラオケ、ゲーム等の娯楽設備の提供を行う事業は、本分類に含まれる。

9803　宿泊業

この分類には、旅館業、ホテル業、民宿業、下宿業等の宿泊サービスを行う事業が該当する。

〔解　説〕

旅館、ホテル、割ぽう旅館、国民宿舎、簡易宿泊所、保養所（医師のいないもの）、ベットハウス、山小屋、スキー小屋、下宿業（屋）、学生寮、その他の宿泊所等の宿泊または宿泊と食事とを提供する事業は、本分類に含まれる。

宿泊サービスに附帯して、カラオケ、ゲーム等の娯楽設備の提供を行う事業は、本分類に含まれる。

〈参考通達要旨〉

・給食業務等を請け負う事業に係る労災保険率の適用について（平 19.5.1 事務連絡）

1　病院、養護老人ホーム等の社会福祉施設、学校、企業等（以下「病院等」という）との業務委託契約に基づき、病院等の施設内の厨房設備を使用して調理し、入院患者、施設入居者、学生、従業員等に給食を実施する業務、または食堂等において飲食させる業務を営む事業については、「98　卸売業・小売業、飲食店又は宿泊業」の料率が適用され、事業の種類の細目は次によるものであること。

①　食堂等において飲食させる業務を営む事業については、「9802　飲食店」として適用するものであること

②　①に該当しない場合は、「9801　卸売業・小売業」として適用するものであること

2　病院等の施設外において、給食センターのごとく独立した製造部門を有して、工場生産方式により原材料（食材）を機械器具等の設備を用いて製造・加工し、病院等へ提供する事業は、「41　食料品製造業」を適用するものであること。

99　金融業、保険業又は不動産業　1000分の2.5

この分類には、金融業、証券業、保険業または不動産業が該当する。

【事業の種類の細目】

9901　金融業

この分類には、金融業および証券業が該当する。

〔解　説〕

銀行業（信託銀行、普通銀行）、信託公社、在日外国銀行、金融公庫、農林水産金融業、信用金庫、中小商工・庶民・住宅金融業、証券会社、証券取引所、質屋等を行う事業は、本分類に含まれる。

9902　保険業

この分類には、保険業が該当する。

〔解　説〕

生命保険業、火災海上保険業、その他の保険業、保険代理業等の保険サービス業を行う事業は、本分類に含まれる。

9903　不動産業

この分類には、不動産業が該当する。

〔解　説〕

不動産賃貸業、建売業、土地売買業、不動産代理業、その他の不動産業、貸家業、賃貸管理を行う事業は、本分類に含まれる。

94　その他の各種事業　1000分の3

この分類には、その他の事業のうち他に分類されない事業が該当する。

【事業の種類の細目】

9411　広告、興信、紹介又は案内の事業

この分類には、広告業、広告代理業、興信業、民間職業紹介業、旅行代理業、観光案内業、情報提供業等の事業が該当する。

なお、高所作業を伴わない看板書きを行う事業は、本分類に含まれる。

〔解　説〕

広告、広告代理、新聞広告代理、電車内広告代理、電柱広告代理、びらはり、掲示案内、アドバルーン広告代理等の広告業、興信所、秘密探偵社等の興信業、旅行案内、観光案内等の旅行または観光案内業、家政婦会、内職周せん、結婚紹介、マネキン紹介等の紹介業、ならびに情報提供のサービスを行う事業は、本分類に含まれる。

9412　速記、筆耕、謄写印刷又は青写真業

この分類には、速記、謄写印刷、タイプライティング、筆耕、書類の複製等を行う事業が該当する。

9418　映画の製作、演劇等の事業

この分類には、各種の映画製作、ビデオの製作、演劇曲芸軽業、競馬等の娯楽の提供を行う事業が該当する。

〔解　説〕

映画撮影所、小型映画フイルム製作所、映画フイルム製作、劇団、楽団等の娯楽の提供を行う事業は、本分類に含まれる。

また、映画、演劇のセットの製作・取付作業を行う事業は、原則として本分類に含まれる。

ただし、映画、演劇のセットの製作・取付作業のうち、建設事業の態様を伴う作業を主とする事業については業態により各々該当する建設事業の種類に分類される。

9419　劇場、遊戯場その他の娯楽の事業

この分類には、映画配給、映画館、劇場、ゴルフ練習場、野球場、遊戯場、遊園地その他の娯楽施設の提供を行う事業が該当する。

〔解　説〕

映画館、映画劇場、映画サービス、映画配給、劇場、寄席、演芸場、見せ物興行場、曲芸軽業興行場、相撲興行場、競輪場、競馬場、自動車競走場、モーターボート競走場、運動場、公園、庭園、遊園地、遊戯場、碁会所、プレイガイド、つり堀、ヘルスセンター等の事業が本分類に含まれる。

カラオケボックス、インターネットカフェ等、娯楽施設の提供に附帯して、飲食の提供を行う事業は、本分類に含まれる。

ただし、飲食の提供、宿泊サービス等に附帯して、娯楽用品または娯楽設備の提供を行う事業は、業態により各々該当する事業の種類に分類される。

9420　洗たく、洗張又は染物の事業

この分類には、洗たく業、リネンサプライ業、洗張業、しみ抜き業、染物業等の身の回りの清潔を保持する事業が該当する。

〔解　説〕

洗たく、クリーニング、洗たく物取次、ランドリー、リネンサプライ、貸おむつ、貸タオル、洗張、しみ抜き、染物等の事業は本分類に含まれる。

9421　理容、美容又は浴場の事業

この分類には、理容業、美容業、浴場業等の身体の清潔を保持するサービスを行う事業が該当する。

〔解　説〕

理容店、美容院、ネイルサロン、エステティックサロン、公衆浴場、特殊浴場等の事業は、本分類に含まれる。

また、手技を用いて心身の緊張を弛緩させるサービスを行うリラクゼーション業は、本分類に含まれる。

トリミングサロンは、愛玩・観賞用動物の清潔を保持するサービスを行う事業であり、本分類に含まれる。

9422　物品賃貸業

この分類には、事務用機械、自動車、スポーツ娯楽用品等の各種の物品を賃貸する事業が該当する。

〔解　説〕

事務用機械賃貸業、レンタカー、貸本業、レンタルショップ等の事業は、本分類に含まれる。

9423　写真、物品預り等の事業

この分類には、写真業、物品預り業、履物修理業等のサービスを提供する事業が該当する。

〔解　説〕

写真撮影、写真現像・焼付・引伸、フォトサービス、衣服裁縫修理、手荷物預り、荷物一時預り、自転車預り、物品預り等の事業は、本分類に含まれる。

9425　教育業

この分類には、学校、自動車教習所等の教育に関する事業が該当する。

ただし、幼稚園の事業は「**9433　幼稚園**」に、認定こども園の事業は「**9435　認定こども園**」に含まれる。

〔解　説〕

学校教育（専修学校、各種学校を含む。）、学習支援業等の教育に関する事業は、本分類に含まれる。

スイミングクラブ、フィットネスクラブ等、商業スポーツ施設等で専門的な指導を行うことを常態とする事業は、本分類に含まれる。

ただし、専門的な指導を行うことを常態とせず、施設、設備等の提供のみを行う事業は本分類には含めず、「**9419　劇場、遊戯場その他の娯楽の事業**」に含める。

9426　研究又は調査の事業

この分類には、学術的研究、試験、開発研究等の調査研究を行う事業が該当する。

〔解　説〕

研究所、調査研究を行う事業は、本分類に含まれる。

9431　医療業

この分類には、病院、一般診療所、歯科診療所、助産所、看護業、療術業等の医療および保健衛生に関するサービスを行う事業が該当する。

〔解　説〕

歯科技工所ならびにあん摩マッサージ指圧師、針師、灸師および柔道整復師の施術所は、本分類に含まれる。

また、飼育動物に関する診療および保健衛生の指導その他の獣医事を行う動物病院は、本分類に含まれる。

9432　社会福祉又は介護事業

この分類には、児童福祉事業、老人福祉・介護事業、障害者福祉事業等の社会福祉および介護に関するサービスを行う事業が該当する。

ただし、保育所の事業は「**9434　保育所**」に、認定こども園の事業は「**9435　認定こども園**」に含まれる。

〔解　説〕

学童保育、放課後児童クラブ等の名称で行う放課後児童健全育成事業は、本分類に含まれる。

9433　幼稚園

この分類には、幼稚園の事業が該当する。

9434　保育所

この分類には、保育所の事業が該当する。

9435　認定こども園

この分類には、認定こども園の事業が該当する。

9436　情報サービス業

この分類には、ソフトウェア業、情報処理・提供サービス業等の情報サービス業およびインターネット付随サービス業の事業が該当する。

9416　前各項に該当しない事業

この分類には、その他の各種事業のうち前各項に該当しない事業が該当する。

なお、各種会社の本社、支社等の事務所、実業団体、労働団体、学術文化団体等の非営利団体、在日外国公館、検数業、代理商、仲立業、法律事務所、会計事務所、設計事務所等の専門サービスおよび神社、寺院、教会等の宗教等の事業は、本分類に含まれる。

〔解　説〕

ペットホテルは、ペットの預かり、清掃保持、運動等の各種サービスを複合的に行う事業であり、本分類に含まれる。

〈参考通達要旨〉

・油槽所における立合、監督のみに従事する場合の適用について（昭25.2.22　基災発第34号）

油槽所において、石油製品の集荷発送の直接作業はすべて請負により行わせ、主として上記の立合・監督のみに従事しているにすぎないような場合は、「94　その他の各種事業」の労災保険率を適用する。

・船舶貨物の検数立合等の事業について（昭28.8.17　基災収第2277号）

船舶貨物の検数立合および船荷事故の調査立合を行う事業は、「94　その他の各種事業」の労災保険率を適用する。

・エレベーター保守点検のみの事業について（昭37.10.25　基収第8825号の2）

設置されたエレベーターの保守点検のみを行う事業は、「94　その他の各種事業」の労災保険率を適用する。

・測量業者の行う測量について（昭39.4.15　基発第489号）

(1)　測量業者（建設業を併せ営む測量業者については下記(3)による）の行う測量は、当該業者の本店、支店または営業所等の事業場において継続事業とし、「94　その他の各種事業」の保険料率を適用する。ただし、主として航空機等を使用して行う場合にあっては、「71　交通運輸事業」の労災保険率を適用する。

(2)　前記(1)の取扱いを受ける測量業者がボーリング工事または横坑掘さく等を伴う地質調査等の建設工事を請負い施工する場合にあっては、当該工事を前記(1)の事業と区別し、有期事業として取り扱う。

(3)　建設業を併せ営む測量業者の行う測量は、当該業者の本店、支店または営業所等の事業場（事務所）につき成立している継続事業の保険関係により取り扱うこと。

ただし、当該業者が同一の場所で、かつ、同じ時期に建設工事と併せ行う測量は、当該建設工事の保険関係に含めて取り扱う。

(4)　建設業者が建設施工中に当該建設工事に伴って行う測量は、すべて当該建設工事として取り扱う。

・建設コンサルタントの行う事業について（昭39.5.14　基発第610号）

1　建設コンサルタントについて

(1)　建設工事の設計、調査、測量、工事監理、企画、立案等を請負いもしくは受託を業とする、いわゆる建設コンサルタント（技術士事務所または建築士事務所を含む）の行う事業については、原則として、当該業者の本店、支店、営業所等の事業場において成立する継続事業に含め、「94　その他の各種事業」の労災保険率を適用する。

したがって、作業上現地で雇用する臨時労働者および工事監理等のため、当該工事現場に派遣される労働者は、前記の保険関係に含めて取り扱う。

(2)　前号(1)の取扱いをうけるものが、ボーリング工事、横坑堀さく等を伴う地質調査等の建設工事を請負い施工する場合においては、当該工事を前号(1)の事業とは区別し、有期事業として当該建設事業の労災保険率を適用する。

(3)　建設業と建設コンサルタントをあわせ営むものが、建設工事の設計、調査、工事監理等を、建設工事と同一場所で、かつ同一時期に併せて行う場合には、当該事業を建設工事の保険関係に含めて適用する。

2　発注者の工事監理事務所について

発注者が、自らの発注にかかる建設工事の工事監理等を行うため、工事現場またはその付近に設置する工事事務所等については当該事務所が当該工事期間中のみ存続するものを有期事業、その他を継続事業とし、いずれも「94　その他の各種事業」の労災保険率を適用する。

・地方公共団体の建設関係出先機関の取扱いについて（昭 40.2.19　基発第 182 号）

地方公共団体の土木事務所、開発事務所等の建設関係出先機関については、「94　その他の各種事業」の労災保険率を適用する。

なお、当該事務所が、直接労働者を使用して行う建設工事は、それぞれの該当する労災保険率を適用する。

・包装、梱包を行う事業について（昭 60.1.30　労徴発第 10 号、事務連絡）

個装作業および内装作業を手作業のみで行う事業については、「94　その他の各種事業」の労災保険率を適用する。

なお、機械器具等を用いて行う事業については、「61　その他の製造業」の労災保険率を適用する。

・建設機械等の賃貸とその運転業務を併せ行う事業について（昭 61.3.25　発労徴第 13 号、基発第 163 号）

建設事業以外の事業に対して建設機械等の賃貸とその運転業務を併せ行う事業については、当該賃貸先事業に係る労災保険率を適用する。

また、賃貸先事業が建設事業である場合には、従来どおり継続事業として取り扱い、「37　その他の建設事業」の労災保険率を適用する。

なお、賃貸先が複数の場合は主たる業種の労災保険率を適用する。

第6章

労災保険率適用事業細目
（船舶所有者の事業）

90　船舶所有者の事業　　1000分の42

この分類には、船員法（昭和22年法律第100号）第1条に規定する船員を使用して行う船舶所有者（船員保険法（昭和14年法律第73号）第3条に規定する場合にあつては、同条の規定により船舶所有者とされる者）の事業が該当する。

〔解　説〕

この分類には、水産動植物の採捕または養殖の事業、旅客の外航運送事業、貨物の外航運送事業、旅客の内航運送事業、貨物の内航運送事業、およびこれらの事業のうち他に分類されない事業が該当する。

ここで、船員法第1条に規定する船員とは、日本船舶または日本船舶以外の国土交通省令の定める船舶に乗り組む船長および海員、ならびに予備船員をいう。ただし、船員法第1条第2項に規定されている「①総トン数5トン未満の船舶、②湖、川または港のみを航行する船舶、③政令の定める総トン数30トン未満の漁船、および④船舶職員および小型船舶操縦者法第2条第4項に規定する小型船舶であって、スポーツまたはレクリエーションの用に供するヨット、モーターボートその他のその航海の目的、期間および態様、運航体制等からみて船員労働の特殊性が認められない船舶として国土交通省令の定めるもの」に乗り組む者は船員とはならない。

なお、予備船員とは、船員法の適用を受ける船舶に乗り組むため雇用されている者で現に船舶に乗り組んでいないものをいう。具体的には、新造船のぎ装員、出勤・自宅待機員等であり、傷病員および療養休職中の者も船員としての雇用関係が存続する限り予備船員となる。

また、船舶所有者とは、船舶の所有者のことであるが、船員保険法第3条の規定により、船舶における労務の提供を受けるために船員を使用している者も同様に取り扱われる。

具体的には、①船舶共有の場合は船舶管理人、②船舶貸借の場合は船舶借入人、③船舶所有者、船舶管理人および船舶借入人以外の者が船員を使用する場合は当該者がそれぞれ船舶所有者となる。

例えば、船舶内の売店のように、船舶内で事業を営み、船員たる労働者を使用している場合には、当該事業主が船舶所有者として取り扱われることとなる。

【事業の種類の細目】

9001　水産動植物の採捕又は養殖の事業

この分類には、水産動植物の採捕または養殖を行う事業が該当する。

なお、調査捕鯨の事業は本分類に含まれる。

9002　外航旅客運送事業

この分類には、日本と外国の諸港との間または外国の諸港間において主として旅客の運送を行う事業が該当する。

なお、日本と外国の諸港との間または外国の諸港間においてフェリーボート等により旅客および旅客の乗用に供する自動車等を同時に運送する事業は、本分類に含まれる。

9003　外航貨物運送事業

この分類には、日本と外国の諸港との間または外国の諸港間において主として貨物の運送を行う事業が該当する。

9004　内航旅客運送事業

この分類には、主として旅客の運送を行う事業のうち、**「9002　外航旅客運送事業」**に該当しないものが該当する。

なお、日本国内の諸港間においてフェリーボート等により旅客および旅客の乗用に供する自動車等を同時に運送する事業は、本分類に含まれる。

9005　内航貨物運送事業

この分類には、主として貨物の運送を行う事業のうち、**「9003　外航貨物運送事業」**に該当しないものが該当する。

9006　その他の船舶所有者の事業

この分類には、船舶所有者の事業のうち、他に分類されない事業が該当する。

なお、調査研究を行う事業、沈没船の引揚げ事業は本分類に含まれる。ただし、調査捕鯨を行う事業は**「9001　水産動植物の採捕又は養殖の事業」**に含まれる。

第7章

労務費率と工事用物

注：平成 27 年度から適用する労務費率については、請負金額に消費税相当額を含まない前提で設定し、保険料の申告時においても、消費税相当額を含まない請負金額に労務費率を乗じた額を賃金総額とみなすよう、事務処理が変更されている。

これにより、平成 27 年度以降は、請負金額に 108 分の 105 を乗じた額に労務費率を乗じるという暫定措置は廃止となったが、平成 26 年度以前に保険関係が成立した事業については従前のとおりの取扱いとなる。

労災保険は、建設事業については、原則として元請負人が事業主となる（徴収法第８条第１項）ため、元請負人はその事業の一部を下請負人に施工させる場合には、下請負人に使用される労働者の賃金を含めて賃金総額を正確に把握することが必要である。しかし、請負による建設事業であって賃金総額を正確に把握することが困難なものについては、その事業の請負金額に事業の種類ごとに定められた一定率（労務費率という。192 ページ第１表参照）を乗じた額を、その事業の賃金総額とみなすこととしている（徴収則第 13 条第１項)。

この場合、事業主が注文者その他の者からその事業に使用する物の支給を受け、または機械器具等の貸与を受けた場合には、支給された物の価額に相当する額または機械器具の損料に相当する額を請負代金の額に加算することとして、個々の事業についての保険料負担の公平化を図っている。

労務費率を使用して賃金総額の計算を行う場合の原則は、以上のとおりであるが、特定の事業の種類についての徴収則第 13 条第２項第１号ただし書の規定に基づく工事用物に関する告示（昭和 47 年３月 31 日労働省告示第 15 号）に「当該価額に相当する額を請負代金の額に加算しない物」として掲げられた特定の工事用物（192 ページ第２表参照）については、その価額に相当する額を請負代金の額から控除している。したがって、本告示表に掲げられている事業の種類（機械装置の組立てまたはすえ付けの事業）については、それぞれ前記の工事用物が注文者その他の者から支給される各種工事用物中に含まれている場合はもちろん、請負代金中に含まれている場合においても、それらは控除されるものである（徴収則第 13 条第２項)。

なお、建設事業の労務費は作業の機械化、人件費の上昇等により変動するものであることから、労務費に関する実態調査を行い、その結果に基づき随時見直すこととしている。なお、現在の労務費率は、令和５年度に行った実態調査に基づいて令和６年度に定められたものである。

〈参考通達要旨〉

・ボイラーの組立又は据付事業における工事用物の範囲について（昭 27.5.12　基収第 1855 号の 2)

ボイラーの組立てまたは据付け事業において請負代金より控除すべき工事用物の機械器具の範囲は、缶体自体および付属装置（例えばポンプ、ストーカー、節炭機等）について控除する。スチームレシーバーは、ボイラーの付属物とみなされるが、これのみを設置する場合は、建築事業の適用をうけるから控除すべき工事用物には含まない。

- **機械器具の部品の取扱いについて（昭 28.10.9　基収第 4691 号）**

　機械の修理、部品の取替えまたは補強等の工事であっても、機械器具の部品と認められるものについては、請負代金から控除する。

- **機械器具の組立又はすえ付けの事業の労務費率について（昭 33.12.9　基発第 779 号）**

　機械器具の組立または据付けの事業の労務費率は、「組立て又は取付けに関するもの」と「その他のもの」に区分し、「その他のもの」とは基礎台の建設事業とする。

- **工事用物である機械装置の範囲について（昭 59.1.19　発労徴第 3 号、基発第 31 号　平 3.2.4 発労徴第 5 号、基発第 79 号）**

　機械装置とは、機械装置の本体、付属装置および付属品（例えば、パイプ、配線、配管材料、専用工具、保温材）をいう。

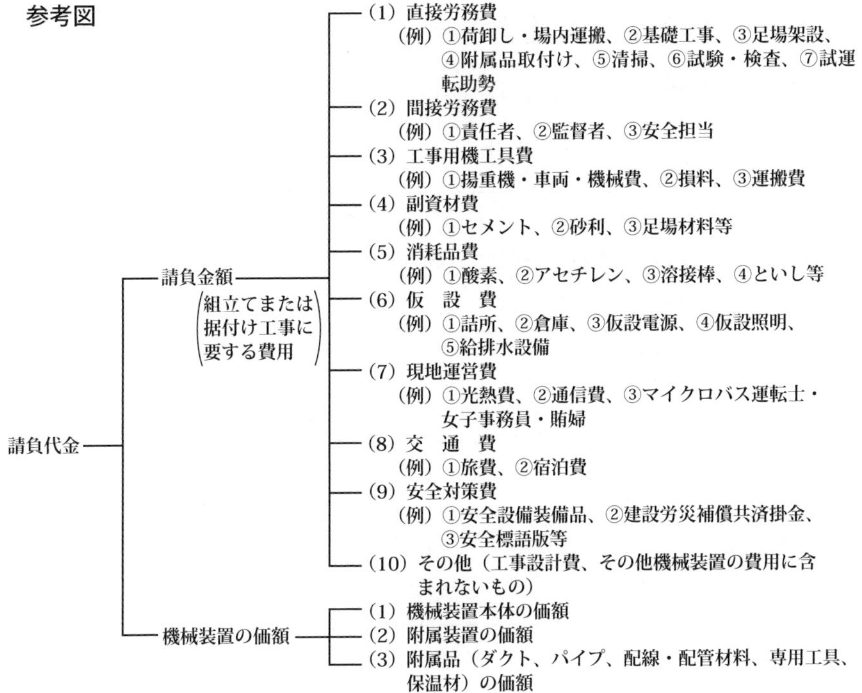

第1表　労務費率表

（徴収則第 13 条関係　別表第 2）　（令和 6 年 4 月 1 日施行）

事業の種類の分類	事業の種類	請負金額に乗ずる率
建設事業	水力発電施設、ずい道等新設事業	19%
	道路新設事業	19%
	舗装工事業	17%
	鉄道又は軌道新設事業	19%
	建築事業（既設建築物設備工事業を除く。）	23%
	既設建築物設備工事業	23%
	機械装置の組立て又は据付けの事業	
	組立て又は取付けに関するもの	38%
	その他のもの	21%
	その他の建設事業	23%

備考　この表の事業の種類の細目は、徴収則別表第 1（労災保険率表）の事業の種類の細目のとおりとする。

第2表　工事用物に関する告示

事業の種類の分類	事業の種類の番号	事業の種類	当該価額に相当する額を請負代金の額に加算しない物
建設事業	36	機械装置の組立て又は据付けの事業	機械装置

備考　この表の事業の種類の細目は、徴収則別表第 1（労災保険率表）の事業の種類の細目のとおりとする。

第3表　機械装置の範囲（例示）

（昭 59.1.19 発労徴第 3 号、基発第 31 号、平 3.2.4 発労徴第 5 号、基発第 79 号）

1. 湿式排煙脱硫装置
2. 火力発電所ボイラー
3. 原子炉
4. ゴミ焼却装置
5. 原子力発電所タービン
6. 抄紙機（改造）
7. 連続鋳造機
8. 発泡ポリスチレンプラント
9. 電気集塵装置
10. ガス発生装置
11. 水処理設備
12. エレベーター
13. エスカレーター
14. 石油精製、石油化学プラント
15. 水力発電設備
16. 索道（ロープウェイ、ゴンドラリフト、リフト）

1. 湿式排煙脱硫装置

機械装置
(1) 設計費
(2) 荷造り・運搬費
(3) 製缶機器（冷吸塔、熱交換器、タンク、ベッセルシックナー等）
(4) その他機器（ポンプ、ファン、コンプレッサー等）
(5) 配管材料（パイプ、バルブ、フランジ、ボルト、ナット、ガスケット等）
(6) 計装品（パネル計器、現場計器、従計器、流量計等）
(7) 電気品（モーター、トランス、電源盤、ケーブル照明具等）
(8) 架構ラック
(9) ダクト
(10) 保温材
(11) 塗料
(12) 予備品
(13) 試験費
(14) 共通経費（図書印刷費、技術計算料等）

2. 火力発電所ボイラー

機械装置	
(1) 設計費	(20) 通風機
(2) 荷造り・運搬費	(21) 空気源装置
(3) ボイラー本体	(22) 薬液注入装置
(4) 火炉蒸発器	(23) ボイラー清掃装置
(5) 過熱器	(24) 灰処理装置
(6) 再熱器	(25) 計器、制御装置
(7) 節炭器	(26) 自動化装置
(8) 支持装置	(27) 支持鉄骨
(9) ケーシング	(28) 蒸気管
(10) 空気予熱器	(29) 高圧給水管
(11) 冷却器	(30) その他配管
(12) タンク	(31) 保温材
(13) ミル	(32) 電気品
(14) バーナー風箱	(33) 計装品
(15) 油燃焼装置	(34) 塗料
(16) 風煙道	(35) 予備品
(17) ガス燃焼装置	(36) 試験費
(18) 微粉炭管	(37) 共通経費（図書印刷費、技術計算料等）
(19) 水ポンプ	

3. 原子炉

機械装置	
(1) 設計費	(14) 埋込・貫通金物
(2) 荷造り・運搬費	(15) 計測制御設備
(3) 蒸気ドラム	(16) グレーチング
(4) 再循環ポンプ	(17) ケーシング
(5) 下部ヘッダー	(18) 保温材
(6) 再循環系配管設備	(19) 電気品
(7) シール用ポンプ	(20) 計装品
(8) 浄化系熱交換器	(21) 塗料
(9) 浄化系付属機器	(22) 予備品
(10) 浄化系配管設備	(23) 試験費
(11) 浄化系充てんポンプ	(24) 共通経費
(12) 給水系配管設備	（図書印刷費、技術計算料等）
(13) 缶付属配管設備	

4. ゴミ焼却装置

機械装置	
(1) 設計費	(10) 給排水処理設備
(2) 荷造り・運搬費	(11) 電気計装設備
(3) 受入供給設備	(12) 廃水処理設備
（クレーン、遠隔装置等）	(13) パイプ、配管設備
(4) 燃焼設備	(14) ケーシング
(5) 燃焼ガス冷却設備	(15) 保温材
(6) 排ガス処理設備	(16) 塗料
（NO_X 除去装置等）	(17) 予備品
(7) 予熱利用設備	(18) 試験費
（ボイラー、エアコン等）	(19) 共通経費
(8) 通風設備	（図書印刷費、技術計算料等）
（送風機、ダクト等）	
(9) 灰出し設備	

5. 原子力発電所タービン

機械装置	
(1) 原子炉冷却装置	②湿分分離加熱管
(2) 温水浄水装置	③潤滑油ポンプ
①高・低圧給水加熱器	④油冷却器
②脱気器・タンク	⑤油槽
及び再循環ポンプ	⑥グランド蒸気復水器
③湿分分離器ドレンポンプ	(6) 復水器
(3) 原子炉給水ポンプ	(7) 自動制御装置
①主・補助給水ポンプ	(8) 諸機械装置
②給水ポンプ駆動用タービン	①薬液注入装置
(4) 汽缶水管	②試料採取装置
①抽気管	③検塩装置
②タービンバイパス管	(9) 電気品（配線材を含む）
③湿分分離器リリーフ母管	(10) 計装品
④給水管・復水管・排気管	(11) 塗料
⑤ヒータードレン管	(12) 保温材
⑥軸冷却水管、海水管	(13) 予備品
⑦冷却水タンク、ドレンタンク	(14) 試験費
⑧復水タンク、	(15) 設計費
海水ブースタポンプ	(16) 荷造り・運搬費
(5) 汽機	(17) 共通経費
①蒸気タービン	（図書印刷費、技術計算料等）

6. 抄紙機（改造）

機械装置	
(1) 設計費	(10) ブレーカスタック改造部品
(2) 荷造り・運搬費	(11) カレンダー用中間ロール
(3) コンバーフローヘッドボックス	(12) 分解組立工具
(4) ベルベフォーマ	(13) 電気品
(5) プレストパート改造関係機器	(14) 計装品
(6) 駆動装置改造関係機器	(15) 塗料
(7) ウェットエンド給油装置	(16) 予備品
(8) コントロールパネル	(17) 試験費
(9) サクションロール	(18) 共通経費
吸引ボックス改造用機械	（図書印刷費、技術計算料等）

7. 連続鋳造機

機械装置	
(1) 設計費	(13) チャンバー排気ダクト
(2) 荷造り・運搬費	(14) B/A、P/R点検歩廊
(3) レードルターレッド関係	(15) 芯出し架台、吊具関係仮置台
(4) タンディッシュ本体	(16) 配管材料
(5) モールド並巾替装置	（サポート及びフィーティング類）
(6) オシレーション	(17) 保温材
(7) T/Z、SEGベンデングユニット	(18) 盤関係
(8) ピンチロール	(19) 配線材料一式
(9) D/Bヘッド共用専用体	(20) 塗料
(10) 油圧ユニットV/S	(21) 予備品
(11) トーチ架台他	(22) 試験費
(12) ストラクチャー	(23) 共通経費
	（図書印刷費、技術計算料等）

8. 発泡ポリスチレンプラント

機械装置	
(1) 設計費	(13) 粉砕、分離、分級機等
(2) 荷造り・運搬費	(14) ドライヤー塔
(3) 貯槽（小型貯槽、	(15) 架台、歩廊等
反応槽、洗浄槽等）	(16) 配管材料
(4) ホッパー	(17) サポート、弁、フィッティング類
(5) タンク	(18) 盤類及び配線材料
(6) 熱交換器	（含ダクト、ハンガー）一式
(7) ポンプ	(19) 保温、保冷材
(8) ブロワー・ファン類	(20) 塗料
(9) 冷凍機	(21) 予備品
(10) コンプレッサー	(22) 試験費
(11) 遠心分離機	(23) 共通経費
(12) コンベア、押出機等	（図書印刷費、技術計算料等）

9. 電気集塵装置

機械装置	
(1) 設計費	(11) 槌打装置（製流板用、集塵極用、放電極用、各装置のサイクロ減速機等）
(2) 荷造り・運搬費	(12) 熱風配管
(3) 外殻（外板、梁、バッフルプレート、碍子室、床板、作業板、歩廊、マンホール等）	(13) スクリューコンベヤ（サイクロ減速機等）
(4) 内部金物（放電極ハンガー、放電極支持枠、下部枠、ウェイト用金具等）	(14) 送風機（モーター、油圧配管、ダンパー等）
(5) 圧力架台、柱、塗材、梁、アンカーフレーム	(15) 熱風装置
(6) 階段、歩廊	(16) 整流器、制御盤、槌打盤、碍子
(7) 出入口煙道（出入口煙道、内部支柱、内部歩廊）	(17) 電線
(8) 放電極	(18) 保温材
(9) 集塵極	(19) 塗料
(10) 整流板（多孔板＋ジグザグプレート、取付枠、接続金物）	(20) 予備品
	(21) 試験費
	(22) 共通経費（図書印刷費、技術計算料等）

10. ガス発生装置

機械装置	
(1) 設計費	(11) ストレーナー、ベローズ、トラップ類
(2) 荷造り・運搬費	(12) フランジ、エルボ・ティー、ベッド管類
(3) コンプレッサー、ブロワー等補機類	(13) ボルト、ナット、ガスケット類
(4) 電動機、発電機、変圧器等電気機器類	(14) 配電盤、照明具他計装品類
(5) 炉・熱交換器、ボイラー、反応器類	(15) バーナー類
(6) 各種装置類	(16) (9)～(15)に準ずるもの
(7) 塔、槽、タンク類	(17) 塗料
(8) (2)～(7)に準ずるもの	(18) 予備品
(9) 弁類	(19) 試験費
(10) 計器類	(20) 共通経費（図書印刷費、技術計算料等）

11.　水処理設備

機　　械　　装　　置	
(1) 設計費	
(2) 沈砂池設備	（流入ゲート、流出ゲート、粗目除塵機、沈砂揺揚機、細目除塵機、コンベアー、ホイスト、ホッパー、沈砂洗浄機、しさ脱水機、操作盤、防臭蓋等）
(3) ポンプ設備	（ポンプ類等）
(4) 沈澱池設備	（汚泥掻寄機、スカムスキマー、スカム分離機、ポンプ類、防臭蓋等）
(5) 曝気設備	（ブロワ、散気装置、消泡設備等）
(6) 消毒設備	（塩素ガス設備、次亜塩設備等）
(7) 三次処理設備	（濾過器、脱窒、脱燐、オゾン酸化、活性炭設備等）
(8) 汚泥処理設備	（消化設備、汚泥焼却、コンポスト設備、脱水機等）
(9) 操作盤	
(10) 配管材料	
(11) 架台材料	
(12) 荷造り・運搬費	
(13) 塗料	
(14) 予備品	
(15) 試験費	
(16) 共通経費	（図書印刷費、技術計算料等）

12. エレベーター

機　　械　　装　　置	
(1) 設計費	(11) 吊り合いオモリ
(2) 荷造り・運搬費	(12) 緩衝機
(3) 巻上機	(13) エレベーターケーブル
(4) 制御盤	(14) 配線材料
(5) 調速機	(15) 塗料
(6) エレベーターロープ	(16) 予備品
(7) 三方枠	(17) 試験費
(8) 階床表示灯	(18) 共通経費（図書印刷費、技術計算料等）
(9) 押ボタン	
(10) レール	

13. エスカレーター

機　械　装　置	
(1) 設　計　費	(9) 底　部　照　明
(2) 荷造り・運搬費	(10) 配　線　材　料
(3) ト　ラ　ス	(11) 塗　料
(4) 制　御　盤	(12) 予　備　品
(5) 駆動機、駆動輪、従動輪	(13) 試　験　費
(6) ゴム手すり、ゴム手すりレール	(14) 共　通　経　費
(7) ステップ、ステップレール	（図書印刷費、技術計算料等）
(8) 内装板、外装板	

14. 石油精製、石油化学プラント

機　械　装　置
(1) 設　計　費
(2) 荷造り・運搬費
(3) 製作機器類（タワー、ベッセル、リアクター、熱交換器、エアフィンクーラー、ボイラー）
(4) 回転機械類（ポンプ、コンプレッサー、ブロワー、ファン、ミキサー、コンベアー）
(5) 配管工事材料（鋼管、バルブ、継手、フランジ、ボルト、パッキン、消火設備）
(6) 加熱炉工事材料（鉄骨、加熱チューブ、バーナー、煉瓦、ダクト、スタック）
(7) 鉄架構工事材料（ラック、ステージ、ラダー）
(8) 計装工事材料（盤、各種計器、コンピューター機器、ケーブル、計装配管材）
(9) 電気工事材料（盤、モーター、トランス、ケーブル、照明設備）
(10) 保温冷工事材料（保温材、保冷材、ジュート材）
(11) 塗　料
(12) 予　備　品
(13) 試　験　費
(14) 共　通　経　費（図書印刷費、技術計算料等）

15. 水力発電設備

機械装置
(1) 設計費
(2) 荷造り・運搬費
(3) 水車（水車本体、入口弁、圧油装置、給排水装置、調整機等）
(4) 発電機（発電機本体、励磁装置、中性点接地装置等）
(5) 主要変圧器
(6) 制御装置（配電盤、キュービクル、補機制御盤等）
(7) 開閉所装置（しゃ断器、断路器、変流器、電力ケーブル、鉄構架台等）
(8) 計装品
(9) 塗料
(10) 予備品
(11) 試験費
(12) 共通経費（図書印刷費、技術計算料等）

16. 索道（ロープウェイ、ゴンドラリフト、リフト）

機械装置	
(1) 設計費	(14) 救助装置
(2) 荷造り・運搬費	(15) 受電設備
(3) 停留場装置	(16) 配電設備
(4) 搬器留置設備	(17) 保安装置
(5) 運転装置	(18) 通信装置
(6) 支柱（受索装置、脱索防止装置を含む。）	(19) 放送設備
	(20) 監視設備
(7) 索条	(21) 配線材料
(8) 原動設備（又は原動緊張装置）	(22) 塗料
(9) 緊張設備（又は折返設備）	(23) 予備品
(10) 制動装置	(24) 試験費
(11) 制御装置	(25) 共通経費
(12) 予備原動機（又は予備発電機）	（図書印刷費、技術計算費等）
(13) 搬器	

第8章

メリット制

1　概　　要

労災保険率は、事業主間の負担の公平を期するため「事業の種類」ごとに災害率等に応じて定められているのであるが、事業の種類が同一であっても作業工程、機械設備あるいは作業環境の良否、災害防止努力の如何等によって個々の事業ごとの災害率には差異が生じる。そこで、事業主の負担の具体的公平を図るとともに、事業主の災害防止努力を促進することを目的に、同種の事業であっても、一定規模以上の事業については、個々の事業の災害率の高低に応じて労災保険率を増減させる仕組みを設けている。継続事業では、その事業に係る労災保険率から、非業務災害率（全業種一律1000分の0.6）を減じた率を40%（一括有期事業である立木の伐採の事業については35%）の範囲内(※)で増減させ、その増減させた率に非業務災害率を加えた率を労災保険率とし、また、有期事業では、確定保険料の額から非業務災害率に応ずる部分の額を減じた額を40%（立木の伐採の事業については35%）の範囲内で増減した額だけ、確定保険料の額を増減することとしている。これが労災保険に係る「メリット制」と呼ばれるものである。

※　平成24年4月1日から、一括有期事業（建設の事業および立木の伐採の事業）のうち、一定の要件を満たす事業については労災保険率の増減幅を30%とすることとなった。詳しくは本章2(3)メリット労災保険率（205ページ）の解説を参照。

2　継続事業のメリット制

(1)　適用の対象となる事業

継続事業のメリット制の適用については、「事業の継続性」に関する要件と「事業の規模」に関する要件とを同時に満たしていることが必要である。

イ　事業の継続性

メリット制によって労災保険率が増減される保険年度の前々保険年度に属する3月31日（以下「基準となる3月31日」という）現在において、労災保険に係る保険関係成立後3年以上経過していること。

ロ　事業の規模

基準となる3月31日の属する保険年度から過去に遡って連続する

3保険年度中（以下「収支率算定期間」という）の各保険年度において、次の要件のいずれかを満たしていること。

(イ)　100人以上の労働者を使用する事業

(ロ)　20人以上100人未満の労働者を使用する事業であって、その使用労働者数に事業の種類ごとに定められている労災保険率（以下「基準となる労災保険率」という）から非業務災害率を減じた率を乗じて得た数（以下「災害度係数」という）が0.4以上であるもの

すなわち

労働者数×（基準となる労災保険率－非業務災害率）≧0.4

を満たす事業であること。

したがって、例えば「93　ビルメンテナンス業」のような労災保険率1000分の6の業種においては、75人の労働者数が必要となる。

(ハ)　一括有期事業である建設の事業および立木の伐採の事業については、確定保険料の額が40万円以上である事業

なお、各保険年度における労働者の把握は、当該保険年度中の各月の末日（賃金締切日がある場合には、各月の末日の直前の賃金締切日）における使用労働者数の合計数を12で除して得た労働者数（小数点以下切り捨て）により行うものとする。ただし、船きょ、船舶、岸壁、波止場、停車場または倉庫における貨物の取扱いの事業にあっては、各保険年度中に使用した延労働者数を当該保険年度における所定労働日数で除して得た労働者数（小数点以下切り捨て）により行うものとする。

(2)　メリット収支率の算定

イ　メリット収支率の算定

メリット制を適用して、その事業に係る労災保険率を上げ下げさせる基準は、その事業につき収支率算定期間における業務災害に関する保険給付の額等と保険料の額（非業務災害率に応ずる部分の額を除く）に調整率を乗じて得た額との比率（メリット収支率）であり、その具体的な算定は次のとおりである。

$$\text{メリット収支率} = \frac{\left(\begin{array}{l}\text{基準となる3月31}\\\text{日以前3保険年度に}\\\text{業務災害に関して支}\\\text{払われた保険給付の}\\\text{額および特別支給金}\\\text{ならびに特別遺族給}\\\text{付金の額}^{(注1)}\end{array}\right) - \left(\begin{array}{l}\text{① 遺族補償一時金および当該遺族補償一時}\\\text{金の受給権者に支払われた遺族特別一時}\\\text{金の額}^{(注2)}\\\text{② 障害補償年金差額一時金および障害特別}\\\text{年金差額一時金の額}\\\text{③ 特別遺族給付金のうち遺族失権に伴い支}\\\text{払われた額}\\\text{④ 特定疾病にかかった者に対し支払われた}\\\text{保険給付の額および特別支給金ならびに}\\\text{特別遺族給付金の額}\\\text{⑤ 第3種特別加入者に係る保険給付の額お}\\\text{よび特別支給金の額}\end{array}\right)}{\left(\begin{array}{l}\text{基準となる3月31日以前3年間の一般保険料の額（労災保}\\\text{険率から非業務災害率を減じた率に応ずる部分の額）および}\\\text{第1種特別加入保険料の額（第1種特別加入保険料率から特}\\\text{別加入非業務災害率を減じた率に応ずる部分の額）}\end{array}\right) \times \text{第1種調整率}} \times 100$$

（注1）特別遺族給付金は、石綿健康被害救済法の規定に基づく、特別遺族年金および特別遺族一時金である。

（注2）遺族補償一時金は、労災保険法第16条の6第1項に定められた支給事由のうち、第2号により支給される遺族補償一時金を指す。

なお、第1種調整率は次のとおりである。

一般の事業（以下の事業以外の事業）	100分の67
林業の事業	100分の51
建設の事業	100分の63
港湾貨物取扱事業または港湾荷役業の事業	100分の63
船舶所有者の事業	100分の35

ロ　業務災害に関する保険給付等の額の算定

業務災害に関する保険給付等の額は、原則として収支率算定期間に業務災害に関して支給した労災保険の保険給付の額および特別支給金の額であるが、一定の保険給付の額および特別支給金の額については次により算定する。

療養補償給付、休業補償給付、傷病補償年金、介護補償給付、休業特別支給金および傷病特別年金については、負傷または発病年月日から3年以内の分として支給される額のみを算入する。

障害補償年金、遺族補償年金、障害特別年金および遺族特別年金については、実際に業務災害に関して支給した額に代えて年金額を一時金に換算した額、すなわち、給付基礎日額または算定基礎日額を平均賃金とみなして労働基準法上の災害補償の規定を適用することとした場合に行われることとなる障害補償、遺族補償に相当する額とする。

なお、特定疾病にかかった者（210ページ参照）に対して支払われた保険給付の額および特別支給金の額は、メリット収支率の算定基礎となる保険給付の額および特別支給金の額から除外する。

令和２年９月から複数事業労働者（事業主が同一でない２以上の事業に使用される労働者）に対して、複数事業場の賃金合算額を基準として給付基礎日額を算定する仕組みが導入された。メリット収支率の計算に際しては、複数事業労働者を対象とする休業補償給付、障害補償年金、障害補償一時金、遺族補償年金、遺族補償一時金、傷病補償年金、葬祭料については、災害発生事業場における賃金額を基に算定した額に相当する額のみを算入するものとされている（特別支給金も考え方は同様）。

(3)　メリット労災保険率

メリット制の適用は、収支率算定期間の収支率が85％を超え、または75％以下となる場合で、その事業に係る基準となる労災保険率から非業務災害率を減じた率をメリット増減表（211ページ増減表１参照）により40％（一括有期事業である立木の伐採の事業については35％）の範囲内(※)で上げ下げし、これに非業務災害率を加えた率を収支率算定期間の最後の保険年度の次の次の保険年度の労災保険率とする。

メリット増減後の労災保険率＝

$$(\text{基準となる労災保険率}-\text{非業務災害率})\times\frac{100+\text{メリット増減率}(\%)}{100}+\text{非業務災害率}$$

※　一括有期事業で平成24年度以降の保険年度において、一定の要件を満たす事業についてはメリット増減表の増減幅が30％となる。対象となる事業は、収支率算定期間の３保険年度において、すべての保険年度の確定保険料が40万円以上であり、そのうち１保険年度でも確定保険料が100万円未満の要件を満たす事業場である。この場合、労災保険率を40％（立木の伐採の事業は35％）ではなく、30％の範囲内で上げ下げする増減表（212ページ増減表２参照）が適用される。

3　有期事業のメリット制

有期事業については、請負金額または素材生産量などによって示されている規模が一定水準以上であるか、または確定保険料の額が40万円以上であればメリット制が適用される。

また、継続事業のメリット制においては、その事業に適用されるべき基準となる労災保険率を引き上げまたは引き下げるが、有期事業のメリット制においては、確定保険料の額を上げ下げすることにより運用される。

(1) メリット適用事業

メリット制の適用を受ける事業は建設の事業または立木の伐採の事業であって、次のいずれかに該当する事業である。

イ　確定保険料の額が 40 万円以上である事業

ロ　建設の事業にあっては請負金額（消費税相当額除く）が 1 億 1000 万円以上、立木の伐採の事業にあっては素材の生産量が 1000 立方メートル以上である事業

上記イの「確定保険料の額」の要件は、従来、「100 万円以上」と定められていたが、平成 24 年 4 月 1 日に改正され、「40 万円以上」と定められた。改正後の要件が適用される時期は、平成 24 年 4 月 1 日以降に保険関係が成立した単独有期事業となる。平成 24 年 3 月 31 日以前に保険関係が成立した事業については、改正前の要件が適用される。

上記ロの「請負金額」の要件は、従来「1 億 2000 万円以上（消費税相当額を含む。）」と定められていたが、平成 27 年 4 月 1 日に改正され、「1 億 1000 万円以上（消費税相当額を除く。）」と定められた。これは、平成 27 年 4 月 1 日の改正により保険料申告等における請負金額の取扱いを全て消費税相当額を除くこととしたことによるものである。改正後の要件が適用される時期は、平成 27 年 4 月 1 日以降に保険関係が成立した単独有期事業となる。平成 27 年 3 月 31 日以前に保険関係が成立した事業については、改正前の要件が適用される。

(2) メリット収支率

メリット制を適用してその事業についての確定保険料の額を上げ下げする基準は、その事業開始の日から事業終了後 3 カ月または 9 カ月後の日までの間における業務災害に関する保険給付の額および特別支給金の額とその事業の確定保険料の額（一般保険料の額のうち労災保険率に応ずる部分の額から非業務災害率に応ずる部分を減じた額に、第 1 種特別加入保険料の額から特別加入非業務災害率に応ずる部分の額を減じた額の合計額。以下同じ）に第 1 種調整率または第 2 種調整率を乗じて得た額との比率（メリット収支率）であり、具体的算式は次のとおりである。

イ　事業が終了した日から3カ月を経過した日前におけるメリット収支率

メリット収支率＝〔（事業が終了した日から3カ月を経過した日前における業務災害に関して支払われた保険給付の額および特別支給金ならびに特別遺族給付金の額（注1））－（①　遺族補償一時金および当該遺族補償一時金の受給権者に支払われた遺族特別一時金の額（注2）　②　障害補償年金差額一時金および障害特別年金差額一時金の額　③　特別遺族給付金のうち遺族失権に伴い支払われた特別遺族一時金の額　④　特定疾病にかかった者に対して支払われた保険給付の額および特別支給金ならびに特別遺族給付金の額）〕÷〔（当該事業の確定保険料の額（労災保険率から非業務災害率を減じた率に応ずる部分の額）および第1種特別加入保険料の額（第1種特別加入保険料率から特別加入非業務災害率を減じた率に応ずる部分の額））×第1種調整率〕×100

（注1）特別遺族給付金は、石綿健康被害救済法の規定に基づく、特別遺族年金および特別遺族一時金である。

（注2）この遺族補償一時金は、労災保険法第16条の6第1項に定められた支給事由のうち、第2号により支給される遺族補償一時金を指す。

ロ　事業が終了した日から9カ月を経過した日前におけるメリット収支率

メリット収支率＝〔（事業が終了した日から9カ月を経過した日前における業務災害に関して支払われた保険給付の額および特別支給金ならびに特別遺族給付金の額（注1））－（①　遺族補償一時金および当該遺族補償一時金の受給権者に支払われる遺族特別一時金の額（注2）　②　障害補償年金差額一時金および障害特別年金差額一時金の額　③　特別遺族給付金のうち遺族失権に伴い支払われた特別遺族一時金の額　④　特定疾病にかかった者に対し支払われた保険給付の額および特別支給金ならびに特別遺族給付金の額）〕÷〔（当該事業の確定保険料の額（労災保険率から非業務災害率を減じた率に応ずる部分の額）および第1種特別加入保険料の額（第1種特別加入保険料率から特別加入非業務災害率を減じた率に応ずる部分の額））×第2種調整率〕×100

（注1）特別遺族給付金は、石綿健康被害救済法の規定に基づく、特別遺族年金および特別遺族一時金である。

（注2）この遺族補償一時金は、労災保険法第16条の6第1項に定められた支給事由のうち、第2号により支給される遺族補償一時金を指す。

この場合、「業務災害に関する保険給付等の額の算定」は、継続事業の場合（前記2の(2)のロ）と同様である。

なお、第2種調整率は次のとおりである（第1種調整率は204ページを参照）。

建設の事業	100分の50
立木の伐採の事業	100分の43

(3) 改定確定保険料額

メリット収支率が85％を超えまたは75％以下の場合、確定保険料の額を改定するが、その額を改定確定保険料という。改定確定保険料は、その事業の確定保険料の額から非業務災害率に応ずる部分の額を減じた額にメリット収支率に応じた40％（立木の伐採については35％）の範囲内の増減率（213ページ増減表3参照）を乗じて得た額だけ、確定保険料の額を引き上げまたは引き下げた額である。

4 特例メリット制

我が国の労働災害は、全体としては減少傾向にあるものの、依然として中小企業での災害が多数を占めている。

このため、労災保険制度としても、中小企業を対象にメリット制を労働安全衛生施策と緊密にリンクさせることにより、労働災害の予防に積極的に貢献していく必要があるとの観点から、中小企業事業主が厚生労働省令で定める労働者の安全または衛生を確保するための特別の措置を講じた場合であって、「労災保険率特例適用申告書」を提出したときは、メリット制による労災保険率（非業務災害率を除く）の増減幅を最大45％に拡大する特例が設けられている。

これが「特例メリット制」である。

(1) 特例メリット制の適用の対象となる事業

特例メリット制の適用の対象となる事業は、以下のイ、ロ、ハおよびニの要件をすべて満たしている事業である。

イ　継続事業のメリット制が適用される事業であること（建設の事業および立木の伐採の事業を除く）

ロ　中小企業事業主が行う事業であること

中小企業事業主とは、企業全体で常時300人（金融業もしくは保険業、不動産業または小売業を主たる事業とする事業主については50人、卸売業またはサービス業を主たる事業とする事業主については100人）以下の労働者を使用する事業主である。

ハ　厚生労働省令で定める労働者の安全または衛生を確保するための措置を講じた事業であること

特例メリット制の適用の対象となる労働者の安全または衛生を確保するための措置とは、都道府県労働局長の認定を受けた快適職場推進計画による措置または所轄労働基準監督署長から確認を受けた労働安全衛生マネジメントシステムの実施である。

ニ　ハの措置が講じられた保険年度の次の保険年度の初日から6カ月以内に「労災保険率特例適用申告書」を提出したこと

(2) 特例メリット制の適用期間

労働者の安全または衛生を確保するための措置を講じた中小企業事業主が、当該措置が講じられた保険年度の次の保険年度の4月1日から9月30日までの間に「労災保険率特例適用申告書」を提出した場合は、当該措置が講じられた保険年度の次の次の保険年度から3保険年度間（安全衛生措置実施年度がメリット収支率算定期間に含まれる間）について特例メリット制による増減幅の特例が適用される。

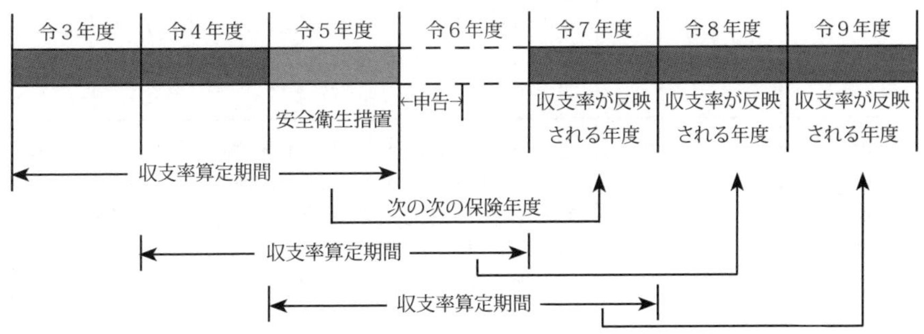

(3) 特例メリット労災保険率

特例メリット制が適用される事業では、過去3年間の収支率が85％を超え、または75％以下となる場合は、その事業についての基準となる労災保険率から非業務災害率を減じた率を特例メリット増減率（214ページ増減表4参照）により45％の範囲内で上げ下げし、これに非業務災害率を加えた率が収支率算定期間の最後の保険年度の次の次の保険年度の労災保険率となる。

メリット制の収支率の算定基礎から除外する特定疾病の範囲

（徴収則第 17 条の 2）

疾　病	事業の種類	疾病にかかった者の範囲
非災害性腰痛	港湾貨物取扱事業又は港湾荷役業	事業主を異にする 2 以上の事業場において非災害性腰痛の発生のおそれのある業務に従事した労働者であって、当該業務に従事した最終事業場の事業主に日雇で使用されたもの（2 月を超えて使用されるに至った者を除く。）
振動障害	林業又は建設の事業	事業主を異にする 2 以上の事業場において振動障害の発生のおそれのある業務に従事した労働者であって、最終事業場における当該業務の従事期間が 1 年に満たないもの
じん肺症	建設の事業	事業主を異にする 2 以上の事業場においてじん肺症の発生のおそれのある業務に従事した労働者であって、最終事業場における当該業務の従事期間が 3 年に満たないもの
石綿にさらされる業務による肺がん又は中皮腫	建設の事業	建設の事業に属する事業主を異にする 2 以上の事業場において肺がん又は中皮腫の発生のおそれのある石綿にさらされる業務に従事した労働者であって、最終事業場における当該業務の従事期間が、肺がんにあっては 10 年、中皮腫にあっては 1 年に満たないもの
	港湾貨物取扱事業又は港湾荷役業	港湾貨物取扱事業又は港湾荷役業に属する事業主を異にする 2 以上の事業場において肺がん又は中皮種の発生のおそれのある石綿にさらされる業務に従事した労働者であって、当該業務に従事した最終事業場の事業主に日雇で使用されたもの（2 月を超えて使用されるに至ったものを除く。）
騒音性難聴	建設の事業	建設の事業に属する事業主を異にする 2 以上の事業場において著しい騒音を発する場所における業務に従事し、又は従事したことのある労働者であって、最終事業場における当該業務の従事期間が 5 年に満たないもの

増減表１　継続事業・一括有期事業

（徴収則別表第３）

<table>
<tr><th rowspan="2">メ リ ッ ト 収 支 率</th><th colspan="2">メ リ ッ ト 増 減 率</th></tr>
<tr><th>立木の伐採の事業以外の事業</th><th>立木の伐採の事業</th></tr>
<tr><td>10%以下のもの</td><td>40%減ずる。</td><td>35%減ずる。</td></tr>
<tr><td>10%を超え 20%までのもの</td><td>35%減ずる。</td><td>30%減ずる。</td></tr>
<tr><td>20%を超え 30%までのもの</td><td>30%減ずる。</td><td>25%減ずる。</td></tr>
<tr><td>30%を超え 40%までのもの</td><td>25%減ずる。</td><td>20%減ずる。</td></tr>
<tr><td>40%を超え 50%までのもの</td><td>20%減ずる。</td><td>15%減ずる。</td></tr>
<tr><td>50%を超え 60%までのもの</td><td>15%減ずる。</td><td rowspan="2">10%減ずる。</td></tr>
<tr><td>60%を超え 70%までのもの</td><td>10%減ずる。</td></tr>
<tr><td>70%を超え 75%までのもの</td><td>5%減ずる。</td><td>5%減ずる。</td></tr>
<tr><td>85%を超え 90%までのもの</td><td>5%増加する。</td><td>5%増加する。</td></tr>
<tr><td>90%を超え 100%までのもの</td><td>10%増加する。</td><td rowspan="2">10%増加する。</td></tr>
<tr><td>100%を超え 110%までのもの</td><td>15%増加する。</td></tr>
<tr><td>110%を超え 120%までのもの</td><td>20%増加する。</td><td>15%増加する。</td></tr>
<tr><td>120%を超え 130%までのもの</td><td>25%増加する。</td><td>20%増加する。</td></tr>
<tr><td>130%を超え 140%までのもの</td><td>30%増加する。</td><td>25%増加する。</td></tr>
<tr><td>140%を超え 150%までのもの</td><td>35%増加する。</td><td>30%増加する。</td></tr>
<tr><td>150%を超えるもの</td><td>40%増加する。</td><td>35%増加する。</td></tr>
</table>

増減表２　一括有期事業で確定保険料額が 100 万円未満

（徴収則別表第３の２）

メリット収支率	メリット増減率
10%以下のもの	30%減ずる。
10%を超え 20%までのもの	25%減ずる。
20%を超え 30%までのもの	20%減ずる。
30%を超え 50%までのもの	15%減ずる。
50%を超え 70%までのもの	10%減ずる。
70%を超え 75%までのもの	5%減ずる。
85%を超え 90%までのもの	5%増加する。
90%を超え 110%までのもの	10%増加する。
110%を超え 130%までのもの	15%増加する。
130%を超え 140%までのもの	20%増加する。
140%を超え 150%までのもの	25%増加する。
150%を超えるもの	30%増加する。

増減表３　単独有期事業

（徴収則別表第６）

<table>
<tr><th rowspan="2">メリット収支率</th><th colspan="2">増減率</th></tr>
<tr><th>建設の事業</th><th>立木の伐採の事業</th></tr>
<tr><td>10%以下のもの</td><td>40%減ずる。</td><td>35%減ずる。</td></tr>
<tr><td>10%を超え 20%までのもの</td><td>35%減ずる。</td><td>30%減ずる。</td></tr>
<tr><td>20%を超え 30%までのもの</td><td>30%減ずる。</td><td>25%減ずる。</td></tr>
<tr><td>30%を超え 40%までのもの</td><td>25%減ずる。</td><td>20%減ずる。</td></tr>
<tr><td>40%を超え 50%までのもの</td><td>20%減ずる。</td><td>15%減ずる。</td></tr>
<tr><td>50%を超え 60%までのもの</td><td>15%減ずる。</td><td rowspan="2">10%減ずる。</td></tr>
<tr><td>60%を超え 70%までのもの</td><td>10%減ずる。</td></tr>
<tr><td>70%を超え 75%までのもの</td><td>5%減ずる。</td><td>5%減ずる。</td></tr>
<tr><td>85%を超え 90%までのもの</td><td>5%増加する。</td><td>5%増加する。</td></tr>
<tr><td>90%を超え 100%までのもの</td><td>10%増加する。</td><td rowspan="2">10%増加する。</td></tr>
<tr><td>100%を超え 110%までのもの</td><td>15%増加する。</td></tr>
<tr><td>110%を超え 120%までのもの</td><td>20%増加する。</td><td>15%増加する。</td></tr>
<tr><td>120%を超え 130%までのもの</td><td>25%増加する。</td><td>20%増加する。</td></tr>
<tr><td>130%を超え 140%までのもの</td><td>30%増加する。</td><td>25%増加する。</td></tr>
<tr><td>140%を超え 150%までのもの</td><td>35%増加する。</td><td>30%増加する。</td></tr>
<tr><td>150%を超えるもの</td><td>40%増加する。</td><td>35%増加する。</td></tr>
</table>

増減表４　特例メリット増減率

（徴収則別表第３の３）

メ　リ　ッ　ト　収　支　率	特例メリット増減率
5%以下のもの	**45%減ずる。**
5%を超え 10%までのもの	40%減ずる。
10%を超え 20%までのもの	35%減ずる。
20%を超え 30%までのもの	30%減ずる。
30%を超え 40%までのもの	25%減ずる。
40%を超え 50%までのもの	20%減ずる。
50%を超え 60%までのもの	15%減ずる。
60%を超え 70%までのもの	10%減ずる。
70%を超え 75%までのもの	5%減ずる。
85%を超え 90%までのもの	5%増加する。
90%を超え 100%までのもの	10%増加する。
100%を超え 110%までのもの	15%増加する。
110%を超え 120%までのもの	20%増加する。
120%を超え 130%までのもの	25%増加する。
130%を超え 140%までのもの	30%増加する。
140%を超え 150%までのもの	35%増加する。
150%を超え 160%までのもの	40%増加する。
160%を超えるもの	**45%増加する。**

注）表内の**太字**部分が特例メリット制によりメリット増減幅が拡大される部分である。

参考資料

1　労災保険率設定の基本的な考え方
2　労災保険率の改定経過表
3　労務費率の改定経過表
4　令和5年 労務費率調査結果
5　工事用物に関する告示の改定経過表
6　労災保険率に関する法的根拠
7　特別加入保険料率に関する法的根拠
8　第2種、第3種特別加入保険料率改定経過表
9　自動車専用部品等（例示）
10　適用事業細目関係通達索引

1　労災保険率設定の基本的な考え方

労災保険制度は、労働基準法に定める労働災害に係る事業主の補償責任を担保する責任保険として昭和22年に設けられ、その後数次の改正の結果、現在では、労働基準法に定める補償水準を超えた国際的にも遜色のないものとなっている。

保険給付に必要な財源は、事業主が負担する保険料で賄われており（一部国庫補助もある)、この財政方式は「収支の均等」と「公平な負担」という基本原則に立って定められている。

労災保険の給付、運営に係る費用負担のあり方について述べると、短期給付と長期給付とでは、考え方が異なる。

まず、短期給付の費用負担の方法は、その給付が短期に終了するものであり、負担を後世代に繰り延べることがないので、一定期間（3年間）の収入と支出が均衡するように定める方式（純賦課方式）によって保険料率を算出している。

一方、年金等の長期給付は、事故発生以降、長い場合は20年、30年以上にわたり給付をすることになる。それらの給付に必要な原資の徴収方法として、短期給付と同じように各年度の給付に必要な額をその年度に徴収する方法を用いると、20年前、30年前に起きた労災事故についての給付費用を、事故に全く責任のない現在時点の事業主に負担を求めることになり、世代間での負担の不公平が生ずることになる。そのため、労災事故を起こした責任は、労災事故を発生させた時点の事業主が負うべきであるという観点から、将来にわたって年金を給付するのに必要な費用は、将来の利子収入をも考慮した現価の形で事故を起こした時点の事業主が負担する方式（充足賦課方式）を採用している（平成元年度から)。

充足賦課方式が採用される以前は、事故発生後6年分の給付額に相当する分のみ徴収し、残りの給付分は後世代の事業主負担としていた。

これは、年金制度導入（昭和41年）直後に充足賦課方式を採用すると、それ以前の一時金を給付していた時の料率と比べると、その料率を極端に引き上げる必要があったため、当時の経済情勢には適当でないと判断されたからである。当時採用されたこの方式は、修正賦課方式と呼ばれるもので、年金制度導入直後の年金受給者の数が少ないときには料率を低めに設定し、その後年金受給者が増えるにつれて段階的に保険料を上げる方式であり、当時の諸般の情勢に沿ったものと判断されたわけである。

しかし、この方式ではいくつかの問題点があった。保険料率は、業種ごとに災害の発生率等が異なることから業種ごとに定められており、その業種で起きた事故の補償に要する費用は、その業種において原則負担することになっている。もちろん、年金受給者への給付についても同様である。

ところが、我が国の経済状況は大きく変動し、石炭産業のように産業規模が大きく縮小する業種がでてきた。これらの業種においては、従事する労働者が急速に減少したが、年金受給者は増加しているために労働者1人当たりが負担する保険料の額が次第に大きくなり、実際上負担しきれなくなってきた。そのため、後世代に負担を繰り延べないために平成元年に料率の設定方式を修正賦課方式から充足賦課方式に変更したものである。このことにより、事業主の災害防止努力が、その事業の属する業種の保険料率に今まで以上に反映されることとなった。

このように長期給付については、充足賦課方式で将来給付に必要な分まで含めて保険料を徴収しており、単年度でみれば、当年度支払うもの以外のものは、積立金として保有している。この積立金は、全額、財務省の財政融資資金に預託して運用されており、そこで得られる利子収入も合わせて、現在いる年金受給者の将来にわたる給付に使うことにしている。

2　労災保険率の改定経過表（1）

事業の種類	旧事業の種類	改定 22 9.1	23 12.1	24 8.1	25 4.1	26 4.1	27 4.1	28 4.1	29 8.1	30 4.1	31 4.1	32 4.1	33 4.1	34 4.1	35 4.1	36 4.1	37 4.1	39 4.1	46 1.1	47 4.1	48 4.1
〔林業〕																					
林業	木材伐出業　立木の伐採業	10	18	→	52	→	→	→	→	62	83	→	→	→	→	→	80	→	→	→	→
林業	その他の林業　製薪業又は木炭製造業	10	18	12	34	→	→	25	→	→	→	→	→	→	→	→	30	→	→	→	→
林業	その他の林業　その他の林業	10	18	12	34	→	→	25	→	→	→	→	→	22	18	→	→	→	→	→	→
〔漁業〕																					
海面漁業	漁業	2	→	16	→	25	28	→	→	42 34	→	→	→	→	→	→	→	→	→	→	→
定置網漁業又は海面魚類養殖業	漁業	—	—	—	—	—	—	—	—	—	—	—	—	—	—	—	—	—	—	—	—
〔鉱業〕																					
金属鉱業、非金属鉱業又は石炭鉱業	金属又は非金属鉱業　金属鉱業	18	25	31	→	→	→	→	→	34	43	→	→	→	→	→	34	→	42	→	→
金属鉱業、非金属鉱業又は石炭鉱業	金属又は非金属鉱業　非金属鉱業	18	25	28	→	→	→	25	→	→	28	31	→	＊1 34	→	→					
金属鉱業、非金属鉱業又は石炭鉱業	金属又は非金属鉱業　その他の鉱業	18	→	25	→	→	28	＊ 34	→	37	44	→	53	＊3 →	→	50					
金属鉱業、非金属鉱業又は石炭鉱業	石炭鉱業	18	25	34	57	58	50	42	→	49	53	→	47	45	→	→	→	54	56	60	→
石灰石鉱業又はドロマイト鉱業		—	—	—	—	—	—	—	—	—	—	—	—	—	—	—	—	—	—		
原油又は天然ガス鉱業	石油鉱業	18	25	20	→	→	→	14	→	→	→	12	9	→	→	→	8	→	3	→	→
採石業	採石業	18	→	25	→	→	28	34	→	37	44	→	53	＊2 →	→	65	→	→	80	→	→
その他の鉱業	砂鉱業	18	→	16	→	→	→	→	→	→	→	→	→	18	→	20	→	→	24	→	→
その他の鉱業	亜炭鉱業	18	25	22	→	→	→	34	37	→	49	→	→	→	→	50	→	60	47	→	→
〔建設事業〕																					
水力発電施設、ずい道等新設事業	水力発電建設事業	44	→	→	→	→	61	→	64	128	→	→	→	125	→	99	80	→	69	→	→
水力発電施設、ずい道等新設事業	高堰堤建設事業	—	—	—	—	—	—	—	61 64	128	→	→	→	125	→						
水力発電施設、ずい道等新設事業	ずい道建設事業	25	→	→	→	37	→	＊ 46	52	104	→	→	→	→	→						
道路新設事業	特殊道路建設事業（新設部分）	—	—	—	—	—	—	—	—	—	—	—	—	59	→	70	45	→	35	→	→
道路新設事業	道路建設事業（新設部分）	18	→	→	→	→	→	→	→	31	→	→	→	→	→	40					

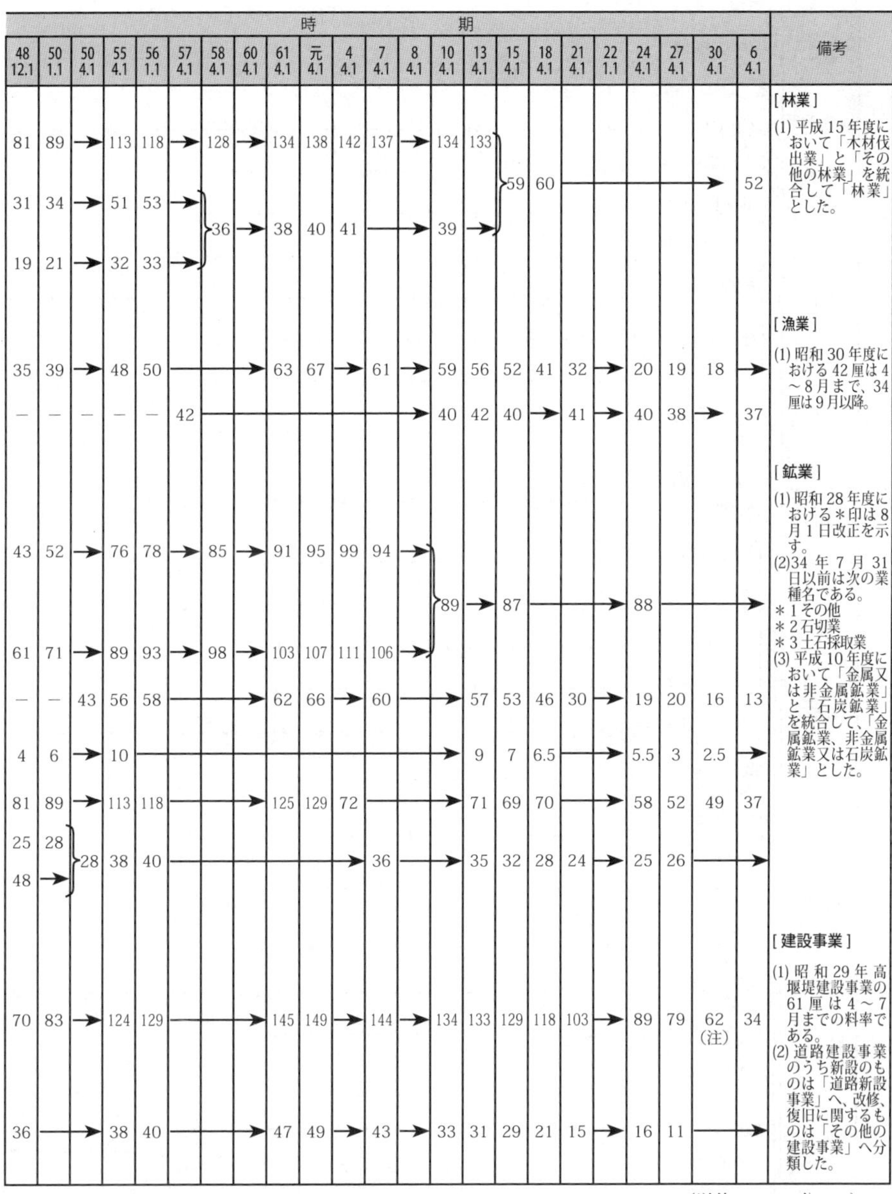

時期																							備考
48 12.1	50 1.1	50 4.1	55 4.1	56 1.1	57 4.1	58 4.1	60 4.1	61 4.1	元 4.1	4 4.1	7 4.1	8 4.1	10 4.1	13 4.1	15 4.1	18 4.1	21 4.1	22 1.1	24 4.1	27 4.1	30 4.1	6 4.1	
																							[林業] (1) 平成15年度において「木材伐出業」と「その他の林業」を統合して「林業」とした。
81	89	→	113	118	→	128	→	134	138	142	137	→	134	133									
															59	60	→	→	→	→	→	52	
31	34	→	51	53	→																		
						36	→	38	40	41	→	→	39	→									
19	21	→	32	33	→																		
																							[漁業] (1) 昭和30年度における42厘は4～8月まで、34厘は9月以降。
35	39	→	48	50	→	→	→	63	67	→	61	→	59	56	52	41	32	→	20	19	18	→	
—	—	—	—	—	42	→	→	→	→	→	→	→	40	42	40	→	41	→	40	38	→	37	
																							[鉱業] (1) 昭和28年度における＊印は8月1日改正を示す。 (2)34年7月31日以前は次の業種名である。 ＊1その他 ＊2石切業 ＊3土石採取業 (3) 平成10年度において「金属又は非金属鉱業」と「石炭鉱業」を統合して、「金属鉱業、非金属鉱業又は石炭鉱業」とした。
43	52	→	76	78	→	85	→	91	95	99	94	→											
													89	→	87	→	→	→	88	→	→	→	
61	71	→	89	93	→	98	→	103	107	111	106	→											
—	—	43	56	58	→	→	→	62	66	→	60	→	→	57	53	46	30	→	19	20	16	13	
4	6	→	10	→	→	→	→	→	→	→	→	→	→	9	7	6.5	→	→	5.5	3	2.5	→	
81	89	→	113	118	→	→	→	125	129	72	→	→	→	71	69	70	→	→	58	52	49	37	
25	28																						
		28	38	40	→	→	→	→	→	→	36	→	→	35	32	28	24	→	25	26	→	→	
48	→																						
																							[建設事業] (1) 昭和29年高堰堤建設事業の61厘は4～7月までの料率である。 (2) 道路建設事業のうち新設のものは「道路新設事業」へ、改修、復旧に関するものは「その他の建設事業」へ分類した。
70	83	→	124	129	→	→	→	145	149	→	144	→	134	133	129	118	103	→	89	79	62 (注)	34	
36	→	→	38	40	→	→	→	47	49	→	43	→	33	31	29	21	15	→	16	11	→	→	

（単位：1000分の1）

（注）令和3年2月から同年3月までは、64厘が適用される。

2　労災保険率の改定経過表（2）

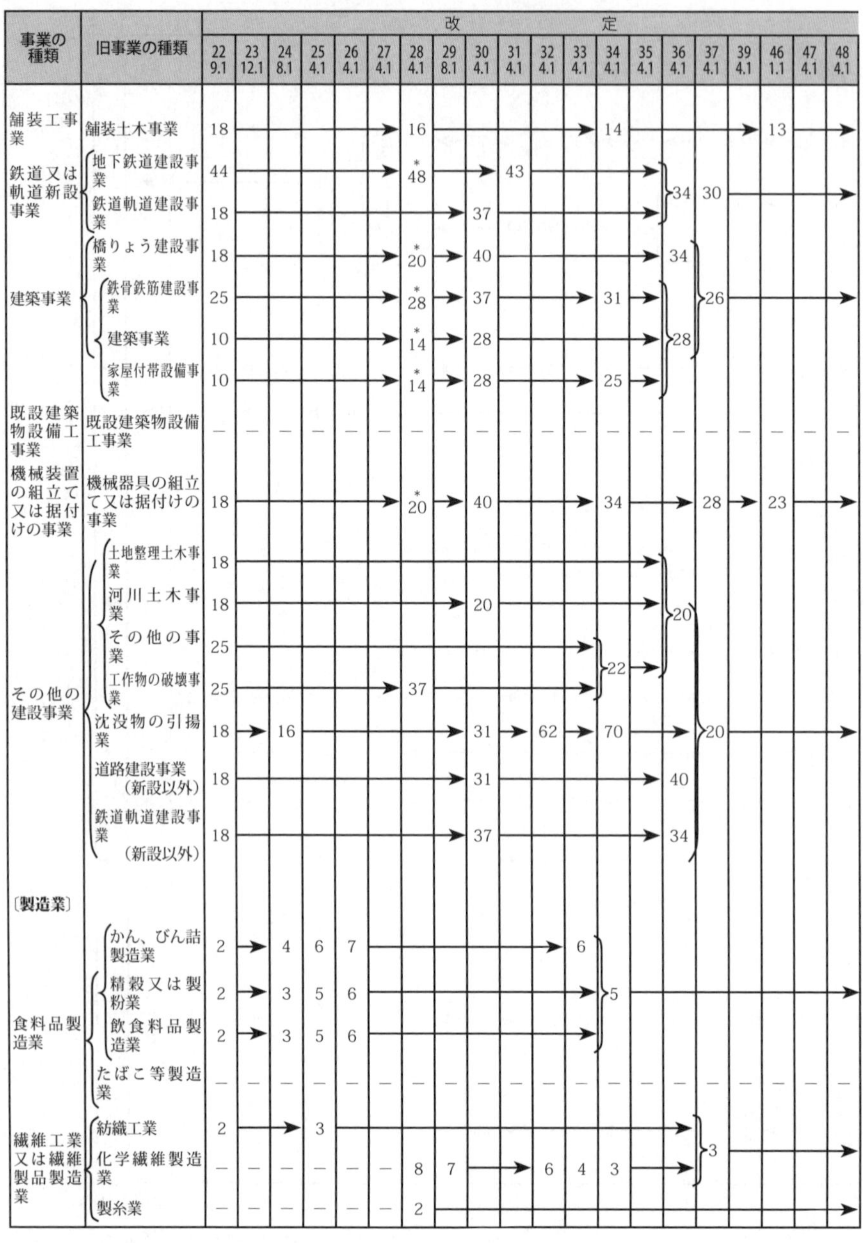

事業の種類	旧事業の種類	改定 22 9.1	23 12.1	24 8.1	25 4.1	26 4.1	27 4.1	28 4.1	29 8.1	30 4.1	31 4.1	32 4.1	33 4.1	34 4.1	35 4.1	36 4.1	37 4.1	39 4.1	46 1.1	47 4.1	48 4.1
舗装工事業	舗装土木事業	18						16						14					13		
鉄道又は軌道新設事業	地下鉄道建設事業	44						*48			43					34	30				
	鉄道軌道建設事業	18								37											
建築事業	橋りょう建設事業	18						*20		40						34					
	鉄骨鉄筋建設事業	25						*28		37				31			26				
	建築事業	10						*14		28						28					
	家屋付帯設備事業	10						*14		28				25							
既設建築物設備工事業	既設建築物設備工事業	—	—	—	—	—	—	—	—	—	—	—	—	—	—	—	—	—	—	—	—
機械装置の組立て又は据付けの事業	機械器具の組立て又は据付けの事業	18						*20		40				34			28		23		
その他の建設事業	土地整理土木事業	18																			
	河川土木事業	18								20						20					
	その他の事業	25												22							
	工作物の破壊事業	25						37													
	沈没物の引揚業	18		16						31		62		70			20				
	道路建設事業（新設以外）	18								31						40					
	鉄道軌道建設事業（新設以外）	18								37						34					
〔製造業〕																					
食料品製造業	かん、びん詰製造業	2		4	6	7							6								
	精穀又は製粉業	2		3	5	6								5							
	飲食料品製造業	2		3	5	6															
	たばこ等製造業	—	—	—	—	—	—	—	—	—	—	—	—	—	—	—	—	—	—	—	—
繊維工業又は繊維製品製造業	紡織工業	2			3																
	化学繊維製造業	—	—	—	—	—	—	8	7			6	4	3			3				
	製糸業	—	—	—	—	—	—	2													

時期																							備考
48 12.1	50 1.1	50 4.1	55 4.1	56 1.1	57 4.1	58 4.1	60 4.1	61 4.1	元 4.1	4 4.1	7 4.1	8 4.1	10 4.1	13 4.1	15 4.1	18 4.1	21 4.1	22 1.1	24 4.1	27 4.1	30 4.1	6 4.1	
14	17	→	25	26	→	→	→	→	29	→	24	→	20	19	17	14	11	→	10	9	→	→	(3) 鉄道軌道建設事業のうち新設のものは「鉄道軌道新設事業」へ、改修復旧に関するものは「その他の建設事業」へそれぞれ分類した。 (4) 昭和28年度における＊印は8月1日改正を示す。
31	44	→	66	68	→	→	→	→	→	→	52	→	38	34	30	23	18	→	17	9.5	9	→	
27	34	→	45	47	→	33	→	→	→	32	25	→	22	20	17	15	13	→	→	11	9.5	→	
—	—	27	30	31	→	28	→	→	→	25	19	→	15	→	14	→	→	→	15	→	12	→	
24	28	→	31	33	→	→	→	34	35	34	28	→	20	19	16	14	9	→	7.5	6.5	→	6	
21	25	→	34	35	→	→	→	→	38	→	30	→	27	26	23	21	19	→	→	17	15	→	
6	7	→	8	9	→	→	→	→	→	→	→	→	→	→	7	7.5	6.5	→	6	6	→	5.5	［製造業］ (1) 昭和60年度において「たばこ等製造業」を新設した。 (2) 昭和60年度において「繊維工業又は繊維製品製造業」と「製糸業」を統合した。 (3) 平成27年度において「食料品製造業」と「たばこ等製造業」を統合した。
—	—	—	—	—	—	—	5	→	6	→	→	→	→	7	5.5	6.5	5.5	→	6				
4	5	→	6	7	→	→	7	→	→	→	→	→	→	6.5	5.5	→	4.5	→	4	4.5	4	→	
3	4	→	5	6	→	→																	

（単位：1000分の１）

2　労災保険率の改定経過表（3）

事業の種類	旧事業の種類	改定 22.9.1	23.12.1	24.8.1	25.4.1	26.4.1	27.4.1	28.4.1	29.8.1	30.4.1	31.4.1	32.4.1	33.4.1	34.4.1	35.4.1	36.4.1	37.4.1	39.4.1	46.1.1	47.4.1	48.4.1
木材又は木製品製造業	製材業	6	18	→	20	18	→	→	→	→	→	→	22	→	→	→	18	→	→	→	→
	木製品工業	6	18	→	20	18	→	→	→	→	→	→	→	→	→	→					
パルプ又は紙製造業	製紙業	6	→	7	10	→	9	8	→	→	→	→	→	→	→	→	→	→	7	→	→
印刷又は製本業	印刷又は製本業	2	→	→	→	→	→	→	3	→	→	→	→	→	→	→	→	→	→	→	→
化学工業	工業薬品製造業	6	→	→	8	10	9	8	→	→	→	7	5	→	→	→	5	→	→	→	→
	ゴム製品製造業	6	→	5	7	→	6	→	→	→	→	→	5	→	→	→					
	その他の化学工業	6	→	→	8	10	8	7	→	→	→	→	6	5	→	→					
ガラス又はセメント製造業	セメント製造業	6	→	→	8	→	→	→	→	→	→	→	7	6	→	→	5	→	→	→	→
	ガラス製造業	6	→	5	7	→	→	→	→	→	→	→	5	→	→	→					
コンクリート製造業		—	—	—	—	—	—	—	—	—	—	—	—	—	—	—	—	—	—	—	—
陶磁器製品製造業		—	—	—	—	—	—	—	—	—	—	—	—	—	—	—	—	—	—	—	—
その他の窯業又は土石製品製造業	その他の窯業又は土石工業	6	→	→	8	9	8	→	→	→	→	→	12	→	→	→	→	→	→	→	→
金属精錬業	金属精錬業	18	10	14	→	20	18	16	14	→	12	10	8	7	→	6	→	→	→	→	→
非鉄金属精錬業	非鉄金属精錬業	18	10	14	→	18	→	16	14	→	12	10	8	→	→	→	7	→	→	→	→
金属材料品製造業	その他の金属工業	10	→	12	→	→	14	→	→	→	→	→	16	→	→	→	10	→	13	→	→
鋳物業	鋳物業	10	→	→	→	→	→	→	→	→	→	→	→	→	→	→	→	→	12	→	→
金属製品製造業又は金属加工業	金属製品製造業	10	→	9	→	→	10	→	→	→	→	→	12	→	→	→	12	→	15	→	→
	その他の金属工業	10	→	12	→	→	14	→	→	→	→	→	16	→	→	→					
洋食器、刃物、手工具又は一般金物製造業		—	—	—	—	—	—	—	—	—	—	—	—	—	—	—	—	—	—	—	—
めつき業	めつき業	10	→	→	→	→	→	→	→	→	→	→	8	→	→	→	→	→	→	→	→
機械器具製造業	原動機製造業	10	→	8	→	10	→	9	→	→	→	→	8	7	7	→	7	→	→	→	→
	製造加工用機械器具製造業	10	→	8	→	→	→	7	→	→	→	→	8	7							
	その他の機械器具製造業	10	→	7	9	10	→	→	→	→	→	→	12	→	→	→					

時期																							備考
48 12.1	50 1.1	50 4.1	55 4.1	56 1.1	57 4.1	58 4.1	60 4.1	61 4.1	元 4.1	4 4.1	7 4.1	8 4.1	10 4.1	13 4.1	15 4.1	18 4.1	21 4.1	22 1.1	24 4.1	27 4.1	30 4.1	6 4.1	
19	22	→	25	26	→	→	→	→	→	→	24	→	23	→	21	18	15	→	13	14	→	13	
8	9	→	11	→	→	→	→	→	→	→	→	→	10	9	8.5	7.5	7	→	7.5	7	6.5	7	
4	5	→	7	→	→	→	→	→	→	→	6	→	→	→	5	→	4.5	→	3.5	→	→	→	
6	7	→	8	→	→	→	→	→	→	→	→	→	→	7.5	6	6.5	5	→	→	4.5	→	→	
6	7	→	9	→	→	→	→	→	→	→	8	→	→	8.5	7.5	→	→	→	→	5.5	6	→	
—	—	—	—	—	—	—	—	—	—	—	—	—	18	→	15	14	→	→	13	→	→	→	(3)「コンクリート製造業」は平成10年度において「その他の窯業又は土石製品製造業」から分離した。
—	—	13	19	20	→	→	→	→	→	→	19	→	→	18	17	→	18	→	19	→	18	17	
13	16	→	24	25	→	→	→	27	→	→	26	→	→	→	25	26	→	→	→	→	→	23	
7	8	→	→	9	→	→	→	→	→	→	8	→	→	→	7	7.5	7	→	6.5	7	6.5	→	
8	10	→	11	→	→	→	→	→	→	→	10	→	→	→	8	7.5	8.5	→	7	6.5	7	→	
14	17	→	18	19	→	→	→	→	→	18	15	→	11	→	10	8.5	7.5	→	7	5.5	→	5	(4) 昭和37年度においてはその他の金属工業のうち、材料品の製造を行うもの「金属材料製造業」へ、金属製品までの製造業および金属加工は「金属製品製造業又は金属加工業」へ分類した。
13	16	→	20	21	→	→	→	→	→	→	20	→	→	→	18	→	19	→	17	18	16	→	
16	19	→	22	23	→	→	→	→	→	22	17	→	→	16	14	→	11	→	10	→	→	9	
—	—	16	→	17	→	→	→	→	→	16	14	→	12	→	10	9	7.5	→	6.5	→	→	→	
9	10	→	12	13	→	→	→	→	→	→	11	→	10	→	8.5	→	6	→	7	→	→	6.5	
8	9	→	10	11	→	→	→	→	→	→	10	→	9	8.5	7	→	6.5	→	5.5	→	5	→	

（単位：1000分の1）

2　労災保険率の改定経過表（4）

事業の種類	旧事業の種類	改定 22 9.1	23 12.1	24 8.1	25 4.1	26 4.1	27 4.1	28 4.1	29 8.1	30 4.1	31 4.1	32 4.1	33 4.1	34 4.1	35 4.1	36 4.1	37 4.1	39 4.1	46 1.1	47 4.1	48 4.1
電気機械器具製造業	重電機製造業	10		8				6					4		3				2		
	軽電機製造業	—	—	—	—	—	—	5					3								
輸送用機械器具製造業	車両製造業	10						9					7	6					5		
船舶製造又は修理業	船舶製造業	10		12		16		14						12			10		13		
計量器、光学機械、時計等製造業	精密機械器具製造業	10		6				5	4				3						2		
貴金属製品、装身具、皮革製品等製造業		—	—	—	—	—	—	—	—	—	—	—	—	—	—	—	—	—	—	—	—
その他の製造業	その他の工業	2			3		4												6		
〔運輸業〕																					
交通運輸事業	鉄道軌道又は索道による運輸業	6			7		6			5		4	3								
	自動車による運輸業	6		7	8		7	6			5	4		4	3						
	その他の交通運輸業	6		5	6			5				4									
貨物取扱事業	貨物取扱事業	10		12	16									14			13		15		
港湾貨物取扱事業	港湾貨物取扱事業	—	—	—	—	—	—	—	—	—	—	—	16						20		
港湾荷役業	沿岸荷役業	44		40					41					37			34		35		
	船内荷役業	44			50			64			68				65		55		58		
〔電気、ガス、水道又は熱供給の事業〕																					
電気、ガス、水道又は熱供給の事業	電気業	10		8			7	6				5		4							
	ガス業	10		7				6				5	3				3		2		
	水道業	10		8			7	5				4	3								

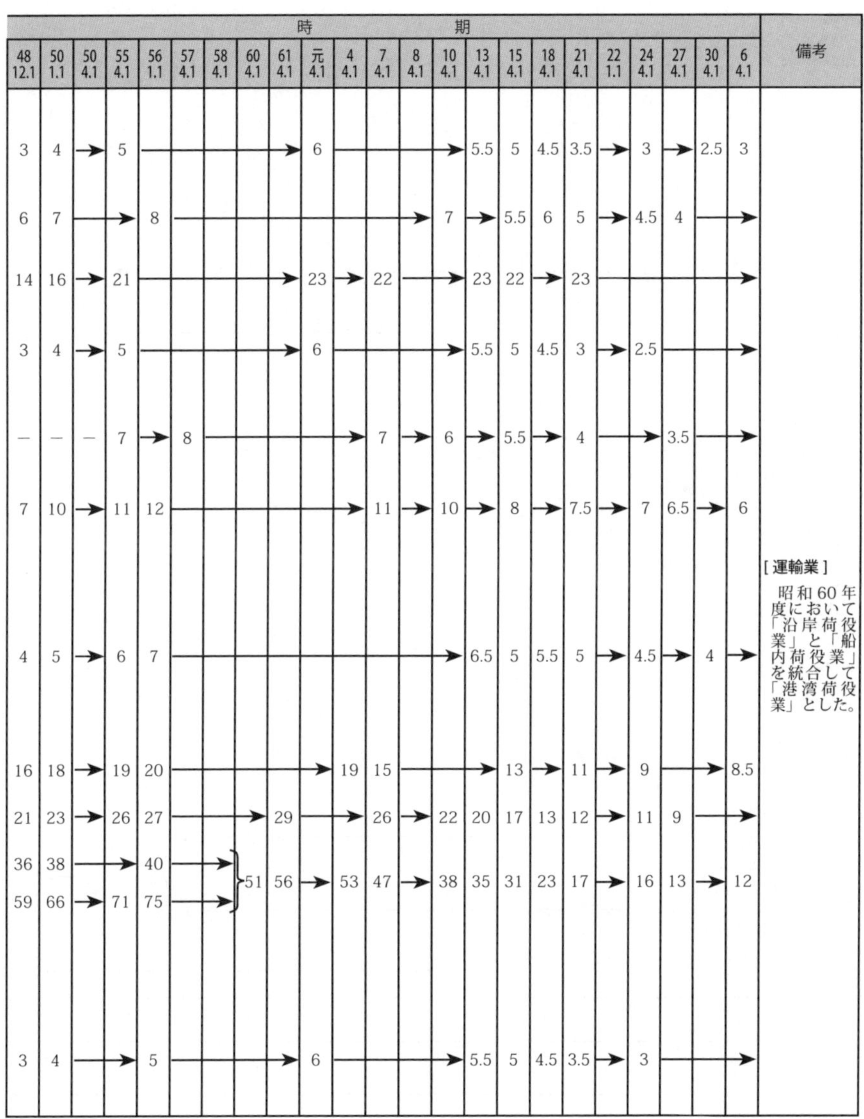

時期																							備考
48 12.1	50 1.1	50 4.1	55 4.1	56 1.1	57 4.1	58 4.1	60 4.1	61 4.1	元 4.1	4 4.1	7 4.1	8 4.1	10 4.1	13 4.1	15 4.1	18 4.1	21 4.1	22 1.1	24 4.1	27 4.1	30 4.1	6 4.1	
3	4	→	5	→	→	→	→	→	6	→	→	→	→	5.5	5	4.5	3.5	→	3	→	2.5	3	
6	7	→	→	8	→	→	→	→	→	→	→	→	7	→	5.5	6	5	→	4.5	4	→	→	
14	16	→	21	→	→	→	→	→	23	→	22	→	→	23	22	→	23	→	→	→	→	→	
3	4	→	5	→	→	→	→	→	6	→	→	→	→	5.5	5	4.5	3	→	2.5	→	→	→	
—	—	—	7	→	8	→	→	→	→	→	7	→	6	→	5.5	→	4	→	→	3.5	→	→	
7	10	→	11	12	→	→	→	→	→	→	11	→	10	→	8	→	7.5	→	7	6.5	→	6	
4	5	→	6	7	→	→	→	→	→	→	→	→	→	6.5	5	5.5	5	→	4.5	→	4	→	[運輸業] 昭和60年度において「沿岸荷役業」と「船内荷役業」を統合して「港湾荷役業」とした。
16	18	→	19	20	→	→	→	→	→	19	15	→	→	→	13	→	11	→	9	→	→	8.5	
21	23	→	26	27	→	→	→	29	→	→	26	→	22	20	17	13	12	→	11	9	→	→	
36	38	→	→	40	→	→	}51	56	→	53	47	→	38	35	31	23	17	→	16	13	→	12	
59	66	→	71	75	→	→	}																
3	4	→	→	5	→	→	→	→	6	→	→	→	→	5.5	5	4.5	3.5	→	3	→	→	→	

（単位：1000分の1）

2　労災保険率の改定経過表（5）

事業の種類	旧事業の種類	改											定								
		22 9.1	23 12.1	24 8.1	25 4.1	26 4.1	27 4.1	28 4.1	29 8.1	30 4.1	31 4.1	32 4.1	33 4.1	34 4.1	35 4.1	36 4.1	37 4.1	39 4.1	46 1.1	47 4.1	48 4.1
〔その他の事業〕																					
農業又は海面漁業以外の漁業		—	—	—	—	—	—	—	—	—	—	—	—	—	—	—	—	—	—	—	—
清掃、火葬又はと畜の事業	焼却清掃又はと殺の事業	2	→	3	→	2	→	→	→	→	→	3	→	4	→	5	→	→	8	→	→
一般失業対策事業	失業対策事業	—	—	—	—	8	→	→	→	→	7	→	6	→	→	→	→	→	→	→	→
ビルメンテナンス業		—	—	—	—	—	—	—	—	—	—	—	—	—	—	—	—	—	—	—	4
倉庫業、警備業消毒又は害虫駆除の事業又はゴルフ場の事業	倉庫業、警備業、旅館業、娯楽業等の事業	—	—	—	—	—	—	—	—	—	—	—	—	—	—	—	—	—	—	—	—
通信業、放送業、新聞業又は出版業		—	—	—	—	—	—	—	—	—	—	—	—	—	—	—	—	—	—	—	—
卸売業・小売業、飲食店又は宿泊業		—	—	—	—	—	—	—	—	—	—	—	—	—	—	—	—	—	—	—	—
金融業、保険業又は不動産業		—	—	—	—	—	—	—	—	—	—	—	—	—	—	—	—	—	—	—	—
その他の各種事業	乗用の自動車以外の自動車の使用を伴う事業	2	→	→	→	1	→	→	→	→	→	→	→	2	→	→	2	→	→	→	2
	前各級に該当しない事業又は事務所	2	→	1.5	→	1	→	→	→	→	→	→	→	→	→	→		→	→	→	
	駐留軍労務関係事業	—	—	—	—	—	—	5	→	→	→	→	→	→	→	3	→	→	2	→	

船舶所有者の事業		—	—	—	—	—	—	—	—	—	—	—	—	—	—	—	—	—	—	—	—

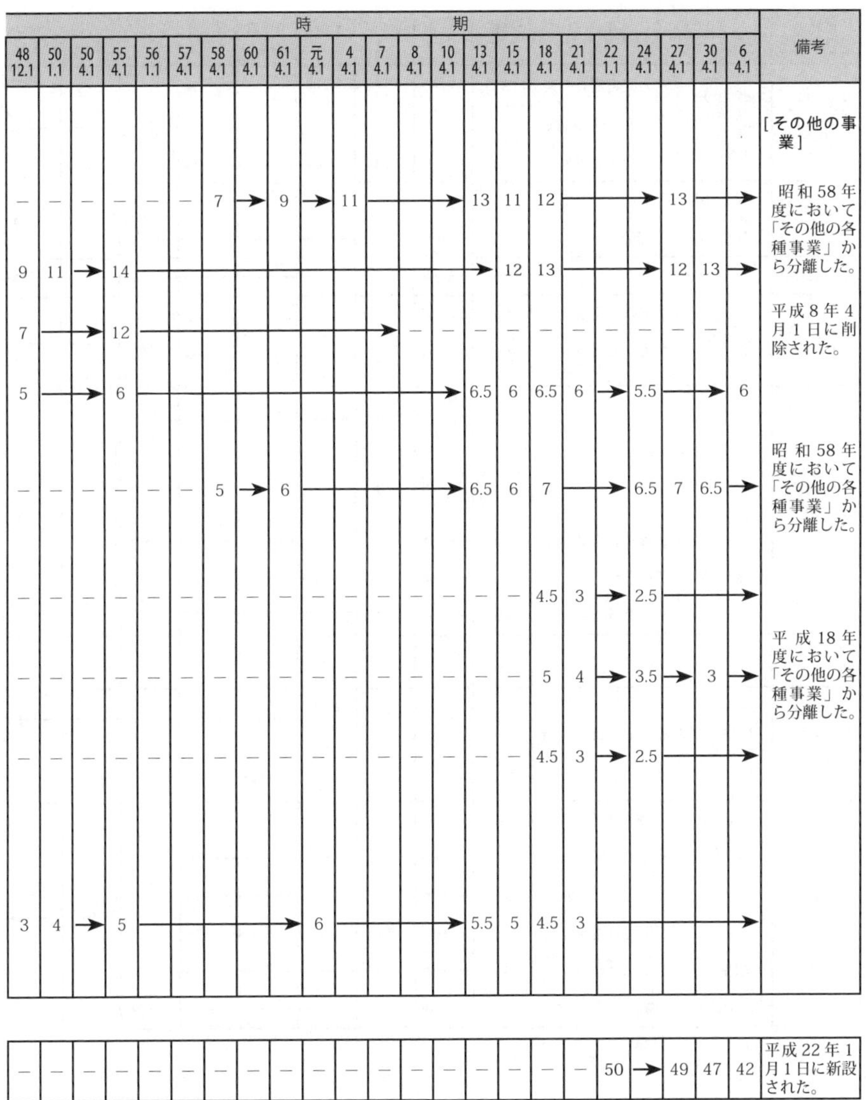

時期																							備考
48 12.1	50 1.1	50 4.1	55 4.1	56 1.1	57 4.1	58 4.1	60 4.1	61 4.1	元 4.1	4 4.1	7 4.1	8 4.1	10 4.1	13 4.1	15 4.1	18 4.1	21 4.1	22 1.1	24 4.1	27 4.1	30 4.1	6 4.1	
																							[その他の事業]
—	—	—	—	—	—	7	→	9	→	11	→	→	→	13	11	12	→	→	→	13	→	→	昭和58年度において「その他の各種事業」から分離した。
9	11	→	14	→	→	→	→	→	→	→	→	→	→	→	12	13	→	→	→	12	13	→	
7	→	→	12	→	→	→	→	→	→	→	→	—	—	—	—	—	—	—	—	—	—		平成8年4月1日に削除された。
5	→	→	6	→	→	→	→	→	→	→	→	→	→	6.5	6	6.5	6	→	5.5	→	→	6	
—	—	—	—	—	—	5	→	6	→	→	→	→	→	6.5	6	7	→	→	6.5	7	6.5	→	昭和58年度において「その他の各種事業」から分離した。
—	—	—	—	—	—	—	—	—	—	—	—	—	—	—	—	4.5	3	→	2.5	→	→	→	
—	—	—	—	—	—	—	—	—	—	—	—	—	—	—	—	5	4	→	3.5	→	3	→	平成18年度において「その他の各種事業」から分離した。
—	—	—	—	—	—	—	—	—	—	—	—	—	—	—	—	4.5	3	→	2.5	→	→	→	
3	4	→	5	→	→	→	→	→	6	→	→	→	→	5.5	5	4.5	3	→	→	→	→	→	
—	—	—	—	—	—	—	—	—	—	—	—	—	—	—	—	—	—	50	→	49	47	42	平成22年1月1日に新設された。

（単位：1000分の1）

3　労務費率の改定経過表

事業の種類	旧事業の種類		当初 25.4.1	第1回 27.4.1	第2回 28.8.1	第3回 33.12.1	第4回 34.4.1	第5回 35.4.1	第6回 36.4.1	第7回 37.4.1	徴収法移行 47.4.1
水力発電施設、ずい道等新設事業	水力発電施設等建設事業	水力発電建設事業	35	→	→	→	→	→	35	→	→
		高えん堤建設事業	—	—	—	—	—	—			
		ずい道建設事業	34	→	33	→	→	→			
道路新設事業	特殊道路建設事業（新設部分）		—	—	—	—	39	→	→	39	→
	道路建設事業（新設部分）		40	→	39	→	→	→	→		
舗装工事業	ほ装土木業		25	→	23	→	→	→	→	→	→
鉄道又は軌道新設事業	鉄道軌道建設事業	地下鉄建設事業	33	→	30	→	→	→	35	→	→
		鉄道軌道建設事業（新設部分）	37	→	35	→	→	→			
建築事業	橋りょう建設事業		28	鉄けたの架設 45	45	→	→	→	→	14	→
				その他 28	28	→	→	→	→		
	建築事業	鉄骨鉄筋建築事業	17	→	14	→	→	→	→		
		建築事業	21	→	17	→	→	→	14		
		家屋附帯設備事業	20	→	16	→	→	→			
既設建築物設備工事業			—	—	—	—	—	—	—	—	—
機械設置の組立て又は据付けの事業	機械器具の組立て又は据付けの事業		30	65	63	組立て 63	→	43	→	→	→
						その他 14	→	14	→	→	→
その他の建設事業	その他の土木工事業	土地整理土木事業	50	→	49	→	→	→		36	→
		河川土木事業	35	→	33	→	→	→	36		
		その他の土木事業	38	→	36	→	→	→			
		工作物の破壊事業	55	→	54	→	→	→			
	道路建設事業（新設以外）		40	→	39	→	→	→	→		
	鉄道軌道建設事業（新設以外）		37	→	35	→	→	→	→		

第8回 50.4.1	第9回 58.4.1	第10回 59.4.1	第11回 61.4.1	第12回 元.4.1	第13回 4.4.1	第14回 7.4.1	第15回 10.4.1	第16回 13.4.1	第17回 18.4.1	第18回 21.4.1	第19回 24.4.1	第20回 27.4.1	第21回 30.4.1	第22回 6.4.1
→	→	→	23	→	22	→	20	→	19	→	18	19	→ (注)	→
→	→	→	29	26	24	22	→	21	→	→	20	→	19	→
→	→	→	→	20	→	→	→	→	→	19	18	→	17	→
→	22	→	→	→	→	23	→	→	→	24	23	25	24	19
→	20	→	→	→	→	→	→	21	→	→	→	23	→	→
14	16	→	→	→	17	18	20	21	→	22	→	23	→	→
→ →	→ →	51 14	47 20	45 →	43 →	→ →	→ →	41 21	40 →	→ 22	38 21	40 22	38 21	→ →
→	29	→	→	26	24	→	→	→	→	→	23	24	→	23

（単位：%）

（注）令和３年２月から同年３月までは、18%が適用される。

4　令和５年 労務費率調査結果

1　調査結果

（単位：%）

区　分	〔31〕水力発電施設、ずい道等新設事業	〔32〕道路新設事業	〔33〕舗装工事業	〔34〕鉄道又は軌道新設事業	〔35〕建築事業	〔38〕既設建築物設備工事業	〔36〕機械装置の組立て又は据付けの事業 組立て又は取付け	〔36〕機械装置の組立て又は据付けの事業 その他のもの	〔37〕その他の建設事業
（労務費率の事業場）	82.96	90.50	93.42	95.48	91.07	91.60	92.87	93.11	89.92
第1・四分位数	17.17	13.95	13.37	8.97	16.16	15.18	22.53	12.57	15.68
中　位　数	19.00	19.00	17.00	19.01	23.00	23.00	37.81	20.91	23.29
第3・四分位数	20.24	23.92	21.80	23.03	32.80	37.00	51.26	30.30	31.60
加　重　平　均	19.27	18.36	19.74	22.73	24.91	25.40	38.10	22.14	19.64
単　純　平　均	19.82	20.06	20.01	19.88	28.25	29.79	42.39	22.63	27.11
（実支払賃金の事業場）	17.04	9.50	6.58	4.52	8.93	8.40	7.13	6.89	10.08
第1・四分位数	8.94	10.51	15.57	－	5.38	16.89	17.58	－	15.27
中　位　数	14.48	15.77	25.72	20.71	16.96	29.07	38.00	17.08	23.03
第3・四分位数	16.43	20.37	31.30	－	24.10	53.92	55.50	－	37.76
加　重　平　均	8.10	15.52	12.76	20.71	11.77	23.10	25.75	17.08	19.51
単　純　平　均	13.08	25.11	25.20	20.71	21.17	39.43	44.80	17.08	30.20
（　合　計　）	100.00	100.00	100.00	100.00	100.00	100.00	100.00	100.00	100.00
第1・四分位数	16.42	13.42	13.40	10.24	15.39	15.29	21.94	13.72	15.69
中　位　数	18.25	19.00	17.18	19.74	23.00	23.00	37.93	20.73	23.29
第3・四分位数	19.81	23.91	23.56	22.47	32.20	38.00	52.02	29.24	31.91
加　重　平　均	15.32	17.56	19.46	22.43	24.34	25.30	37.66	22.06	19.63
単　純　平　均	18.67	20.54	20.35	19.92	27.62	30.60	42.56	22.24	27.42

＊調査期間：令和５年５月15日～６月９日
＊調査事業場数　8,946　／　有効回答　4,608　　回収率 51.5％

（注）

1　(1)「労務費率の事業場」とは、保険料算定の基礎となる賃金総額を正確に算定することが困難であるため、請負金額に労務費率を乗じて得た額を賃金総額としている事業場をいう。
　(2)「実支払賃金の事業場」とは、保険料算定の基礎となる賃金総額を労働者に支払う賃金の総額としている事業場をいう。

2　(　) 内は、各業種における「労務費率の事業場」および「実支払賃金の事業場」のそれぞれの構成比（%）を示す。

3　「四分位数」とは、事業場を請負金額に占める賃金総額の割合（以下「賃金割合」という）の低い方から順に並べ４等分したときの各階層の境界となる事業場の賃金割合のことで、低い方から順に第１・四分位数、中位数、第３・四分位数という。

4　(1)「加重平均」は、賃金割合を請負金額でウエイト付けして平均したものをいう。
　(2)「単純平均」は、個々の事業場の賃金割合を単純に平均したものをいう。

2　改定内容（令和６年４月１日改定）

（単位：%）

区　分	〔31〕水力発電施設、ずい道等新設事業	〔32〕道路新設事業	〔33〕舗装工事業	〔34〕鉄道又は軌道新設事業	〔35〕建築事業	〔38〕既設建築物設備工事業	〔36〕機械装置の組立て又は据付けの事業		〔37〕その他の建設事業
労務費率	19	19	17	19	23	23	38	21	23

5　工事用物に関する告示の改定経過表

<table>
<tr><th rowspan="2">区分
改定年月</th><th colspan="2">鉄道又は軌道新設事業</th><th colspan="2">橋りょう建設事業</th><th colspan="2">機械装置の組立て又は据付けの事業</th><th colspan="2">その他の建設事業</th></tr>
<tr><th>事業の種類</th><th>工事用物の種類</th><th>事業の種類</th><th>工事用物の種類</th><th>事業の種類</th><th>工事用物の種類</th><th>事業の種類</th><th>工事用物の種類</th></tr>
<tr><td>（新）
昭和27年8月22日労働省第20号
昭和27年8月22日施行
昭和27年4月1日から適用</td><td>軌道のふ設事業</td><td>軌条</td><td>鉄けたの架設に関する橋りょう建設事業</td><td>鉄けた</td><td>機械器具の組立て又は据付けの事業</td><td>機械器具</td><td>鉄管、ヒューム管、エタニットパイプ、山型鋼、溝型鋼、鋼矢板又は地中電らんの埋設事業</td><td>鉄管、ヒューム管、エタニットパイプ、山型鋼、溝型鋼、鋼矢板又は地中電らん</td></tr>
<tr><td>（第1回）
昭和30年9月1日施行</td><td>同上</td><td>同上</td><td>同上</td><td>同上</td><td>同上</td><td>同上</td><td>新たに次の2事業を追加。ビニール管及びコンクリートパイルの埋設事業</td><td>新たに次の2点を追加。ビニール管及びコンクリートパイル</td></tr>
<tr><td rowspan="3">（第2回）
昭和34年4月1日施行</td><td rowspan="3">同上</td><td rowspan="3">軌条及び枕木</td><td>鉄けた又はプレストレストコンクリートけたの架設に関するもの</td><td>鉄けた又はプレストレストコンクリートけた</td><td rowspan="3">機械器具の組立て又は据付けの事業のうち機械器具の取付け又は据付けに関するもの</td><td rowspan="3">同上</td><td rowspan="3">鉄管、ヒューム管、石綿セメント管、山型鋼、溝型鋼、鋼矢板、地中電らん、塩化ビニール管又はコンクリートパイルの埋設事業
さく井の建設事業</td><td rowspan="3">鉄管、ヒューム管、石綿セメント管、山型鋼、溝型鋼、鋼矢板、地中電らん、塩化ビニール管又はコンクリートパイル
揚水機及び鉄管</td></tr>
<tr><td>可動橋の架設に関するもの</td><td>橋体駆動装置</td></tr>
<tr><td>つり橋の架設に関するもの</td><td>鋼索</td></tr>
<tr><td>（第3回）
昭和36年2月18日施行</td><td>鉄道軌道建設事業</td><td>同上</td><td>橋りょう建設事業</td><td>鉄けた、プレストレストコンクリートけた、橋体駆動装置及び鋼索</td><td>機械器具の組立て又は据付けの事業</td><td>同上</td><td>その他の土木事業</td><td>鉄管、ヒューム管、石綿セメント管、山型鋼、溝型鋼、鋼矢板、地中電らん、塩化ビニール管、陶管、コンクリートパイル、コンクリート矢板、金属製蛇篭、揚水機及び排水機</td></tr>
<tr><td>（第4回）
昭和37年4月1日施行
（昭和47年4月1日徴収法移行）</td><td>鉄道又は軌道新設事業</td><td>軌条、分岐器及び枕木</td><td colspan="2">（廃止）</td><td>機械装置の組立て又は据付けの事業</td><td>機械装置</td><td>その他の建設事業</td><td>鉄管、鉄パイル、型網、鋼矢板、地中用ケーブル、合成樹脂管、陶管、コンクリート管、コンクリートパイル、コンクリート矢板、金属製蛇篭、揚水機、排水機、軌条、分岐器及び枕木</td></tr>
<tr><td>（第5回）
昭和58年4月1日施行</td><td colspan="2">（廃止）</td><td colspan="2"></td><td>同上</td><td>同上</td><td colspan="2">（廃止）</td></tr>
</table>

6　労災保険率に関する法的根拠

労災保険法
（保険料）
第 30 条　労働者災害補償保険事業に要する費用にあてるため政府が徴収する保険料については、徴収法の定めるところによる。

↓

徴収法
（労働保険料）
第 10 条　政府は、労働保険の事業に要する費用にあてるため保険料を徴収する。
2　前項の規定により徴収する保険料（以下「労働保険料」という。）は、次のとおりとする。
　1.　一般保険料
　2.　第 1 種特別加入保険料
　3.　第 2 種特別加入保険料
　3の 2　第 3 種特別加入保険料
　4.　印紙保険料

→

徴収法
（一般保険料に係る保険料率）
第 12 条　一般保険料に係る保険料率は、次のとおりとする。
　1.　労災保険及び雇用保険に係る保険関係が成立している事業にあつては、労災保険率と雇用保険率とを加えた率
　2.　労災保険に係る保険関係のみが成立している事業にあつては，労災保険率
　3.　雇用保険に係る保険関係のみが成立している事業にあつては、雇用保険率
2.　労災保険率は、労災保険法の規定による保険給付及び社会復帰促進等事業に要する費用の予想額に照らし、将来にわたつて、労災保険の事業に係る財政の均衡を保つことができるものでなければならないものとし、政令で定めるところにより、労災保険法の適用を受けるすべての事業の過去 3 年間の業務災害（労災保険法第 7 条第 1 項第 1 号の業務災害をいう。以下同じ。）、複数業務要因災害（同項第 2 号の複数業務要因災害をいう。以下同じ。）及び通勤災害（同項第 3 号の通勤災害をいう。以下同じ。）に係る災害率並びに二次健康診断等給付（同項第 4 号の二次健康診断等給付をいう。次項及び第 13 条において同じ。）に要した費用の額、社会復帰促進等事業として行う事業の種類及び内容その他の事情を考慮して厚生労働大臣が定める。

→

徴収法施行令
（労災保険率）
　法第 12 条第 2 項の労災保険率は、厚生労働省令で定める事業の種類ごとに、過去 3 年間に発生した労働者災害補償保険法（昭和 22 年法律第 50 号）第 7 条第 1 項第 1 号の業務災害（以下この条において「業務災害」という。）、同項第 2 号の複数業務要因災害 (以下「複数業務要因災害」という。) 及び同項第 3 号の通勤災害（以下この条において「通勤災害」という。）に係る同法の規定による保険給付の種類ごとの受給者数及び平均受給期間、過去 3 年間の同項第 4 号の二次健康診断等給付（以下この条において、「二次健康診断等給付」という。）の受給者数その他の事項に基づき算定した保険給付に要する費用の予想額を基礎とし、労災保険に係る保険関係が成立しているすべての事業の過去 3 年間の業務災害及び通勤災害に係る災害率並びに二次健康診断等給付に要した費用の額、同法第 29 条第 1 項の社会復帰促進等事業として行う事業の種類及び内容，労働者災害補償保険事業の事務の執行に要する費用の予想額その他の事情を考慮して定めるものとする。

→

徴収則
（労災保険率等）
第 16 条　船員法第 1 条に規定する船員を使用して行う船舶所有者（船員保険法第 3 条に規定する場合にあつては、同条の規定により船舶所有者とされる者）の事業（以下この項において「船舶所有者の事業」という。）以外の事業に係る労災保険率は別表第 1 のとおりとし、船舶所有者の事業に係る労災保険率は 1000 分の 42 とし、別表第 1 に掲げる事業及び船舶所有者の事業の種類の細目は、厚生労働大臣が別に定めて告示する。
2.　法第 12 条第 3 項の非業務災害率は、1000 分の 0.6 とする。

7　特別加入保険料率に関する法的根拠

労災保険法
（保険料）
第 30 条　労働者災害補償保険事業に要する費用にあてるため政府が徴収する保険料については、徴収法の定めるところによる。

↓

徴収法
（労働保険料）
第 10 条　政府は、労働保険の事業に要する費用にあてるため保険料を徴収する。
2　前項の規定により徴収する保険料（以下「労働保険料」という。）は、次のとおりとする。
　1　一般保険料
　2　第 1 種特別加入保険料
　3　第 2 種特別加入保険料
　3 の 2　第 3 種特別加入保険料
　4　印紙保険料

徴収法（第 1 種特別加入保険料の額）
第 13 条　第 1 種特別加入保険料の額は、労災保険法第 34 条第 1 項の規定により保険給付を受けることができることとされた者について同項第 3 号の給付基礎日額その他の事情を考慮して厚生労働省令で定める額の総額にこれらの者に係る事業についての労災保険率（その率が前条第 3 項の規定により引き上げ又は引き下げられたときは、その引き上げ又は引き下げられた率）と同一の率から労災保険法の適用を受けるすべての事業の過去 3 年間の二次健康診断等給付に要した費用の額を考慮して厚生労働大臣の定める率を減じた率（以下「第 1 種特別加入保険料率」という。）を乗じて得た額とする。

徴収則（法第 13 条の厚生労働大臣の定める率）
第 21 条の 2　法第 13 条の厚生労働大臣の定める率は、零とする。

徴収法（第 2 種特別加入保険料の額）
第 14 条　第 2 種特別加入保険料の額は、労災保険法第 35 条第 1 項の規定により労災保険の適用を受けることができることとされた者（次項において「第 2 種特別加入者」という。）について同条第 1 項第 6 号の給付基礎日額その他の事情を考慮して厚生労働省令で定める額の総額に労災保険法第 33 条第 3 号の事業と同種若しくは類似の事業又は同条第 5 号の作業と同種若しくは類似の作業を行う事業についての業務災害、複数業務要因災害及び通勤災害に係る災害率（労災保険法第 35 条第 1 項の厚生労働省令で定める者に関しては，当該同種若しくは類似の事業又は当該同種若しくは類似の作業を行う事業についての業務災害及び複数業務要因災害に係る災害率）、社会復帰促進等事業として行う事業の種類及び内容その他の事情を考慮して厚生労働大臣の定める率（以下「第 2 種特別加入保険料率」という。）を乗じて得た額とする。
2　第 2 種特別加入保険料率は、第 2 種特別加入者に係る保険給付及び社会復帰促進等事業に要する費用の予想額に照らし、将来にわたつて、労災保険の事業に係る財政の均衡を保つことができるものでなければならない。

徴収則（第 2 種特別加入保険料率）
第 23 条　法第 14 条第 1 項の第 2 種特別加入保険料率は、別表第 5 のとおりとする。

徴収法（第 3 種特別加入保険料の額）
第 14 条の 2　第 3 種特別加入保険料の額は、第 3 種特別加入者について労災保険法第 36 条第 1 項第 2 号において準用する労災保険法第 34 条第 1 項第 3 号の給付基礎日額その他の事情を考慮して厚生労働省令で定める額の総額に労災保険法第 33 条第 6 号又は第 7 号に掲げる者が従事している事業と同種又は類似のこの法律の施行地内で行われている事業についての業務災害、複数業務要因災害及び通勤災害に係る災害率、社会復帰促進等事業として行う事業の種類及び内容その他の事情を考慮して厚生労働大臣の定める率（以下「第 3 種特別加入保険料率」という。）を乗じて得た額とする。
2　前条第 2 項の規定は、第 3 種特別加入保険料率について準用する。この場合において、同項中「第 2 種特別加入者」とあるのは、「第 3 種特別加入者」と読み替えるものとする。

徴収則（第 3 種特別加入保険料率）
第 23 条の 3　法第 14 条の 2 第 1 項の第 3 種特別加入保険料率は、1000 分の 3 とする。

8　第２種、第３種特別加入保険料率改定経過表（１）

第２種

事業又は作業の種類の番号	事業又は作業の種類	料率								
		昭40.11	昭45.10	昭49.4	昭50.4	昭51.10	昭52.4	昭55.4	昭56.4	昭58.4
特1	労働者災害補償保険法施行規則（以下「労災保険法施行規則」という。）第46条の17第1号の事業（自動車を使用して行う旅客若しくは貨物の運送の事業又は原動機付自転車若しくは自転車を使用して行う貨物の運送の事業）	6	→	→	→	→	→	11	12	→
特2	労災保険法施行規則第46条の17第2号の事業（土木、建築その他の工作物の建設、改造、保存、原状回復、修理、変更、破壊若しくは解体又はその準備の事業）	8	→	→	12	→	13	20	21	→
特3	労災保険法施行規則第46条の17第3号の事業（漁船による水産動植物の採捕の事業）	34	→	→	38	→	→	41	43	→
特4	労災保険法施行規則第46条の17第4号の事業（林業の事業）					20	21	32	33	36
特5	労災保険法施行規則第46条の17第5号の事業（医薬品の配置販売の事業）					6	7	→	→	→
特6	労災保険法施行規則第46条の17第6号の事業（再生利用の目的となる廃棄物等の収集、運搬、選別、解体等の事業）							12	→	→
特7	労災保険法施行規則第46条の17第7号の事業（船員法第1条に規定する船員が行う事業）									
特8	労災保険法施行規則第46条の17第8号の事業（柔道整復師法（昭和45年法律第19号）第2条に規定する柔道整復師が行う事業）									
特9	労災保険法施行規則第46条の17第9号の事業（高年齢者の雇用の安定等に関する法律（昭和46年法律第68号）第10条の2第2項に規定する創業支援等措置に基づき、同項第1号に規定する委託契約その他の契約に基づいて高年齢者が新たに開始する事業又は同項第2号に規定する社会貢献事業に係る委託契約その他の契約に基づいて高年齢者が行う事業であつて、厚生労働省労働基準局長が定めるもの）									
特10	労災保険法施行規則第46条の17第10号の事業（あん摩マツサージ指圧師、はり師、きゆう師等に関する法律（昭和22年法律第217号）に基づくあん摩マツサージ指圧師、はり師又はきゆう師が行う事業）									
特11	労災保険法施行規則第46条の17第11号の事業（歯科技工士法（昭和30年法律第168号）第2条に規定する歯科技工士が行う事業）									
特12	労災保険法施行規則第46条の18第1号ロの作業（農業における土地の耕作若しくは開墾又は植物の栽培若しくは採取の作業であつて、厚生労働大臣が定める種類の機械を使用するもの）	5	→	→	→	→	→	6	→	→
特13	労災保険法施行規則第46条の18第2号イの作業（国又は地方公共団体が実施する訓練として行われる作業のうち、求職者を作業環境に適応させるための訓練として行われる作業）	2	→	→	→	→	3	6	→	→

（注）特定受託事業者に係る取引の適正化等に関する法律（以下「フリーランス法」という。）の施行の日から、上記に加え、新たに「フリーランス法に規定する、特定受託事業者が業務委託事業者から業務委託を受けて行う事業（以下「特定受託事業」という。）又は特定受託事業者が業務委託事業者以外の者から委託を受けて行う特定受託事業と同種の事業であつて厚生労働省労働基準局長が定めるもの」が追加（料率1000分の3）される予定となっている。

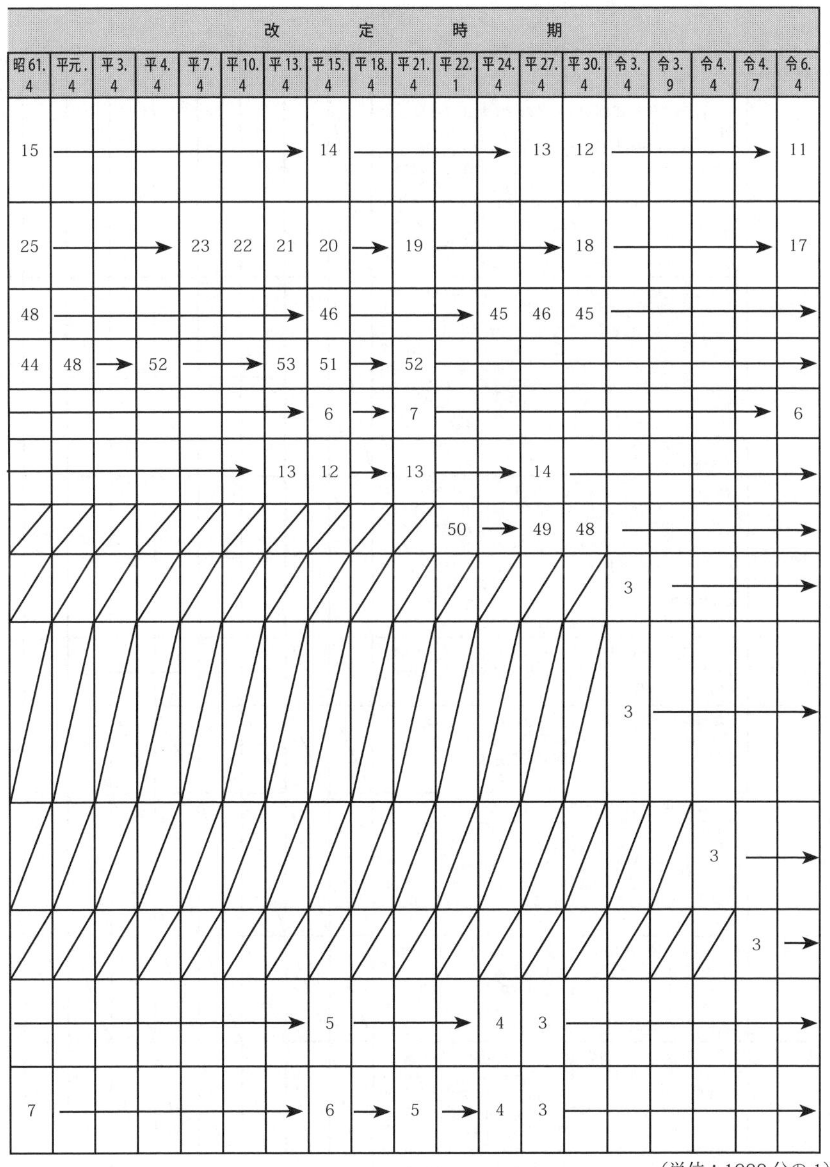

改定時期																		
昭61.4	平元.4	平3.4	平4.4	平7.4	平10.4	平13.4	平15.4	平18.4	平21.4	平22.1	平24.4	平27.4	平30.4	令3.4	令3.9	令4.4	令4.7	令6.4
15	→	→	→	→	→	→	14	→	→	→	→	13	12	→	→	→	→	11
25	→	→	→	23	22	21	20	→	19	→	→	→	18	→	→	→	→	17
48	→	→	→	→	→	→	46	→	→	→	45	46	45	→	→	→	→	→
44	48	→	52	→	→	53	51	→	52	→	→	→	→	→	→	→	→	→
→	→	→	→	→	→	→	6	→	7	→	→	→	→	→	→	→	→	6
→	→	→	→	→	→	13	12	→	13	→	→	14	→	→	→	→	→	→
										50	→	49	48	→	→	→	→	→
														3	→	→	→	→
														3	→	→	→	→
																3	→	→
																	3	→
→	→	→	→	→	→	→	5	→	→	→	4	3	→	→	→	→	→	→
7	→	→	→	→	→	→	6	→	5	→	4	3	→	→	→	→	→	→

（単位：1000分の1）

8　第２種、第３種特別加入保険料率改定経過表（２）

第２種

事業又は作業の種類の番号	事業又は作業の種類	料率								
		昭 40.11	昭 45.10	昭 49.4	昭 50.4	昭 51.10	昭 52.4	昭 55.4	昭 56.4	昭 58.4
特 14	労災保険法施行規則第 46 条の 18 第 3 号イ又はロの作業（プレス機械、型付け機、型打ち機、シャー、旋盤、ボール盤又はフライス盤を使用して行う金属、合成樹脂、皮、ゴム、布又は紙の加工の作業又は、研削盤若しくはバフ盤を使用して行う研削若しくは研ま又は溶融した鉛を用いて行う金属の焼入れ若しくは焼きもどしの作業であつて、金属製洋食器、刃物、バルブ又はコックの製造又は加工に係るもの）		12	→	→	→	→	→	16	→
特 15	労災保険法施行規則第 46 条の 18 第 3 号ハの作業（労働安全衛生法施行令別表第６の２に掲げる有機溶剤若しくは有機溶剤中毒予防規則（昭和 47 年労働省令第 36 号）第 1 条第 1 項第 2 号の有機溶剤含有物又は特定化学物質障害予防規則（昭和 47 年労働省令第 39 号）第 2 条第 1 項第 3 号の 3 の特別有機溶剤等を用いて行う作業であつて、化学物質製、皮製若しくは布製の履物、鞄、袋物、服装用ベルト、グラブ若しくはミット又は木製若しくは合成樹脂製の漆器の製造又は加工に係るもの）		4	→	→	→	→	→	→	→
特 16	労災保険法施行規則第 46 条の 18 第 3 号ニの作業（じん肺法（昭和 35 年法律第 30 号）第 2 条第 1 項第 3 号の粉じん作業又は労働安全衛生法施行令別表第 4 第 6 号の鉛化合物（以下「鉛化合物」という。）を含有する釉薬を用いて行う施釉若しくは鉛化合物を含有する絵具を用いて行う絵付けの作業若しくは当該施釉若しくは絵付けを行った物の焼成の作業であつて陶磁器の製造に係るもの）		12	→	→	→	→	→	16	→
特 17	労災保険法施行規則第 46 条の 18 第 3 号ホの作業（動力により駆動される合糸機、撚糸機又は織機を使用して行う作業）			3	→	→	→	→	4	→
特 18	労災保険法施行規則第 46 条の 18 第 3 号ヘの作業（木工機械を使用して行う作業であつて、仏壇又は木製若しくは竹製の食器の製造又は加工に係るもの）								18	→
特 19	労災保険法施行規則第 46 条の 18 第 2 号ロの作業（国又は地方公共団体が実施する訓練として行われる作業のうち、求職者の就職を容易にするために必要な技能を習得させるための職業訓練であつて事業主又は事業主の団体に委託されるもの（厚生労働大臣が定めるものに限る。）として行われる作業）									
特 20	労災保険法施行規則第 46 条の 18 第 1 号イの作業（厚生労働大臣が定める規模の事業場における土地の耕作若しくは開墾、植物の栽培若しくは採取又は家畜（家きん及びみつばちを含む。）若しくは蚕の飼育の作業のうち一定の作業）									
特 21	労災保険法施行規則第 46 条の 18 第 4 号の作業（労働組合法（昭和 24 年法律第 174 号）第 2 条及び第 5 条第 2 項の規定に適合する労働組合その他これに準ずるものであつて厚生労働大臣が定めるもの（常時労働者を使用するものを除く。以下「労働組合等」という。）の常勤の役員が行う集会の運営、団体交渉その他の当該労働組合等の活動に係る作業であつて、当該労働組合等の事務所、事業場、集会場又は道路、公園その他の公共の用に供する施設におけるもの（当該作業に必要な移動を含む。））									

改定時期																		
昭 61.4	平 元.4	平 3.4	平 4.4	平 7.4	平 10.4	平 13.4	平 15.4	平 18.4	平 21.4	平 22.1	平 24.4	平 27.4	平 30.4	令 3.4	令 3.9	令 4.4	令 4.7	令 6.4
17	→	→	18	→	→	→	17	→	16	→	15	16	15	→	→	→	→	14
5	→	→	6	→	→	→	→	→	7	→	8	7	6	→	→	→	→	5
→	→	→	→	→	→	17	→	→	→	→	16	17	→	→	→	→	→	→
→	→	→	→	→	→	→	→	→	→	→	3	4	3	→	→	→	→	→
→	→	→	→	→	→	→	→	→	→	→	→	→	→	→	→	→	→	→
	7	→	→	→	→	→	6	→	5	→	4	3	→	→	→	→	→	→
		8	→	→	→	→	7	8	9	→	→	→	→	→	→	→	→	→
		6	→	→	→	→	5	→	4	→	5	4	3	→	→	→	→	→

（単位：1000 分の 1）

8　第２種、第３種特別加入保険料率改定経過表（3）

第２種

事業又は作業の種類の番号	事業又は作業の種類	料率								
		昭40.11	昭45.10	昭49.4	昭50.4	昭51.10	昭52.4	昭55.4	昭56.4	昭58.4
特 22	労災保険法施行規則第 46 条の 18 第 5 号の作業（介護労働者の雇用管理の改善等に関する法律（平成 4 年法律第 63 号）第 2 条第 1 項に規定する介護関係業務に係る作業であつて、入浴、排せつ、食事等の介護その他の日常生活上の世話、機能訓練又は看護に係るもの、及び炊事、洗濯、掃除、買物、児童の日常生活上の世話及び必要な保護その他家庭において日常生活を営むのに必要な行為）									
特 23	労災保険法施行規則第 46 条の 18 第 6 号の作業（放送番組（広告放送を含む。）、映画、寄席、劇場等における音楽、演芸その他の芸能の提供の作業又はその演出若しくは企画の作業であつて、厚生労働省労働基準局長が定めるもの）									
特 24	労災保険法施行規則第 46 条の 18 第 7 号の作業（アニメーシヨンの制作の作業であつて、厚生労働省労働基準局長が定めるもの）									
特 25	労災保険法施行規則第 46 条の 18 第 8 号の作業（情報処理システム（ネットワークシステム、データベースシステム及びエンベデッドシステムを含む。）の設計、開発（プロジェクト管理を含む。）、管理、監査、セキュリティ管理若しくは情報処理システムに係る業務の一体的な企画又はソフトウェア若しくはウェブページの設計、開発（プロジェクト管理を含む。）、管理、監査、セキュリティ管理、デザイン若しくはソフトウェア若しくはウェブページに係る業務の一体的な企画その他の情報処理に係る作業であつて、厚生労働省労働基準局長が定めるもの）									

第３種

対象	料率									
	昭 52.4	昭 55.4	昭 56.4	昭 58.4	昭 61.4	平元 .4	平 3.4	平 4.4	平 7.4	平 10.4
海外で行われる事業に派遣される労働者等	11	→						10	8	7

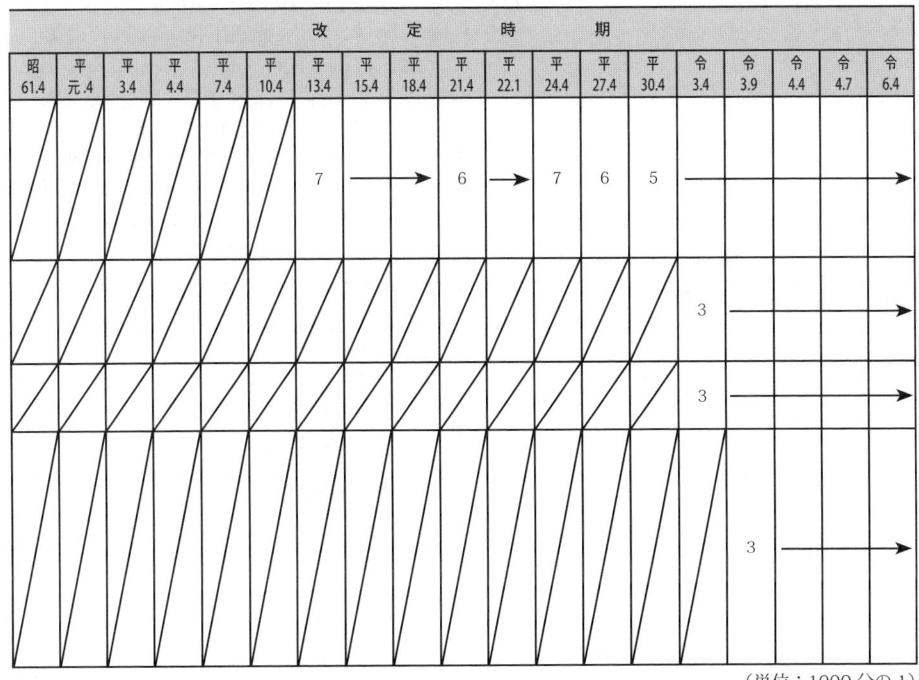

改定時期																		
昭61.4	平元.4	平3.4	平4.4	平7.4	平10.4	平13.4	平15.4	平18.4	平21.4	平22.1	平24.4	平27.4	平30.4	令3.4	令3.9	令4.4	令4.7	令6.4
						7	→		6	→	7	6	5	→				
														3	→			
														3	→			
															3	→		

（単位：1000分の1）

改定時期												
平13.4	平15.4	平18.4	平21.4	平22.1	平24.4	平27.4	平30.4	令3.4	令3.9	令4.4	令4.7	令6.4
6	5	→	4	→		3	→					

（単位：1000分の1）

9　自動車専用部品等（例示）

（昭 60.7.11　労徴発第 49 号、事務連絡第 33 号）

（注）○印は、「58　輸送用機械器具製造業」に分類されるもの、×印は、「58　輸送用機械器具製造業」に分類されないものである。ただし、○印を付してあるものであっても、主たる原材料が、金属、可塑物、鋳物及びファインセラミックス以外のものである場合は、「58　輸送用機械器具製造業」には分類されない。

1.　機　関　部　品

○　シリンダーヘッド
○　シリンダーヘッドカバー
○　フロントエンジンカバー（タイミングギヤケース）
○　シリンダー・ブロック
○　フライホイール
○　フライホイールハウジング
○　ギヤ・スプロケット
○　リングギヤ
○　ピストン
○　ピストンピン
○　ピストンリング
○　シリンダー
○　シリンダーライナー
○　コネクティングロッド
○　クランクシャフト
○　プーリー
○　トーショナルダンパ
○　カムシャフト
○　軸受メタル
○　インテークマニホールド
○　エクゾーストマニホールド
○　ガスケット（シリンダ用、吸排気管用）
○　バルブ
○　バルブプリング
○　バルブシート
○　ロッカ・アーム
○　プッシュロッド
○　タペット
○　オイルフィルタ
○　オイルストレーナ
○　オイルクーラ
○　オイルポンプ
○　オイルバン
○　オイルレベルゲージ
○　燃料ポンプ（電気式）
○　燃料ポンプ（機械式）
○　キャニスター
○　燃料タンク
○　オイルタンク
○　気化器
○　ＬＰＧペーパライザ
○　ターボチャージャ
○　燃料噴射ポンプ
○　高圧噴射管
○　ノズル及びノズルホルダ
○　燃料炉過器
○　燃料パイプ
○　エアークリーナ
○　エアーインテークホース
○　ＬＰＧボンベ
○　アクセルペダル
○　アクセルグリップ
○　アクセルリンケージ
○　アクセルワイヤ
○　エクゾーストパイプ
○　エクーゾストブレーキ
○　マフラ
○　排ガス浄化装置
○　ウォーターポンプ
○　メカニカルシール
○　ラジエータ
○　ラジエータシュラウド
○　サーモスタット
×　ファンベルト
○　クーリングファン
×　ファンモータ
○　ファンクラッチ
×　タイミングベルト
×　タイミングチェーン
○　テンショナ

2.　電装部品（エンジン関係等部品）

×　始動電動機（スタータモータ）
×　充電発電機（ゼネレータ）
×　磁石発電機（マグネト）
×　電圧調整器（レギュレータ）
×　配電器（ディストリビュータ）

× キャップ及びロータ
× ポイント及びアーム
× イグニション・コイル
× スパーク・プラグ
× グロー・プラグ
× コンデンサ
× エンジン制御電子装置
× 点火系電子装置
× 計装関係電子装置
× 走行・変速関係電子装置
× ブレーキ関係電子装置
× 故障診断装置
× その他電子装置
× 電子装置用センサー類
× その他の電装部品

3. 電装部品（その他の電装部品）

× 前照灯（ヘッドランプ）
× シールドビーム電球
× 補助前照灯（フォグランプ）
× 信号・標識灯
× その他灯器
× 電球類
× スピード・メータ
× スピード・メータケーブル
× 電流計
× 燃料計
× 油圧計
× 温度計
× 運行記録計
× その他計器
○ ワイパ・モータ及びリンク機構（モータ部分を除く。）
○ ワイパ・アーム及びブレード
○ ウインドシールド・ウォッシャ
× ホーン及びブザー類
○ ステアリング・ロック
× スイッチ類
○ フラッシャ
× リレー及びリレーボックス
× ヒューズ及びヒューズボックス
× シガー・ライター
× 電磁バルブ及びソレノイド
× 高圧電線
× 低圧電線
× ワイヤ・ハーネス
× その他の電装部品

4. 変速機及び同部品

○ マニュアルミッション
○ オートマチックミッション
○ トランスファ
○ パワーテイクオフ
○ シフトレバー（リモコンを含む。）
○ チェンジペダル
○ ギアシフトドラム
○ ギアシフトスピンドル

5. 駆動、伝導、操縦装置部品

× タイヤ
○ ディスクホイール（スチール）
○ ディスクホイール（アルミ）
○ ホイールシャフト
○ スポーク
○ ホイールキャップ及びカバー
× ホイールベアリング
○ キングピン
○ アクスルビーム
○ ホイールハブ
○ ナックル
○ ステアリングホイール
○ ステアリングハンドル（バー）
○ ステアリングステム
○ トップブリッジ
○ ステアリングコラム
○ ステアリングギヤボックス
○ タイロッド ASS'Y
○ パワーステアリング用ポンプ
○ クラッチ ASS'Y
○ クラッチフェイシング
○ クラッチセンター
○ クラッチプレッシャディスク
○ クラッチ倍力装置
○ クラッチマスタシリンダ
○ クラッチレリースシリンダ
○ クラッチハウジング
○ プロペラシャフト
○ アクスルハウジング
○ リヤアクスルシャフト
○ デファレンシャルケース
○ デファレンシャルキャリア
○ デファレンシャルギア
○ ピットマンアーム
○ ドライブシャフト
○ ドライブチェーン

6. 懸 架 部 品

○ シヤシ・スプリング（コイル）
○ シヤシ・スプリング（リーフ）
○ ショックアブソーバ
○ フロントフォーク ASS'Y
○ リヤフォーク ASS'Y
○ サスペンションストラット
○ Uボルト
× 空気ばね
○ 空気ばね用レベリングバルブ
○ スタビライザ（トーションバーを含む。）
○ トルクロッド ASS'Y
○ トルクロッド用ブッシュ

7. 制　動　部　品
○　キャリパASS'Y
○　ディスクブレーキ用パット
○　ディスクロータ
○　ドラムブレーキ ASS'Y
○　ブレーキライニング・シュー
○　ブレーキパネル
○　ブレーキハブ
○　ブレーキドラム
○　ブレーキ用マスタシリンダ
○　ブレーキ用ホイールシリンダ
○　ブレーキ用倍力装置
○　セーフティシリンダ
○　エアブレーキ ASS'Y
○　コンプレッサ
○　エアタンク
○　エアブレーキチャンバ
○　スラックアジャスタ
○　プレッシャレギュレータ
○　エアブレーキバルブ
○　セーフティバルブ
○　リレーバルブ
○　ブレーキパイプ
○　ブレーキホース
○　ブレーキペダル
○　クラッチペダル
○　パーキングブレーキレバー
○　センタ・ブレーキ
○　プロポーショニングバルブ
○　ロードセンシングバルブ
○　アンチスキッド
○　その他の制動部品

8. 車　体　部　品
×　ガラス
○　シャシ・フレーム
○　二輪車フレーム
○　バンパー
○　フェンダー
○　ドア
○　ボンネット
○　ラジエータグリル
○　ドアサッシュ
○　ドアトリム
×　ドアウエザストリップ
×　ウィンドウエザストリップ
○　ウィンドレギュレータ
○　コンソールボックス
○　インスツルメントパネル
○　メータケース
○　アウトサイドハンドル
○　インサイドハンドル
○　ドアロック
○　ボンネットロック
○　トランクロック
○　ヒンジ類
○　キーセット
○　ルーフライニング
×　フロアマット
×　カーペット
○　シート ASS'Y
○　シートスライド
○　シートリクライナ
○　シートベルト
○　アームレスト
○　コントロールケーブル
○　メーターケーブル
○　サンバイザ
○　モールディング類
○　マーク類
○　アッシュトレイ
○　サンルーフ
○　トレラ・カップラ
○　スペアタイヤキャリア
○　トーイングフック
×　シガライタ
○　クーラ
○　ヒータ
○　エアコン
○　自動給油装置
○　ラジエータリザーバタンク
○　リフレックスリフレクタ
○　フェアリング・サイドカバー
○　ステップ
○　スタンド
○　フェンダー
○　ラッゲージキャリア
○　ミラー
×　ツールボックス
×　ツールセット
×　ジャッキ
×　消火器
×　発煙筒

9. 要素部品（上記以外）
×　オイルシール
×　防振ゴム
×　型ゴム
×　ラジエータホース類
×　オイルホース類
×　ビニールホース類
×　金属製ブッシュ
×　小物巻ばね類
×　パッキング類
×　ガスケット
×　クランプ類
×　コック類

10　適用事業細目関係通達索引

発出年月日	通達番号	通達名称	掲載頁
昭 22.12.27	基災第 24 号	木造小型船の製造、修理を行う事業について	145
昭 24.5.19	基発第 563 号	保険料率の適用区分について	19
昭 24.6.24	基災収第 4077 号	ダイヤモンドダイスの製造について	135
昭 25.2.10	基災収第 5920 号	電球の硝子部分のみを製造する事業について	115
昭 25.2.10	基災収第 5920 号	金属製品製造業又は金属加工業について	127
昭 25.2.10	基災収第 5920 号	鏡の銀引きのみを行う事業について	157
昭 25.2.22	基災発第 34 号	油槽所における立合、監督のみに従事する場合の適用について	182
昭 25.3.30	基災収第 757 号	筏の運送事業について	45
昭 25.6.9	基災収第 870 号	造林のため植栽等を行う事業について	45
昭 25.7.31	基災収第 1600 号	原塩のみの粉砕事業について	118
昭 25.7.31	基災収第 1600 号	船舶の解体のみを行う事業について	145
昭 25.10.27	基収第 3171 号	苗木の栽植等の事業について	45,169
昭 26.5.15	基災収第 674 号	金属製品製造業又は金属加工業の概念等について	127
昭 26.10.15	基災収第 1842 号	建築物の新設に伴って行われる工事の取扱いについて	73
昭 27.1.24	基収第 170 号	電車軌道の送電線のみの建設又は補修工事を行う事業について	73
昭 27.1.29	基災収第 3459 号	沈没物の引揚げとその解体処理について	82
昭 27.5.12	基収第 1855 号の 2	ボイラーの組立又は据付事業における工事用物の範囲について	190
昭 27.7.14	基収第 3528 号	発電の目的とともに洪水調整、灌漑用水補給等の多目的をもって築造されるえん堤工事について	63
昭 28.1.13	基災収第 4458 号	航空機の整備等を行う事業の労災保険率の適用について	143
昭 28.7.22	基収第 1520 号	鯨体の処理を行う事業について	94
昭 28.8.12	基災発第 128 号	電力会社等が行う事務所及び宿舎等の建設の事業について	63
昭 28.8.17	基災収第 1521 号	原木より一貫してマッチを製造する事業について	113
昭 28.8.17	基災収第 2277 号	船舶貨物の検数立合等の事業について	182
昭 28.10.9	基収第 4691 号	機械器具の部品の取扱いについて	191
昭 28.12.26	基収第 5043 号	調整池の新設について	63
昭 28.12.26	基災収第 3823 号	鉱山から独立している精錬部門の取扱いについて	121
昭 29.6.5	基災発第 78 号	りょう銃を製造する事業について	135
昭 30.5.10	基収第 463 号	めつき業の範囲について	130
昭 30.6.25	基収第 1251 号	生コンクリートの委託加工を行う事業について	115
昭 30.8.22	基発第 540 号	漁船による事業の範囲	49
昭 30.10.18	基収第 194 号	レールボンド工事について	73
昭 31.1.7	基発第 13 号	フェリーボートによる運輸を行う事業について	160
昭 31.6.14	基発第 389 号	隧(ずい)道の補修工事について	63,82

昭 38.4.12	基発第 425 号	カメラ等の部品などに文字、目盛等の刻み込みを行う事業について	157
昭 39.4.15	基発第 489 号	測量業者の行う測量について	182
昭 39.5.14	基発第 610 号	建設コンサルタントの行う事業について	182
昭 40.2.17	基発第 173 号	木材伐出業に付随する運材の事業について	46
昭 40.2.18	基発第 175 号	し尿処理施設建設事業について	73
昭 40.2.19	基発第 179 号	ボーリングを伴う鉱物の試掘を行う事業の取扱いについて	59
昭 40.2.19	基発第 182 号	地方公共団体の建設関係出先機関の取扱いについて	183
昭 41.2.15	基災発第 7 号	道路新設工事に伴う隧道新設工事等の取扱いについて	66
昭 41.4.6	基発第 340 号	鋳物業の範囲について	123
昭 42.5.30	基発第 633 号	採石業者が採石現場で採石並びに間知石等を造る事業について	58
昭 43.3.5	基発第 106 号	活字製造業について	104
昭 43.10.21	基発第 645 号	事業の独立性について	19
昭 43.12.5	基発第 766 号	高えん堤の取扱いについて	64
昭 44.1.7	基収第 5357-2 号	コンクリート吹付け工法による巻立てについて	65
昭 44.3.24	43 基収第 5997 号 -2	ケーソン（函塊）製作工事について	82
昭 44.7.21	基収第 3279 号	開さく工法による地下道等の建設事業について	73
昭 48.3.31	発労徴第 24 号、基発第 193 号	廃油処理工業について	113
昭 48.3.31	発労徴第 24 号、基発第 193 号	熱供給業の定義について	167
昭 48.3.31	発労徴第 24 号、基発第 193 号	ビルメンテナンス業の範囲について	172
昭 54.1.11	基発第 18 号	開さく式地下鉄道新設事業の取扱いについて	69
昭 55.3.14	発労徴第 13 号、基発第 129 号	ほ装工事業の取扱いについて	68
昭 55.12.5	基発第 675 号	核燃料の製造を行う事業について	122
昭 56.3.6	基発第 138 号	除雪を行う事業について	82
昭 56.3.6	基発第 138 号	空港内におけるグランドサービス業の取扱いについて	160
昭 57.2.1	発労徴第 15 号、基発第 77 号	しいたけ等の栽植・栽培を行う事業について	46,169
昭 57.2.1	発労徴第 15 号、基発第 77 号	研削砥石の製造を行う事業について	118,157
昭 57.2.1	発労徴第 15 号、基発第 77 号	陸送業の取扱いについて	160
昭 57.2.19	発労徴第 19 号、基発第 118 号	製造業における構内下請事業に係る労災保険率の適用について	19,84,162
昭 57.2.19	発労徴第 19 号、基発第 118 号	金属製の機械部分品の製造を行う事業の労災保険率の適用について	127,144
昭 58.2.3	発労徴第 6 号、基発第 46 号	ファインセラミック製品を製造する事業の労災保険率の適用について	157

昭 58.3.28	発労徴第 12 号、 基発第 156 号	フィルダムの建設事業について	65,82
昭 58.3.29	発労徴第 14 号、 基発第 162 号	間伐の事業について	47
昭 59.1.19	発労徴第 3 号、 基発第 31 号	工事用物である機械装置の範囲について	191, 192
昭 59.1.30	発労徴第 8 号、 基発第 46 号	自動車等輸送用機械器具の専用部品又は規格品を製造する事業の取扱いについて	144
昭 59.2.1	発労徴第 11 号、 基発第 53 号	既設のボイラー設備工事について	75
昭 59.2.1	発労徴第 11 号、 基発第 53 号	ボイラー清掃業に係る取扱いについて	171
昭 59.2.1	発労徴第 12 号、 基発第 55 号	道路改築工事と道路改修等工事が同一の請負契約によって行われる場合の取扱いについて	67
昭 59.2.1	発労徴第 12 号、 基発第 55 号	道路改修等工事（改修、復旧、維持の工事）と同一の請負契約によって行われるほ装改良工事の取扱いについて	68
昭 60.1.30	発労徴第 5 号、 基発第 46 号	生コンクリートの圧送を行う事業について	82
昭 60.1.30	発労徴第 6 号、 基発第 47 号	倉庫業に係る労災保険率の適用について	173
昭 60.1.30	労徴発第 10 号、 事務連絡	包装、梱包を行う事業について	183
昭 60.3.9	発労徴第 14 号、 基発第 122 号	沿岸荷役業と船内荷役業の統合について	164
昭 60.7.11	労徴発第 49 号、 事務連絡第 33 号	自動車専用部品等を製造する事業などの輸送用機械器具製造業の労災保険率の適用について	238
昭 61.3.25	発労徴第 12 号、 基発第 162 号	手帳、帳簿、ノート類、日記帳等の製造を行う事業について	104, 157
昭 61.3.25	発労徴第 13 号、 基発第 163 号	建設機械等の賃貸とその運転業務を併せ行う事業について	83,183
昭 61.3.31	発労徴第 15 号、 基発第 182 号	推進工法による管の埋設の事業について	65
昭 61.6.30	発労徴第 41 号、 基発第 383 号	労働者派遣事業に対する労災保険率の適用について	20
昭 63.3.1	発労徴第 9 号、 基発第 112 号	建設事業における分割発注工事に係る労災保険率等の適用について	20
平元 .3.6	発労徴第 14 号、 基発第 103 号	路面標識等の表示を行う事業について	83
平 2.3.9	発労徴第 8 号、 基発第 124 号	大規模造成工事と各種建築工事等が相関連して行われる事業が分割発注で施工される場合に係る労災保険率の適用について	20
平 2.3.9	発労徴第 9 号、 基発第 125 号	製造と併せて小売を行う事業等の労災保険率の適用について	86
平 3.2.4	発労徴第 5 号、 基発第 79 号	索道建設事業における機械装置の範囲について	192
平 3.2.7	発労徴第 6 号、 基発第 89 号	道路関連工事以外の建設工事に伴うほ装工事に係る労災保険率の適用について	68

平 4.3.5	発労徴第 12 号、基発第 99 号	岩石等の採掘又は採取から一貫して破砕等を行う事業について	58
平 8.2.14	労徴発第 10 号、事務連絡	情報記録物を製造する事業について	149
平 9.2.28	発労徴第 9 号、基発第 117 号	電線の製造を行う事業の労災保険率の適用について	140
平 10.3.31	事務連絡	ゴルフ場のコースの維持管理を行う事業に適用する労災保険率について	173
平 12.3.23	労徴収第 20 号	清掃工場における運転管理の労災保険率の適用について	171
平 14.11.26	事務連絡	日本標準産業分類の改訂に伴うもやし製造業に係る労働保険の適用について	94
平 16.1.30	基徴発第 0130001 号、基労管発第 0130001 号、基労補発第 0130001 号	木炭等の製造を行う事業の労災保険率の適用等について	47,157
平 19.5.1	事務連絡	給食業務等を請け負う事業に係る労災保険率の適用について	176
平 23.4.11	基労発 0411 第 1 号	東日本大震災による被災地における災害復旧を目的とする事業に係る労災保険の適用について	83
平 26.6.5	基労管発 0605 第 1 号、基労徴発 0605 第 1 号	太陽光発電設備装置の設置工事に係る労災保険率の適用について	74

労災保険適用事業細目の解説　令和６年版

2024年　3月22日　初版
2024年　6月14日　初版２刷

編　　者　株式会社労働新聞社

発 行 所　株式会社労働新聞社
〒173-0022　東京都板橋区仲町 29-9
TEL：03-5926-6888（出版）　03-3956-3151（代表）
FAX：03-5926-3180（出版）　03-3956-1611（代表）
https://www.rodo.co.jp　　pub@rodo.co.jp

印　　刷　アベイズム株式会社

ISBN 978-4-89761-968-2